ミネルヴァ日本評伝選

諸人之を仰ぐこと北斗泰山

三好長慶

天野忠幸著

ミネルヴァ書房

刊行の趣意

「学問は歴史に極まり候ことに候」とは、先哲荻生徂徠のことばである。歴史のなかにこそ人間の智恵は宿されている。人間の愚かさもそこにはあらわだ。この歴史を探り、歴史に学んでこそ、人間はようやくみずからの正体を知り、いくらかは賢くなることができる。新しい勇気を得て未来に向かうことができる。徂徠はそう言いたかったのだろう。

「ミネルヴァ日本評伝選」は、私たちの直接の先人について、この人間知を学びなおそうという試みである。日本列島の過去に生きた人々の言行を、深く、くわしく探って、そこに現代への批判を聴きとろうとする試みである。日本人ばかりではない。列島の歴史にかかわった多くの異国の人々の声にも耳を傾けよう。

先人たちの書き残した文章をそのひだにまで立ち入って読み、彼らの旅した跡をたどりなおし、彼らのなしとげた事業を広い文脈のなかで注意深く観察しなおす――そのとき、はじめて先人たちはいまの私たちのかたわらによみがえってくる。彼らのなまの声で歴史の智恵を、また人間であることのよろこびと苦しみを、私たちに伝えてくれもするだろう。

この「評伝選」のつらなりのなかから、列島の歴史はおのずからその複雑さと奥ゆきの深さをもって浮かび上がってくるはずだ。これを読むとき、私たちのなかに新たな自信と勇気が湧いてきて、その矜持と勇気をもって「グローバリゼーション」の世紀に立ち向かってゆくことができる――そのような「ミネルヴァ日本評伝選」にしたいと、私たちは願っている。

平成十五年（二〇〇三）九月

上横手雅敬
芳賀　徹

三好長慶画像（京都市北区・大徳寺聚光院所蔵）

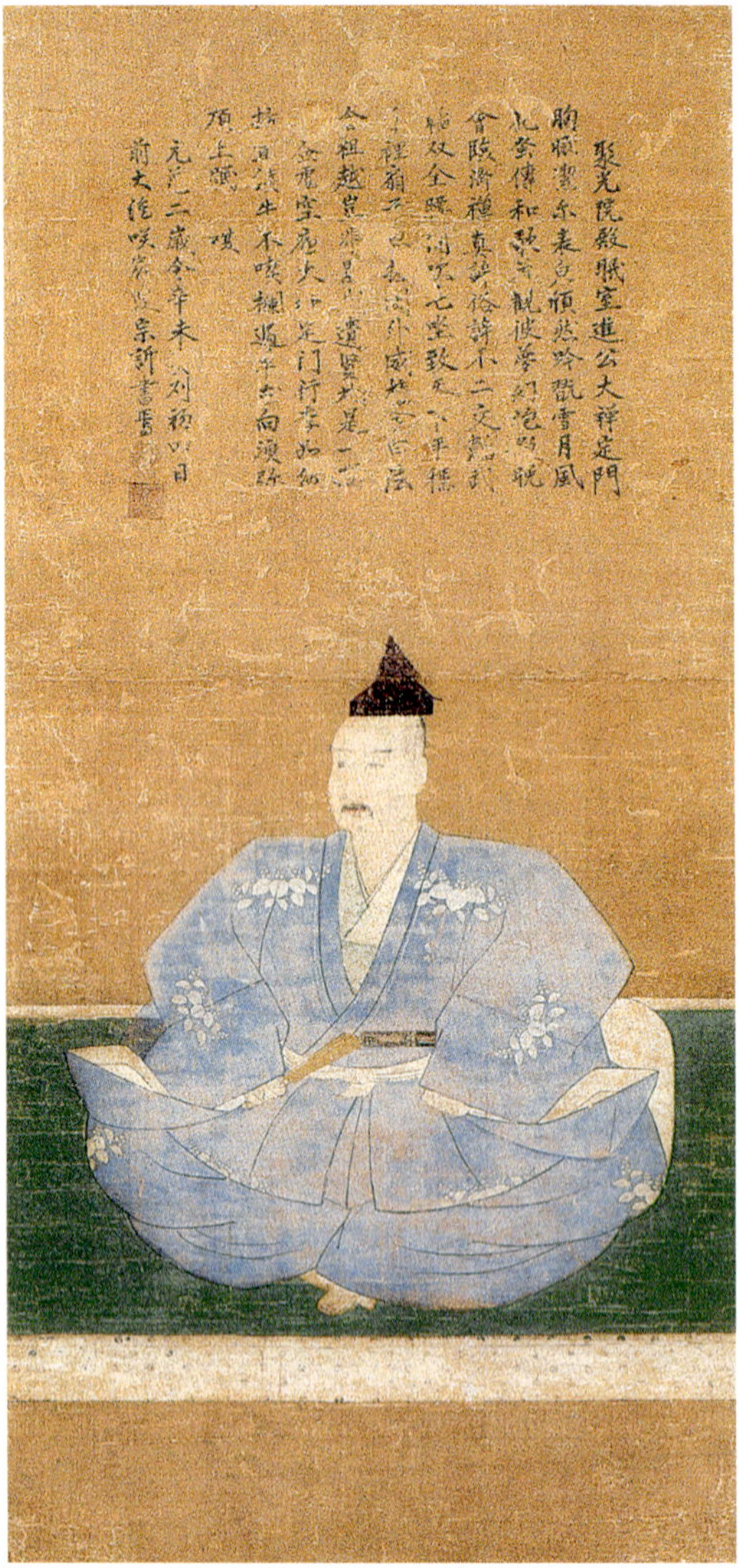

三好長慶画像（堺市堺区・南宗寺所蔵）

シャトラン「歴史地図帳」挿図「日本の統治者の変遷」（大阪城天守閣所蔵）

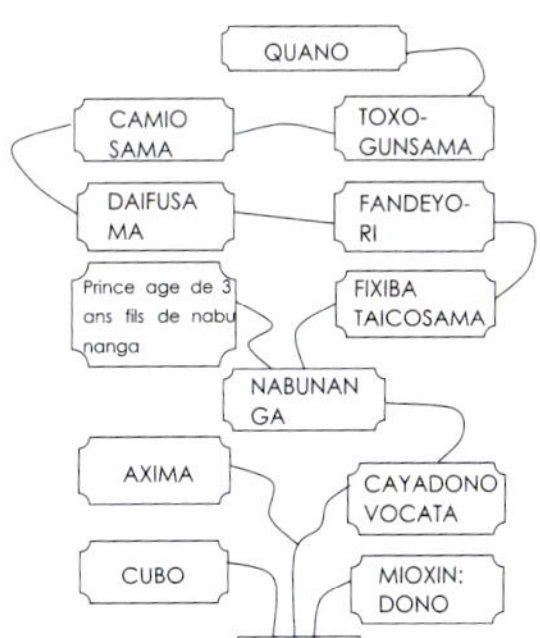

主な表記

中央部分（政権の系統樹）拡大

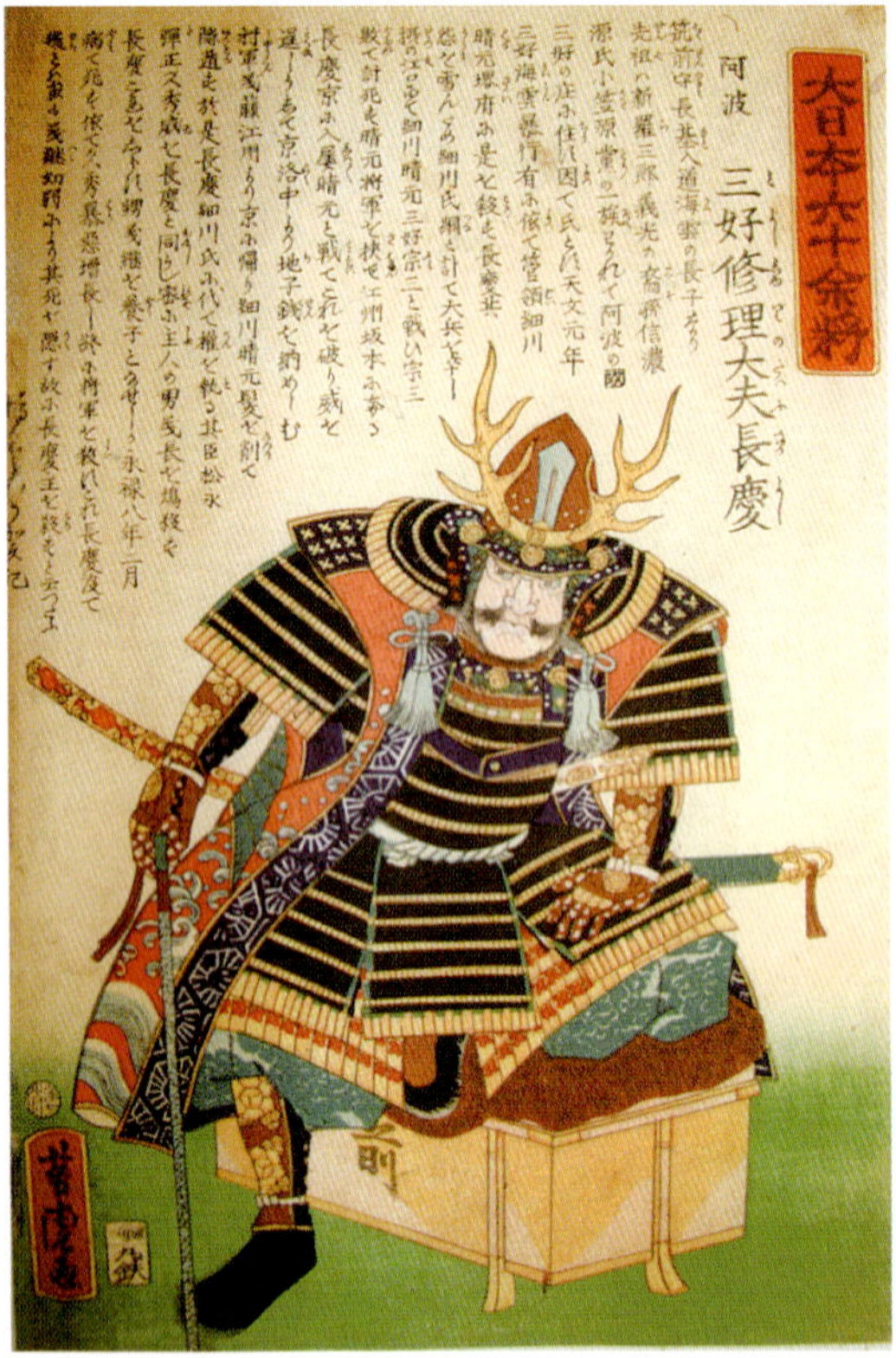

三好長慶画像

（「大日本六十余将」歌川芳虎筆，徳島県立博物館所蔵）

はじめに——世界に伝えられた三好氏

日本の戦国時代は、ヨーロッパとの交流がはじまった点で画期的な時代であった。キリスト教宣教師により、ヨーロッパの文化が日本にもたらされると共に、日本の様々な情報もヨーロッパへ伝えられた。やがて、日本とヨーロッパの繋がりは、オランダのみに限定されていく。そのオランダで、一七一八年から一七二〇年にかけて、シャトランは百科事典「歴史地図帳」を発行した。その挿図の一つ「日本の統治者の変遷」には、DAYRO（内裏）にはじまり、CUBO（公方＝足利将軍）、MIOXIN-DONO（三好殿）、AXIMA（周暠）、CAYADONOVOCATA（足利義昭）、NOBUNANGA（織田信長）、Prince age de 3ans fils de nobunanga（織田信雄、信孝）、FIXIBA TAIOCOSAMA（羽柴太閤様＝豊臣秀吉）、FANDEYORI（豊臣秀頼）、DAIFUSAMA（内府様＝徳川家康）、CAMIOSAMA（徳川秀忠）、TOXO-GUNSAMA（徳川様、徳川家光）、QUANO（徳川家綱）と統治者の移り変わりが系統樹で表されている。中央では、朝廷から室町幕府に、そして三好氏と織田信長を経て、豊臣秀吉・秀頼父子の時代となり、やがて徳川家康、それを継承した徳川将軍家へと政権が移り変わっていく。

すなわち、江戸時代前期の日本人は、足利将軍を滅ぼし、織田信長・豊臣秀吉・徳川家康の三人の天下人に先んじた人物として、三好長慶を認識していたのである。そうした中央政権の変遷についての認識は、長崎の出島を通じて、十八世紀のヨーロッパにもたらされた。ヨーロッパ人は、室町幕府が崩壊し江戸幕府が安定するまでの時代には、長慶・信長・秀吉・秀頼・家康の五人の天下人がいたと理解したことであろう。

しかし、二十一世紀の日本で、室町幕府を滅ぼして天下統一を目指した革新的な武将として挙げられることが多いのは、何より信長であろう。長慶は衰退していく室町幕府の枠組みの中で足利将軍家や細川管領家に対して下剋上をおこなった人物として名前が挙がることはあっても、次の時代を切り拓くような人物とは、認識されていない。むしろ幕府を傀儡化することで満足した保守的・守旧的な人物として描かれることが多い。どうして三好長慶の評価はこのように変わってしまったのであろうか。

ここで戦国時代から江戸時代初期にかけての三好長慶の評価を確認しておこう。

越前の朝倉宗滴が子弟を戒めたものとされる「朝倉宗滴話記」では、国持ちや人使いの上手な見本として、今川義元・武田信玄・三好長慶・上杉謙信・毛利元就・織田信長の六人の名を挙げている。また、江戸時代初期に甲斐の武田家遺臣によってまとめられた「甲陽軍鑑」では、長慶は上洛して天下を治め、五畿内だけではなく近国からも旗下に集まった侍衆より慕われたとしている。そして、長慶の仕置がよかったので、養子の義継が跡を継ぎ、父子二代二十一年にわたり天下を治めることができたが、これは平時に日本六十六か国を三代にわたって治めるよりもすぐれた功績であると賞賛している。

同様に江戸時代初期の作とされる「北条五代記」では、若侍たちの寄り合いで、平将門を滅ぼした藤原秀郷、東北を平定した源頼義、鎌倉幕府を開いた源頼朝、室町幕府を開いた足利尊氏はみな綸旨や院宣を下されたおかげであったが、最近はそのようなものがなくても弓矢の手柄で天下の主となる人が多くなったとして、三好長慶、織田信長、明智光秀、豊臣秀吉の名を挙げている。

寛永年間に徳川家康の孫の松平忠明が主に編纂したとされる「当代記」は、巻一の冒頭に三好氏に関する記述を置く。長慶は元来細川家の侍頭であったが、天文年間に武運を開いて大身と成り、二十年余りにわたって天下を保った。常に歌道を好み、連歌を専らにする一方で、畿内・丹波・播磨・但馬・淡路・四国で都合十三か国の主となったとする。

当代、すなわち徳川将軍家の時代の始まりは、現在の教科書では織田信長とされているが、忠明は三好長慶を嚆矢とすると認識している点も興味深い。

戦国時代が終わった頃は、長慶は戦国武将の中でも名将の代表格であり、時代の変革者であった。しかし、こうした評価は江戸時代中期以降に変化してくる。

十八世紀中期に成立した「常山紀談」には、長慶の重臣の松永久秀が、将軍と主君を殺害し、奈良の大仏を焼いたとする批判的な逸話がなぜか創作されている。また、十九世紀前半に頼山陽が記した「日本外史」では、長慶を「老いて病み恍惚として人を知らず」とするなど、全く不可解で荒唐無稽な病気説まで飛び出した。

江戸時代中期以降、三好氏はこのような到底事実とは思えない虚構を交えて、語られるようになっていった。そのためか、明治・大正時代を代表する歴史学者である田中義成の「足利時代史」や「織田時代史」においては、長慶は検討すらされることはなかった。そして、現在では、梟雄・松永久秀の下剋上を許してしまった凡庸な主君・三好長慶という人物評が定着してしまった観がある。司馬遼太郎が「街道をゆく三十二　阿波紀行」で、三好氏は武勇もあり風雅もあったが、ただ一つ天下をどうしようという野暮な経綸や大志がなかった、と記したのは、現在の一般的な長慶の人物評と言える。

戦国時代末期から江戸時代初期と現代では、三好長慶の評価は完全に逆転しているが、長慶は一体どのような人物であったのだろうか。本書で私は、長慶の生涯や領国の統治のあり方を振り返り、その人物像に迫りたい。

三好長慶——諸人之を仰ぐこと北斗泰山

目次

図版写真一覧

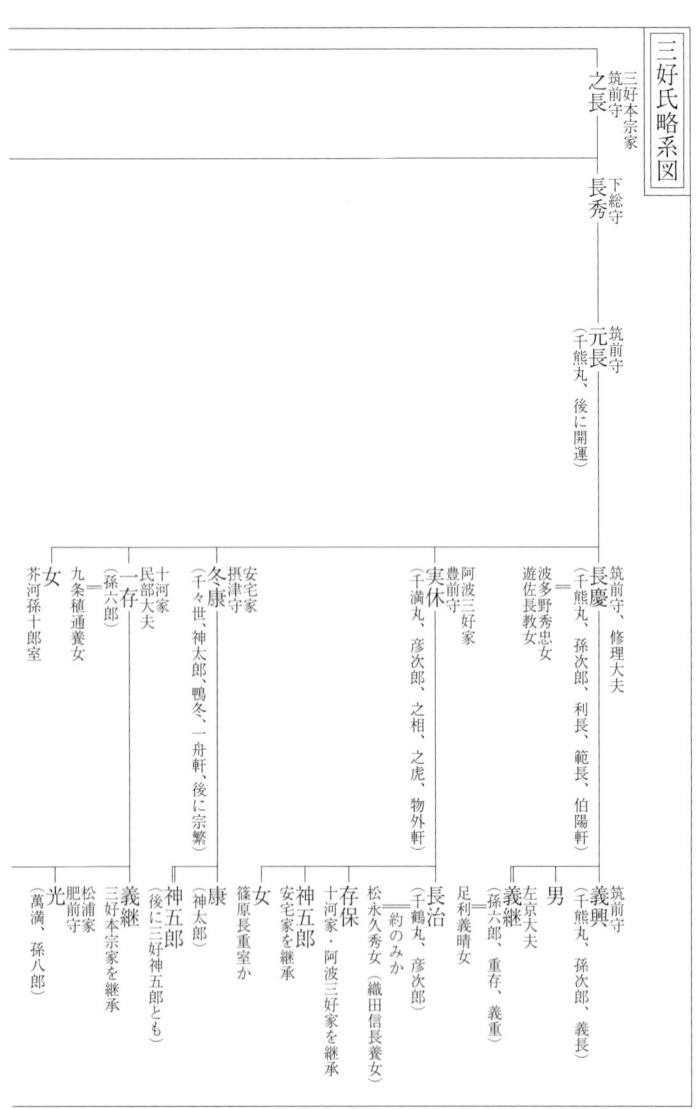

三好氏略系図

- 三好本宗家 筑前守 之長
  - 下総守 長秀
    - 筑前守 元長（千熊丸、後に開運）
      - 筑前守、修理大夫 長慶（千熊丸、孫次郎、利長、範長、伯陽軒）
        ＝波多野秀忠女
        遊佐長教女
        - 筑前守 義興（千熊丸、孫次郎、義長）
        - 男
        - 左京大夫 義継（孫六郎、重存、義重）
          ＝足利義晴女
      - 阿波三好家 豊前守 実休（千満丸、彦次郎、之相、之虎、物外軒）
        - 長治（千鶴丸、彦次郎）
          ＝松永久秀女（織田信長養女）
          約のみか
        - 存保 十河家・阿波三好家を継承
        - 神五郎 安宅家を継承
        - 女 篠原長重室か
      - 安宅家 摂津守 冬康（千々世、神太郎、鴨冬、一舟軒、後に宗繁）
        - 康（神太郎）
        - 神五郎（後に三好神五郎とも）
      - 十河家 民部大夫 一存（孫六郎）
        ＝九条稙通養女
        - 義継 三好本宗家を継承
        - 松浦家 肥前守 光（萬満、孫八郎）
      - 女 芥河孫十郎室

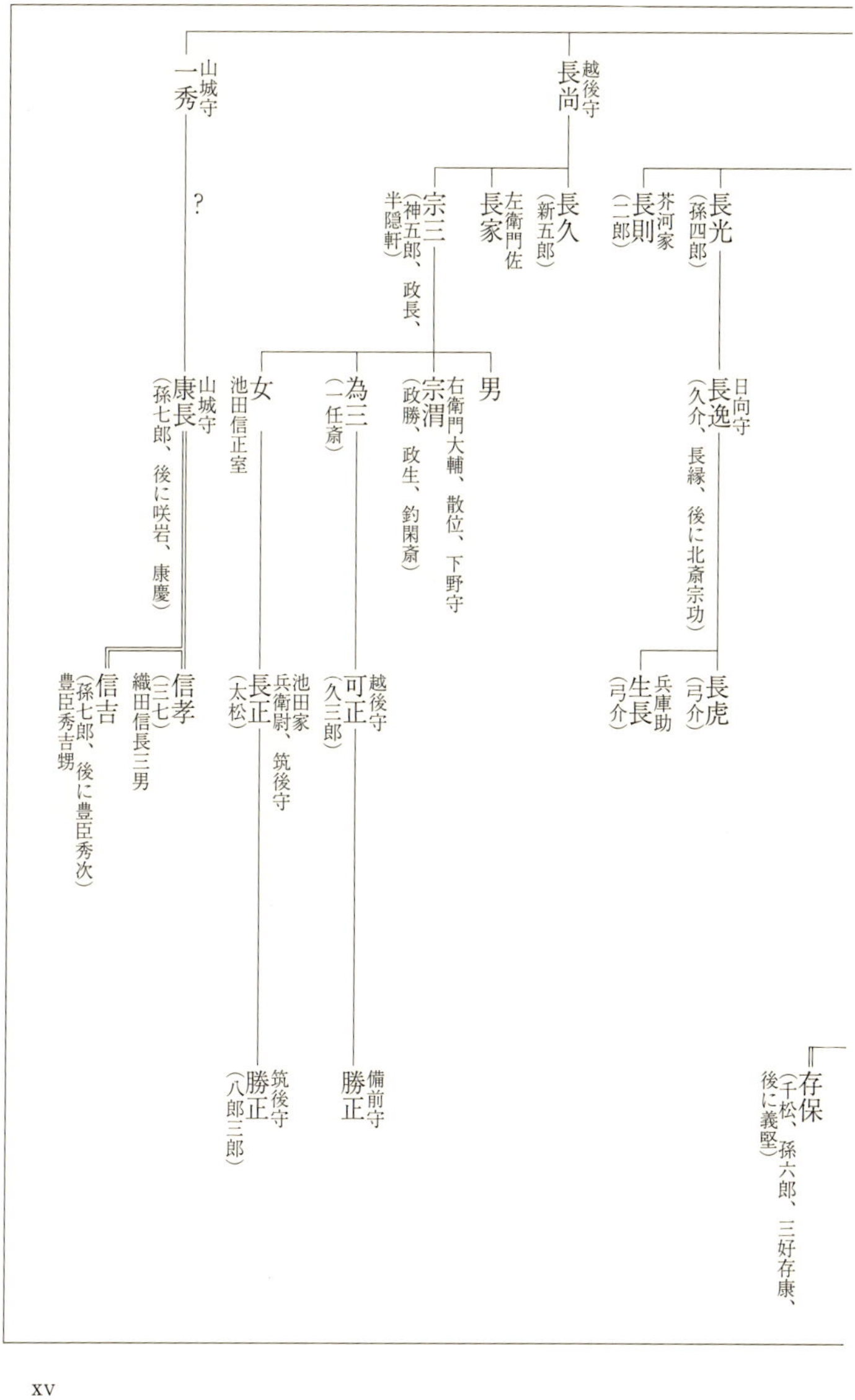
越後守 長尚
山城守 一秀
長光（孫四郎）
芥河家 長則（二郎）
長久（新五郎）
左衛門佐 長家
宗三（神五郎、政長、半隠軒）
?
日向守 長逸（久介、長縁、後に北斎宗功）
男
右衛門大輔、散位、下野守 宗渭（政勝、政生、釣閑斎）
為三（一任斎）
女 池田信正室
山城守 康長（孫七郎、後に咲岩、康慶）
長虎（弓介）
兵庫助 生長（弓介）
越後守 可正（久三郎）
池田家 兵衛尉、筑後守 長正（太松）
信孝（三七）織田信長三男
信吉（孫七郎、後に豊臣秀次）豊臣秀吉甥
存保（千松、孫六郎、三好存康、後に義堅）
備前守 勝正
筑後守 勝正（八郎三郎）

松永氏略系図

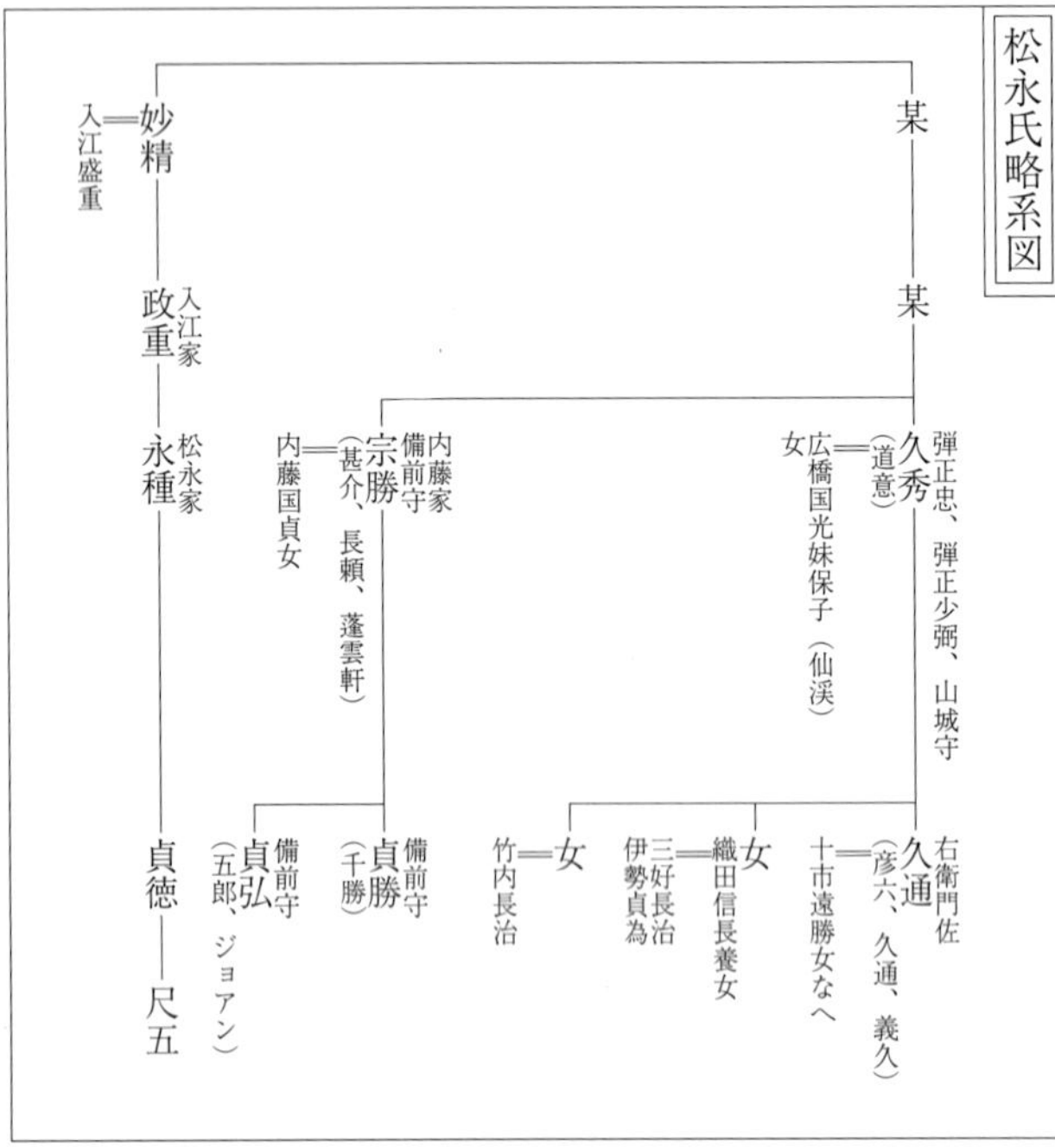
某
某
弾正忠、弾正少弼、山城守
久秀（道意）
広橋国光妹保子（仙渓）女
内藤家
備前守
宗勝（甚介、長頼、蓬雲軒）
内藤国貞女
右衛門佐
久通（彦六、久通、義久）
十市遠勝女なへ
女
織田信長養女
三好長治
伊勢貞為
女
竹内長治
備前守
貞勝（千勝）
備前守
貞弘（五郎、ジョアン）
妙精
入江盛重
入江家
政重
松永家
永種
貞徳
尺五

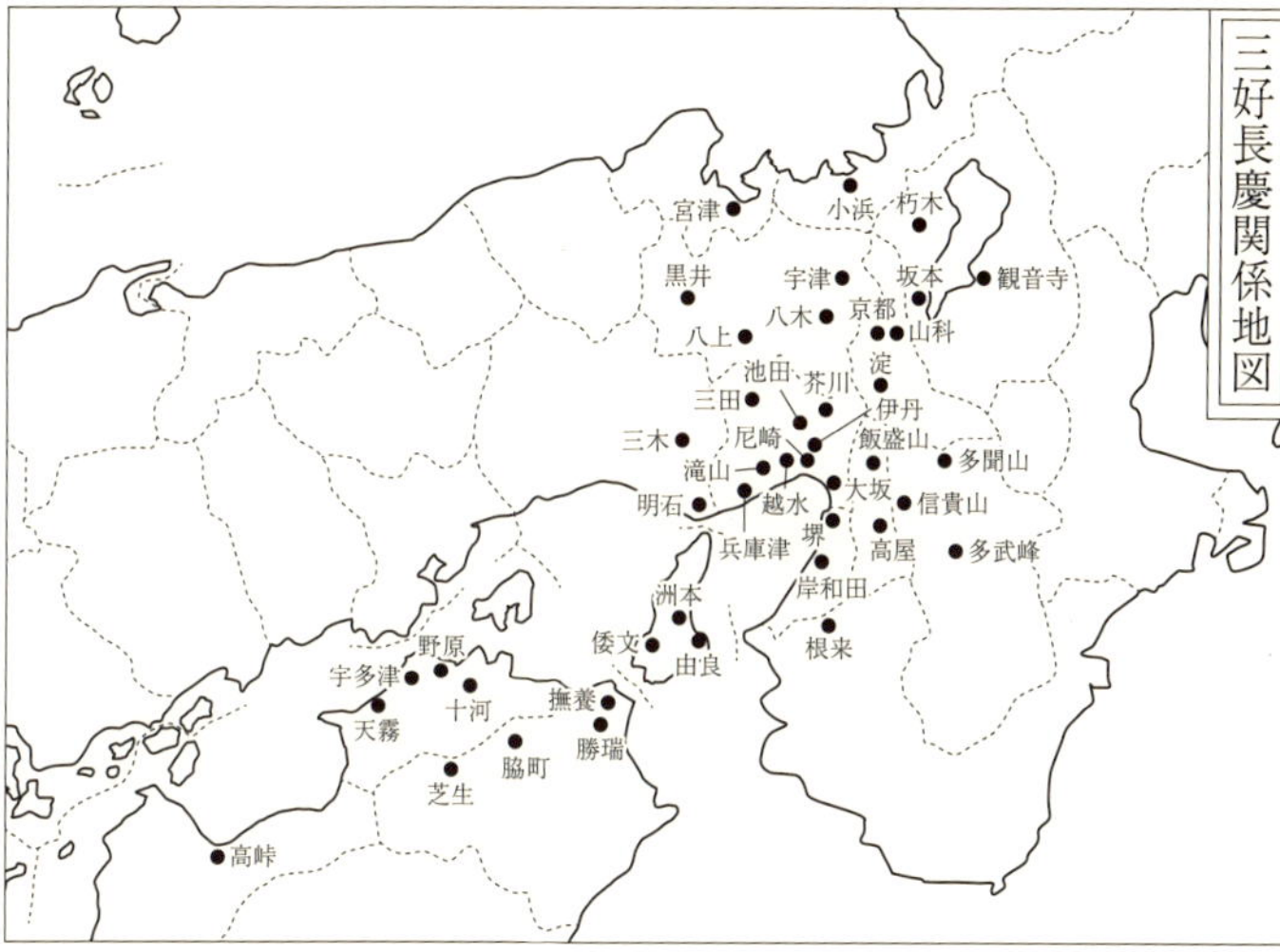
宮津
小浜
朽木
黒井
宇津
坂本
観音寺
八木
京都
山科
八上
池田
芥川
淀
三田
伊丹
三木
尼崎
飯盛山
多聞山
滝山
大坂
明石
越水
信貴山
堺
兵庫津
高屋
多武峰
岸和田
洲本
倭文
由良
根来
野原
宇多津
十河
撫養
天霧
勝瑞
脇町
芝生
高峠
三好長慶関係地図

第一章　「堺幕府」の崩壊と家督の継承

1　三好氏と阿波、畿内

本貫地阿波と式部少輔家

三好氏は、多くの軍記物や系図において、鎌倉時代に阿波の守護となった小笠原氏の末裔と記されている。その真偽を確認することは難しい。しかし、阿波における三好氏の菩提寺である見性寺（けんしょうじ）（徳島県板野郡藍住（あいずみ）町）は、元々は小笠原長之が美馬（みま）郡岩倉（美馬市）に創建した宝珠寺であったが、三好長慶の父元長が祖父の之長の院号である見性寺殿に因んで改名し、勝瑞に移したとされる（『板野郡誌』）。

また、長慶は河内に出兵し、永禄三年（一五六〇）十一月に新たに居城とした飯盛山（いいもりやま）城（四條畷市・大東市）に、源義光が元服した由緒を持つ新羅（しんら）社を勧請した（『兼右卿記』）。

三好氏が新羅三郎義光を祖先とし、その系譜をひく小笠原氏の末裔であると認識していたことは確実である。

戦国時代の信濃守護小笠原長時は、甲斐の武田信玄に追放されると、三好氏の本拠地であった芥川山城（高槻市）に亡命していた（「内閣文庫所蔵雑々聞検書」）。その子の貞慶（さだよし）は、長慶より偏諱（へんき）を拝領し、永禄十二年（一五六九）正月の本国寺の戦いでは三好三人衆方として、足利義昭と戦っている。小笠原氏もまた三好氏を同族とする意識を持っていた。

三好氏の本拠地は、「阿波志」によると三好郡の東端に位置する芝生（しぼう）城（三好市三野町）とされる。近くには鎌倉時代の阿波守護小笠原長経（ながつね）の開基とされ、その後に三好氏の菩提寺となったと伝えられる滝寺も存在することから、三好氏の重要な拠点の一つであったことは間違いない。

そうした三好氏に関する最も古い史料は、寛正六年（一四六五）の次の史料である。

阿州三郡御風呂銭の事、本員数承らしめおわんぬ、細々と其役勤めるべきの旨、清三郎・左衛門尉に仰せ付けられおわんぬ、其分所々に相触れらるべきの由也、仍って執達件の如し、

寛正六

二月廿四日　　　　　　真覚（花押影）

三好式部少輔殿

（「阿波国徴古雑抄」）

阿波守護であった細川成之は奉行人の飯尾真覚を通じて、三好式部少輔に対して、風呂銭の役を勤めるよう、三好郡・美馬郡・麻植郡（もしくは阿波郡）の「三郡」に触れることを命じている。芝生の地は三好郡の東端といえども、「三郡」を支配する適用の地であったと言える。

この「三郡」と同じ地域を指す呼称として、「上郡」という表現も見える（「猪熊文書（進士文書）」）。室町時代後期の阿波国は、律令制の国郡制を再編して、数郡を一つの郡に統合し、それらに守護代ないし郡代が設置され、支配がおこなわれていた。三好式部少輔は、阿波西部の「三郡」「上郡」を対象にして、風呂銭や段銭の徴収だけでなく、犬神使いの輩の処罰など、阿波守護細川氏の命令を執行する守護代の役目を、片穂常陸入道や逸見豊後入道と共に文明初年頃まで務めていた。

この式部少輔を、三好長慶の曽祖父之長の父親である長之に比定する見解もあるが、その後も長く、式部少輔という官途を代々継承した一族の存在が確認される。たとえば、永禄七年（一五六四）六月十五日に堺で父親の三十三回忌をおこなった「三好式部少輔」（「己行記」）や、天正九年（一五八一）の六月十二日付で織田信長から土佐の香宗我部親泰に宛てられた朱印状に現れる「三好式部少輔」（「香宗我部家伝証文」）である。長慶やその父の元長、曽祖父の之長は筑前守の官途を名乗ることから、長慶とは別系統の三好氏と考えてよいだろう。

すなわち、式部少輔の官途を世襲する式部少輔家は、阿波守護細川家の下で三好郡や美馬郡などを管轄する守護代として活動し勢力を伸ばしたが、直接長慶に繋ってはいないのである。

阿波守護細川氏

室町時代、阿波の守護は、室町幕府の将軍に次ぐ地位である管領に就くことができる、いわゆる「三管領（斯波氏、畠山氏、細川氏）」の一家である細川氏の庶流が務めた。

細川氏の本宗家は代々右京大夫の官途を名乗ることから、その唐名である右京兆にちなみ、京兆家と称された。京兆家は摂津・丹波・讃岐・土佐の守護職を兼ねた。細川氏には有力な庶流家も多く、守護職を獲得した家も多かった。その筆頭が、阿波守護家であり、他に淡路守護家、備中守護家、和泉上守護家、和泉下守護家があった。守護職を持たない庶流家として、京兆家の宿老となった野州家や典厩家が存在する。

このような細川一族において、阿波守護家は、一時は三河や丹後の守護をも兼ねる実力者であると共に、庶流家でありながら、足利将軍の主催する評定に出席する相伴衆の格式を誇る名門であった。

室町時代の守護は、概ね九州と駿河・信濃・越後以東を除き、在京し幕府を支えるのが原則で、一年交代とはいえ、江戸時代のように自らの分国に帰ることは許されなかった。

そうした中、文明年間（一四六九～一四八七）より、阿波守護家の細川成之・政之親子と共に在京した人物として、公家や僧侶の日記にしばしば「三吉」、ときには「吉見」なる人物が登場する。官途や実名は記されていないが、守護家当主に近侍し、信頼を得て側近として活躍する「三吉」こそ、三好長慶の曽祖父である之長であろう。

三好之長は、京都を焼け野原にした応仁・文明の乱が終わり、復興に向かっていた文明十七年（一四八五）の六月十一日には、公家の高倉永継邸を襲撃する事件を引き起こし、八月九日には徳政一揆の「張本」として、京都の治安を預かる所司代の多賀高忠から誅伐されかねない事件を引き起こしていた。

しかし、細川政之は三好之長を重用し匿い通した。之長という名の「之」は、成之か政之からの偏諱と考えられるが、之長が阿波守護家当主から信任を得た理由として、軍事的才能があったようだ。徳政一揆騒動の直後、細川成之と政之は重臣の東条氏が阿波で謀反を起こしたため、十月十二日に帰国するが、その先陣を務めていたのが三好之長であった（「蔭凉軒日録」）。

ただ、この頃の之長は公家衆に実名はおろか官途名すら認知されることはなく、十五世紀末期の京都政界における三好氏の地位はまだまだ低かった。

細川澄元と三好之長

三好之長の名が京都政界に一躍知れ渡る契機となったのが、阿波守護家細川義春の子の澄元が、実子のいない細川京兆家の当主政元の養子に選ばれた際、その後見者として、執事の撫養掃部助らを従えて、永正三年（一五〇六）二月十九日に上洛を果たしたことであった（「多聞院日記」）。澄元を政元の養子とする計画については、摂津守護代の薬師寺元一の強い意向があったようだ。ただ、元一は永正元年九月に政元に背いて淀城で挙兵した挙句、香西元長に滅ぼされていた。この時、之長も淡路に攻め込んでおり（「後法興院記」）、元一と之長は澄元擁立で連携していた。

細川政元は日野富子や赤松氏と謀り、明応二年（一四九三）に十代将軍足利義材（後の義尹、義稙）

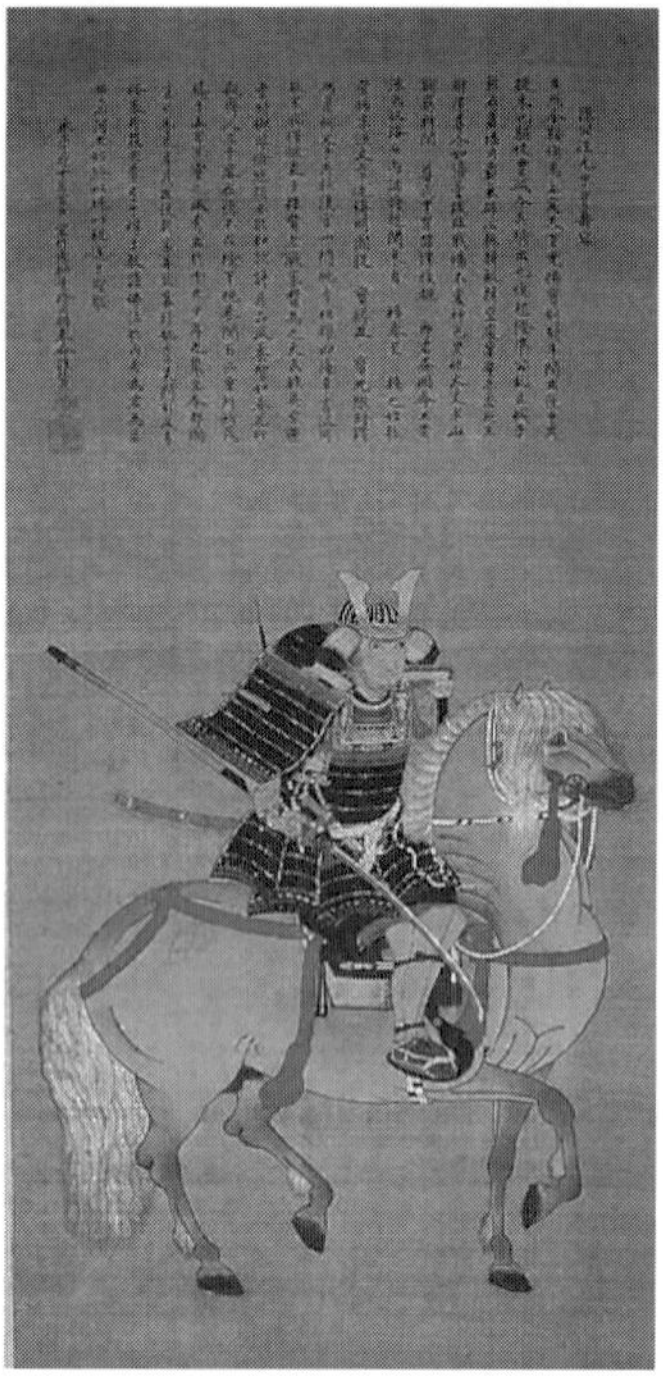

細川澄元画像
（東京都文京区・永青文庫所蔵）

を更迭し、十一代将軍に香厳院清晃（後の義高、義澄）を擁立するなど、いわゆる明応の政変と呼ばれる事件を引き起こし、「半将軍」とその勢威は恐れられていた。しかし、修験道を信仰し妻帯しなかったため、後継者がいなかった。政元は一種の公武合体を構想していたのであろうか、将軍に擁立した義澄の従兄弟にあたる、前太政大臣九条政基の子の澄之を養子としている。その一方で、一門のうち京兆家の宿老格の野州家から、高国を養子に迎えた。政元の構想や、重臣の思惑が入り乱れていたのである。

之長は、政元の命令を受けて、永正三年八月には大和に出兵したり、摂津守護となった澄元の命令を受けて、十月には能勢郡木代荘（大阪府豊能郡豊能町）の名主百姓中や池田遠江守に遵行したりしている（「石清水文書」）。ここでようやく「筑前守之長」という官途と名が、京都の権門寺社にも知られることになったのである。

係争地であった木代荘はその後、「元長祖母五位女」、すなわち之長の妻の領地となっており、之長は自己の勢力を扶植することも忘れなかった。之長自身も淀川中流の荘園である河内八か所（大東市、守口市など）の代官職を獲得し（「筑波大学所蔵北野神社文書」）、配下の天竺越後守や泥堂彦左衛門尉は、之長の威勢をかりて西成郡賀嶋荘（大阪市淀川区）を押領している。

こうした細川澄元と三好之長の動きに対して、丹波守護となった細川澄之と、その後見人であった京兆家内衆で山城下五郡守護代の香西元長は、激しく反発し、永正三年九月十三日には下京で両者が喧嘩に及んでいた（「実隆卿記」）。

そして、永正四年（一五〇七）六月二十三日、香西元長は刺客を放ち、入浴中の細川政元を殺害するクーデターを敢行した（「宣胤卿記」「後法成寺関白記」）。翌二十四日には、元長は自派の薬師寺長忠らと上京小川の澄元邸や之長の宿所の仏陀寺を急襲した。澄元や之長は敗走して、近江の青地（草津市）、次いで甲賀（甲賀市）に落ち延びていった。

七月八日、丹波より上洛した澄之は、将軍義澄から細川氏の家督に任ぜられた。しかし、反澄之方の反撃は早かった。一族の典厩家の政賢や淡路守護家の尚春をまとめあげた細川高国は、茨木の薬師寺長忠や嵐山城の香西元長を撃ち破り、甲賀から攻め上った三好之長は八月一日には上京の遊初軒を攻め、澄之を自害に追い込んだ。そして、八月二日には澄元を家督に就かせた。

之長の横暴

細川澄之や香西元長を滅ぼし得意の絶頂にあった三好之長やその家臣は、嵯峨往生院領を押領するなど（「九条家文書」）、「京中狼藉」と公家から恐れられるようになった。永正四年（一五〇七）八月十六日には、家督に就いたばかりの澄元が遁世をほのめかして、之長を脅迫したので、之長も家臣の梶原氏を処刑し事の解決を図った（「宣胤卿記」）。

しかし、二十二日には興福寺の集会評定で、之長の執事を務めた撫養一族の修理進が兵庫南関の知行を目論んでいることが問題化するなど（「学侶引付」）、根本的な解決には至らなかった。

之長は永正五年二月二十三日には、阿波に下国すると、成之より阿波国人に対する軍事指揮権を委ねられて、「忩劇」を鎮圧するなど（「阿佐文書」）、畿内と四国で大活躍したが、それだけ横暴な振舞も目立っていた。それを危惧した細川成之（道空〔どうくう〕）は一門の高国と政賢に同文の次の書状を送った。

三好筑前守之長連々愚老（細川成之）・同故右京兆（細川政元）に対し、子細条々を緩怠候といえども、堪忍せしめ、今に遊（有）免候処、結句六郎（細川澄元）身体の儀、重悪の申し勧め、天下静謐期なく候、かくの如く候上は、上下両家其外一門、皆々彼者違乱により、弥正体あるべからず候条、当国の事は一段申付候、尚一家として、面々成敗を加えられ、先祖忠儀の如く、六郎堅固に家を護り候様、各御指南肝要たるべく候、恐々謹言、

（永正五年）三月五日　　道空（花押）

（細川高国）民部少輔殿

進之候

（「細川家文書」）

孫の澄元を思う成之は、之長の行き過ぎた行為を今まで大目に見てきたが、このままでは澄元の身も危うく、天下争乱の原因となり、細川一門の結束を乱してしまうと危惧し、高国や政賢が澄元を指南してやって欲しいと頼んでいる。

しかし、成之の対応は既に遅かった。三月十七日、高国は伊勢神宮に参詣すると称して、京都を脱出して伊賀の仁木氏の許に逃れ、四月には丹波の内藤氏や摂津の伊丹氏と結んで挙兵した。高国のこ

細川成之画像
（徳島県徳島市・丈六寺所蔵）

の行動は、明応の政変で京都を逃れた前の将軍足利義稙とそれを擁する周防・長門・筑前・豊前の守護である大内義興（よしおき）の上洛作戦と連動したものであった。不利を悟った澄元と之長は四月九日に、将軍の義澄も十六日に近江へと退去した。

義稙は将軍に再任され、細川高国を管領、大内義興を管領代とし、河内・紀伊の守護である畠山稙長や、能登守護の畠山義元が参画する、新たな義稙幕府が発足した。一度将軍を退任した者が再任されるのは、鎌倉幕府の源頼朝から江戸幕府の徳川慶喜まで、歴代将軍のうち、足利義稙が唯一の事例である。

京都を追われた澄元と之長は再上洛を目論み、永正六年六月十七日には如意岳（京都市東山区）に兵を進めたが、高国・義興・稙長の大軍を前にすると、戦うことなく、大雨が降りだしたのを幸いに阿波へ退去した。この時、之長の息子の長秀は伊勢の山田（伊勢市）に逃れ潜伏していたが、八月に北畠材親や志摩国人十三人中に討たれた。

澄元は、永正八年七月に、細川政賢や淡路の細川尚春（ひさはる）、播磨の赤松義村（よしむら）と結び、京都に迫った。しかし、八月十四日に擁していた前将軍義澄が没し、二十四日の船岡山（京都市北区）の戦いでは高国・義興・義元軍に敗れて政賢が戦死した。九月十二日には事実上の阿波国主の細川成之も病没するという不幸に見舞われた。以後、澄元は長く阿波に逼塞することになった。

之長の最期

永正十四年（一五一七）九月、三好之長は淡路に攻め込むと、淡路守護の細川尚春を堺に追放し、畿内進出への足掛かりとした。翌永正十五年八月、大内義興が尼子経久（あまごつねひさ）

に対抗するため周防に帰国すると高国方は動揺し始める。永正十六年五月十一日、之長は阿波の澄元に庇護されていた尚春を討ち、後顧の憂いを除いた（「細川両家記」）。九月二十六日には澄元が淡路に渡り、二十八日には先陣として之長が明石海峡を望む岩屋（淡路市）へ陣取る（「興福院文書」）。そして、満を持して十一月九日に兵庫津や尼崎へ渡海した（「二水記」）。十九日には大山崎惣中が澄元や之長に味方する。

澄元や之長は、高国が四国衆の来襲を予想して築城し、瓦林政頼が守る越水城（西宮市）を包囲し、京都より池田城に下ってきた高国方の細川尹賢と対峙した。翌永正十七年一月、下京では土一揆がおこり、高国は摂津にこれ以上援軍を派遣することができなくなった。このため越水城は二月三日に開城した。十六日に澄元・之長方が尼崎で高国方を破ると、十八日には高国は京都を放棄し近江の坂本（大津市）へ逃れた。

之長は三月十五日に下級の武士が着る「十徳」に身を包み、自ら上洛して内密に所々を偵察した後、十七日には「美麗驚目」の「甲冑」に身を包み、二万余騎を率いて入京した（「二水記」）。そして、五月一日に将軍義稙へ澄元の家督継承の礼物を進上した。しかし、この時、澄元は伊丹城で病床にあり、上洛することは叶わなかった。

高国の反撃は早かった。五月三日には高国自ら如意岳に兵を進め、翌日には近江の六角・朽木、越前の朝倉、美濃の土岐、丹波の内藤が高国に味方して洛北に陣取った。両軍は等持寺付近で激突し、之長は奮戦するが、海部・久米・東条・河村氏ら阿波国人が高国方に寝返り大敗した。海部氏らの主

三好長光画像模本
（京都大学総合博物館所蔵）

三好之長画像
（徳島県板野郡藍住町・見性寺所蔵）

君は細川澄元であって、之長ではなかった。彼らが之長と生死を共にする謂われは全くなかったのである。

敗れた之長は曇華院（どんげいん）（京都市右京区）に潜んでいたが、七日には高国方に露見し、九日には寺の周囲を囲まれた。之長の子の三好孫四郎長光と芥河二郎長則の兄弟は十日に、之長と之長の弟越後守長尚の子である新五郎長久は十一日に降った（「拾芥記」）。之長と長久は降人として落髪したが、之長に父尚春を殺害された細川彦四郎が処刑を主張したため、百万遍（浄土宗知恩寺、中世は京都市上京区）で切腹させられた。「盲聾記」によると之長は六十三歳であったという。十二日には長光・長則兄弟も切腹させられ、十五日に三好父子兄弟は千本において葬られた。澄元も之長の死を見て、伊丹城より播磨を経て阿波に下国し、六月十日に死去したという。

之長の滅亡について半井保房（なからいやすふさ）は、合戦には「大強」であったが「大悪の大出」と評し、「皆人々悦喜せざるはなし」と「盲聾記」に記した。鷲尾隆康も「悪逆の報逃れ難しとの謂われか」と「二水記」で評した。しかし、京都大学総合博物館所蔵の「三好之長画像模本（寿像）」に記された知恩寺の法誉聖然（ほうよしょうねん）の賛には「三好氏曩祖（のうそ）、日本無双の弓取」とあり、三好氏興隆の始祖にして並ぶ者がない戦上手と称えられている。之長は「応仁已来」という大乱を引き起こしたが（「二水記」）、その後の三好氏の礎を築いた人物でもあった。死後、之長は「喜雲道悦」（「見性寺文書」）と称された。

細川晴元と三好元長

之長の死後、その孫の千熊（後の三好元長）が家督を継いだ。之長の死のわずか半年後の永正十七年（一五二〇）十二月には、山科を拠点とする本願寺教団の実力者である興正寺の申入れを受け、篠原長政の後見を受けながら、退転していた安楽寺を保護し郡里（美馬市）への還住を命じた（「安楽寺文書」）。この後、三好元長は長く雌伏の時を過ごすことになる。

畿内では、三好之長が京都を占領した際、足利義稙は細川高国を見捨てて京都に留まり、細川澄元の家督を認めたので、高国が之長を破って上洛すると、両者の関係は悪化した。そして、翌永正十八年（大永元年、一五二一）三月、義稙は数名の奉行人を率いて淡路へ脱出した。高国は践祚後二十二年を経ていた後柏原天皇の即位式を挙行すると、播磨の赤松義村に庇護されていた義澄の子の亀王丸（後の義晴）を七月に京都に呼び、十二月には将軍に就けた。さすがの義稙も今度は京都に復帰することはできず、大永三年に阿波の撫養で没した。

こうして高国を脅かす者はいなくなった。しかし、大永六年（一五二六）七月十二日、高国が自らの家臣の香西元盛を殺害したことで、新たな戦乱がはじまった。その背景には細川尹賢の讒言があったとされる。高国は元盛が敵に内通したとか陰謀を企てたためと説明したが、元盛の兄弟の波多野元清と柳本賢治が納得するはずもなく、高国からの離反を決意した。

こうした畿内の状況を好機ととらえたのが、長く阿波に逼塞していた足利義維（足利義澄の次男で義稙の養子）や細川晴元（澄元の子）、三好元長であった。

十一月九日には、阿波より三好元長と細川晴元の側近の可竹軒周聡が連署で、波多野清秀が義維方に帰参したことを波多野次郎に伝えるなど、両者は連携しようとしていた（「波多野家文書」）。そして、十二月十四日に「四国衆其外畠山式部少輔・上総等七・八千」の軍勢が堺に渡海した（「二水記」）。

大永七年二月二日、元長は祖父之長の菩提を弔うため、阿波の井隈庄（徳島県板野郡藍住町）や淡路の柿寺を見性寺に寄進し、足利義維や細川晴元と共に淡路へ兵を進めた。この時、義維・晴元方は和泉の松浦守や因幡の山名誠通、伊勢の長野氏と連携し、義晴・高国に味方する但馬の山名誠豊や伊勢の北畠晴具、近江の六角定頼を牽制する戦略を進めていた（「南行雑録所収松浦守書状写」）。

堺に渡海した三好之長の弟の長尚とその子の長家・政長兄弟は、丹波から洛西を放火しながら南下した柳沢賢治と二月十一日に山崎で合流した。そして、十三日には桂川を越えて、川勝寺（京都市右京区）で細川高国・武田元光連合軍一万二〇〇〇を破り、日野内光を討ちとって、十六日に入京を果たした。これにより、三好元長も足利義維と細川晴元を擁して、三月二十二日に堺へ渡海した。翌二十三日には、元長と可竹軒周聡が連署して「堺南庄」に対して、地下宿や喧嘩、押買、盗人、濫妨狼藉を禁止する法令を発給した（「蜷川家文書」）。

義維は堺の四条道場引接寺に住み（「言継卿記」「厳助往年記」）、大永七年七月十三日に、代々の将軍候補者が任官する従五位下左馬頭に任じられ、公家から「堺大樹」「堺公方」と呼ばれた。以後、畿内は「堺大樹」義維・細川晴元・三好元長方と、近江に逃れた「朽木大樹」義晴・細川高国・六角定頼方の両勢力の並立するところとなる。

十月になると、足利義晴・細川尹賢・六角定頼・朝倉教景の諸勢五万余が入京し、畠山義堯を破って西岡にまで進出したため、三好元長が摂津から、柳本賢治が丹波から挟撃し、十九日にこれを破った。

両軍は入京したが、元長は大永八年一月十七日に、定頼の仲介で義晴と和睦した。賢治はこれに猛反発し、三好一族の政長も賢治に賛同して二十八日には京都から退去した。この和睦は義晴方では高国が推進し、元長は和睦を反古にはしないだろうと考えていた。しかし、二月九日に晴元が和睦に反対していることが判明し、三月十九日には元長が失脚して四国に下向するとの噂が広がった。そして、五月十四日には、高国が失脚し近江に逃亡した。ただ、和睦交渉自体は義維方の晴元と義晴方の六角定頼の間で続いており、公家衆は「心底尚以測り難し」と困惑するのみであった（『二水記』）。二十八日には義晴も義維の堺在住に不信感を募らせており、七月に元長が京都の地子銭の徴収を強行したことで、交渉は完全に決裂した。

「堺幕府」の内憂

義維方は既に大永六年（一五二六）十二月より、斎藤基速（もとはや）と斎藤誠基（のぶもと）を中心に松田光綱（みつつな）、松田光致（みつむね）、飯尾為隆、治部（じぶ）直前（なおさき）らによる奉行人連署奉書を、将軍義晴と同様に発給して、畿内の支配にあたった。特に大永八年八月二十日に享禄改元があったにもかかわらず、十一月に至るまでの約三か月間は、大永の年号を使用し続けて奉行人連署奉書を発給した。

室町時代は改元にあたっては、朝廷から幕府に相談や連絡があり、公武が合意して改元をおこなうという慣例があった。また、東アジア世界においては、皇帝の定めた年号を用いず、旧年号を使用し続けたり、別の年号を使用したりすることは、その支配に服さないことを示す意思表明に他ならなかった。

義維方が敢えてこのような強硬措置を取った背景には、京都を退去しているにもかかわらず、朝廷が義晴と改元の交渉をおこなったことに対する抗議の姿勢を示す目論見があったのであろう。義晴は九月になると、近江坂本からさらに山間部の朽木へ退去した。「堺幕府」は「朽木亡命幕府」への対立姿勢を鮮明にしていった。

また、細川晴元も茨木長隆や飯尾元運らを登用して、奉行人奉書を発給していた。三好元長自身、単独で晴元の命を受けて奉書を発給したり（「賀茂別雷神社文書」）、前述したように晴元の側近の可竹軒周聡と連署状を発給したりすることがあった。

しかし、元長は祖父之長以来、家臣化してきた西岡（長岡京市、向日市など）の竹内為信らに所領を安堵する際には、文章の末尾を「件の如し」で締めくくる判物形式の文書を使用した（「東寺百合文書」）。

また、元長は之長と同じく淀川中流域にある北野社領河内八か所の代官職を獲得し、さらに「山城下五郡守護代職」を仰せ付けられ（「東寺百合文書」）、阿波から連れてきた家臣の塩田胤光や加地為利をその郡代とした（「大徳寺文書」）。東寺から元長に礼銭を納める際に対象となった元長の家臣は、三好山城守一秀、塩田若狭守胤光（たねみつ）・胤貞（たねさだ）親子、加地丹後守為利（出家後は宗三（そうさん））、森長飛驒守長秀、市原石見守胤吉であった。塩田氏は阿波国美馬郡三谷城主（美馬市）で、加地氏は元々伊予国宇摩郡の郡代であったが没落し、三好氏の家臣となると鳴門海峡の北岸である淡路国三原郡倭文（しとおり）に拠点を移していた。森氏は阿波国阿波郡切畑城主（阿波市）、市原氏は同国麻植郡青木城主（吉野川市）であった。

之長の時代の執事であった撫養氏なども含めると、三好元長は阿波国の中でも吉野川の中・下流域から鳴門海峡に拠点を持つ領主たちを集中的に編成していた。

同じ三好一族で、先鋒として元長よりも半年早く堺に渡海した、三好之長の弟の長尚は、港湾都市尼崎の後背地である長洲(ながす)庄(尼崎市)の野地・前田代官職を獲得し(「宝珠院文書」)、細川晴元が法華宗寺院の本満寺に軍勢を催促した際には、その書状の伝達者となった(「本満寺文書」)。長尚の息子の政長は、可竹軒周聡や元は義就流畠山氏の内衆の木沢長政と共に、細川晴元の側近衆である「御前衆」(「細川両家記」)を構成した。この長尚流三好氏とも言うべき三好一族は、元長を当主とする筑前守流三好氏とは別に晴元に直接仕えていた。

また、阿波国人も、海部氏はそもそも義晴・高国方に属していたが(「御内書記録」)、一宮壱岐守(「本満寺文書」)や新開春実(「東寺百合文書」)は三好氏を介さず、細川晴元に編成されていた。

堺を本拠とする義維方は、将軍格に「堺武家」「堺大樹」と称された義維を、管領格に細川晴元を戴き、それぞれが奉行人奉書を発給していた。そして、阿波北部の吉野川流域の国人は三好元長の下に編成されていたが、阿波の海岸部の国人は直接晴元に結びついていた。三好一族の中でも、元長は守護代職を得て地域支配にもかかわったが、長尚・政長親子は晴元の側近衆として近侍した。このような義維方に、義晴・高国方から離反した柳本氏や波多野氏、池田氏など畿内の国人が合流していた。

晴元は父澄元と異なり、側近や奉行人を整備していった。晴元からすると、澄元と三好之長の関係を反省し、三好氏に過度に依存することは危険と判断したのであろう。しかし、晴元と元長との関係には、澄元と之長の関係に見られた一体感は失われていた。義維方は畿内を実力で抑えつつも、様々な対立軸を抱え込んでいたのである。

このため、享禄二年（一五二九）になると、三好元長は柳本賢治との権力争いに敗れ、阿波に下国した。内部抗争に勝利し京都を支配するようになった賢治と松井宗信は、享禄三年に義晴方の伊勢貞忠との間で和睦交渉をおこなった。しかし、義維・晴元・可竹軒の反対により、五月十日に賢治と宗信は面目を失い出家した。その後、賢治は赤松氏の重臣浦上村宗を頼っていた高国を討つため出陣したが、六月二十九日に山伏に殺害されたという。

「堺幕府」の外患

畿内を制圧したはずの義維方の諸部将は、なぜ義晴方と和睦交渉をおこなおうとしたのか。その理由として、全国の守護に対する義晴の動員権が考えられる。軍勢催促のために義晴が発給した御内書の宛先は、守護では上杉・朝倉・武田・北畠・畠山・赤松・山名・大友氏、国人でも木曾・朽木・筒井・伊丹・浦上・海部氏、寺社では根来寺や諏訪社などに及んだ。御内書を送られた守護のなかには実際に京都に軍勢を派遣したり、義維方の領国である丹波や阿波へ侵攻したりする者もいた。守護への偏諱授与や昇進申請をおこなったのは義晴のみで、朝廷も改元の交渉は義晴のみとおこなった。義晴も明に勘合符を求める国書を発給するなど、将軍としての権限を行使した。

それに対して義維方に味方したのは、義就流の畠山義堯と阿波守護の細川氏之、そして姉妹を義維と氏之に嫁がせていた大内義隆のみであった。義維の御内書は、和泉下守護家の家臣である富野氏

（「早稲田大学図書館所蔵文書」）、播磨の国人の小寺氏（「小寺家文書」）、京都の法華宗寺院である本能寺（「本能寺文書」）に宛てた三通しか現在確認されていない。

すなわち、義維と義晴は、畿内では双方が「公方」「大樹」と並び称されたものの、多くの守護に正統な将軍として認められたのは、義晴であった。義維方は義晴方に匹敵する幕府としての内実は備えつつあったが、正式な将軍であるか否かの差は大きかったと言えよう。

このため、できるだけ有利な戦況をつくりあげた段階で、三好元長も柳本賢治も足利義晴と和睦して、細川高国を排除し義晴を新たな主君とするか、義晴から平和裏に義維へ将軍職を譲らせるか、といったことを模索したのであろう。そして、繰り返される権力闘争を収拾することができなかった義維は、ついに入京することはできなかった。

2 天文の一向一揆

大物崩れ

細川高国は、享禄二年（一五二九）九月十六日に備前松田氏の城で尼子経久と会見し同盟を結ぶと（「実隆卿記」）、翌三年八月には浦上村宗と共に摂津に雪崩込み、九月には富松（尼崎市）を、十一月には尼崎を攻略した。足利義晴や六角定頼もこれに呼応して上洛を企てていた。このため、細川晴元は「望み共、悉く相叶へらるべきなり、早く罷上れ」（「細川両家記」）と、三好元長に畿内への出陣を促した。元長はこれに応じて、翌享禄四年二月二十一日に堺へ渡海し、後陣の阿波守護細川氏之の軍勢を待った。

そうしている間に、三月六日には高国は池田城（池田市）を攻略して、有持（ありもち）・東条ら「四国衆名誉侍共」を悉く討ち取った（「二水記」）。南下し堺を攻撃した高国勢を、元長は三月十日に打ち破り、天王寺・今宮・木津・難波・住吉（いずれも大阪市）へと押し返した。三月二十五日に氏之の来援を得た元長は、閏五月に攻勢に出て、六月四日に天王寺で高国を撃破した。この戦いでの戦死者は八〇〇〇人に及び、多くは水死とされている。高国の敗因は、浦上村宗に父赤松義村を殺されていた赤松晴政が、元長に寝返っていたことであった。このため、疑心暗鬼になっていたところに、元長の攻撃を受け、さらに赤松氏や明石氏が高国・村宗に切りかかったため、大敗を喫したのである（「二水記」）。

高国や村宗の残党は、尼崎に向けて退却するが旧淀川下流の乱流域を通過したところで元長勢の追撃を受けたことが、水死者を増やすことになった。高国は尼崎まで逃れたが、追手の三好一秀に捕らえられ、大物（だいもつ）（尼崎市）の広徳寺で辞世の句を残し、六月八日に自害した。このため、この戦いを「大物崩れ」とも呼ぶ。

室町幕府で管領就任が確認できる最後の人物である細川高国の滅亡により、足利義維がついに上洛を果たすかに見えた。しかし、八月二十二日には、堺で晴元と氏之の両者がお互いに「籠城」して争うという事態がおこった。原因は、晴元の御前衆である木沢長政と、氏之が支援する三好元長の争いであった。

さらに翌享禄五年一月二十日と二十二日には、元長の家臣の市原氏や三好一秀の軍勢が柳本神二郎を殺害したため、二十三日に晴元は元長を討とうとした。この時は氏之が仲裁に入り、元長とその家臣八十人が髻を切ることで、その場を収めた（「二水記」）。元長は「開運」と名乗りを改め（「真乗院文書」）、恭順の意を示した。

しかし、三月五日になると、晴元は摂津国武庫郡（西宮市）の国人である瓦林帯刀左衛門尉に対して、「三好筑前守（元長）の事、急度成敗を加えるべく候間、早々に馳せ参り、忠節を抽んでれば神妙たるべく候也」と、元長を討つ覚悟を固め、国人らの動員に取り掛かっていた（「末吉文書」）。また、三月十三日には、氏之が晴元と義絶し阿波に下国したため、鷲尾隆康は「三好の進退如何、多分取り合いに及ぶべきと云々、奇異為体共也」と、その後の元長と晴元の衝突を予想した（「二水記」）。

元長の自害

仲裁者を失った晴元と元長の対立は不可避となった。享禄五年（天文元年、一五三二）五月、義維方の内部抗争はまず、義就流畠山氏ではじまった。畠山義堯は細川晴元への接近を図る自らの内衆の木沢長政を飯盛山城に囲んだ。

三好元長は義堯への援軍として、三好遠江守家長を遣わした。これを見た晴元は、山科（京都市山科区）に本山を置く本願寺の宗主である証如に、長政を救援するための援軍を依頼した。証如はこれを受諾し、六月五日に摂津の大坂に入って門徒に檄を飛ばし一揆を起こした。一揆勢は飯盛山城を攻めていた三好家長を討ち、六月十七日には紀伊に逃走を図る畠山義堯を石川道場（後の富田林寺内か）で自害に追いこんだ。

当時の戦争では、優劣がはっきりすると雪だるま式に勝っている軍勢に加わる者が増えていく。

「細川両家記」によると十万、「言継卿記」によると二十万の一揆勢が元長の居る堺を包囲した。敗北を悟った元長は、十九日夜に妻と千熊丸（後の長慶）を阿波に退去させた。元長は当初、堺南庄の中心である開口（あぐち）神社の神宮寺「大寺（念仏寺）」に立て籠もろうとしていたが、隣接する法華宗の顕本寺（けんぽんじ）に移り、最期の一戦を遂げ自害した。元長方の死者は約八十名を数えた。元長に殉じたのは塩田氏や加地氏など二十八名、これとは別に足利義維の奉公人も二十四名自害した。義維自身も顕本寺で自害しようとしたが、晴元に拘束され、引接寺に連れ戻された。

この動きに合わせて、丹波では波多野氏が没落した。一揆により、それまで畿内を制圧し、京都を闊歩していた武士が自害に追い込まれることになった。そうした時代の到来に、鷲尾隆康は、天下は

三好元長画像
（徳島県板野郡藍住町・見性寺所蔵）

一揆の世となったとし、山科言継も、天下はすべて一揆の侭になったと驚愕の溜息をもらした。

大永六年（一五二六）以来、約六年に及ぶ武家の争いは、天文元年（一五三二）十月二十日に、失脚した義維が堺を出奔し淡路に没落したことで、和睦への障害が取り除かれた。そして十一月七日、知恩院の仲介によって、晴元と義晴の間で和睦が成立した。

長慶の畿内復帰

阿波に没落した千熊丸（後の三好長慶）は長弟の千満丸（後の三好実休）と共に、父元長の菩提を弔うため、七七忌（四十九日）に当たる八月九日に、見性寺へ寄進した。

寄附状を奉る事

一所　阿州上郡山本分

右、善室統慶（三好元長）菩提所として永代に宛行いおわんぬ、然る上は、段銭・諸課役以下免除せしめ候、万一子々孫々違乱致すにおいては、盗人の罪科に処せらるべし、仍って後日のため寄進状、件の如し、

天文元年八月九日　千満丸（三好実休）

千熊丸（三好長慶）

見性寺

（「見性寺文書」）

長慶は当時かぞえで十一歳に過ぎず、曽祖父である之長の自害の時のように、三好氏は再び長い逼塞の時期を迎えるかと思われた。しかし、畿内の政治情勢は急展開を遂げる。

元長を滅ぼした一向一揆は、七月になると奈良でもおこり、興福寺と対立した。一揆は、八月には堺やその周辺で、細川晴元や木沢長政を襲った。本願寺の証如自身は畿内の権門と戦う気はなかったが、一揆を制御できなくなっていた。一揆を権門共通の敵と見做した晴元は、それまで敵対関係にあった近江の六角定頼や比叡山延暦寺と結び、京都に匹敵する富貴を誇った山科寺内町を建設した本願寺を苦々しく思っていた京都の法華宗の信徒に檄を飛ばした。これらの包囲を受けた山科本願寺は八月二十四日に焼失し、以後本山は摂津大坂（現在の大阪城）の地に移された。

しかし、一向一揆が収まった訳ではなく、京都周辺や摂津で戦い続け、天文二年（一五三三）二月十日には晴元を淡路島に追い落としてしまった。三月二十九日の伊丹城の戦いで、ようやく伊丹親興や木沢長政、法華一揆が一向一揆を破ったことで戦況は拮抗し、六月二十日には両者の和睦が成立した。その頃、丹波では細川高国の弟の晴国が反晴元勢力の旗頭として台頭しつつあったことも、和睦の背景にあった。

本願寺側の史料である「本福寺跡書」によると、この和睦の仲介人になったのが、「三好仙熊」、すなわち三好長慶であった。京都の法華宗寺院で大坂攻めにあたっていた本満寺に宛てた細川晴元の書状によると、六月八日時点で、長慶は晴元の家臣に復帰し、摂津国西成郡の中嶋（大阪市淀川区、東淀川区など）に在陣して、本願寺攻めに加わっていた（「本満寺文書」）。本願寺は自分たちを最も憎んでいるであろう長慶との関係改善を先決とし、その長慶を窓口に晴元との和睦を図った。

長慶の家臣の市原氏は七月には大徳寺（京都市北区）、翌天文三年十月には平野社（京都市北区）を押領した。十一月には長慶が一族の三好連盛（つらもり）（伊賀守）と連名で、摂津国長洲荘野地・前田代官職の代官職を確保するなど（「宝珠院文書」）、その存在感を畿内において示し始めた。

雌伏の時

天文三年（一五三四）三月、本願寺の坊官である下間頼盛は宗主の証如を人質に取り、五月には細川晴元との和睦を破棄した。六月には三好連盛と三好久介（きゅうすけ）（後の長逸（ながやす）か）が頼盛に同調し、晴元方の椋橋（くらはし）城（豊中市）を攻略する。ところが、伊丹氏と木沢長政の仲介によって、再び晴元方に帰参するという事件をおこした。翌天文四年には三好連盛が単独で長洲荘野地・前田代官職の代官職を請け負っており、幼い長慶が家臣を統率できていない状況が露呈した。

天文五年、洛中で地子不払いを標榜し権門と対立を深めていた法華宗は、三月に延暦寺と宗論を引き起こし、両者の緊張は高まっていた。延暦寺は近江の六角定頼の支援を取り付けると、七月二十七日に洛中に進攻し法華宗の本山二十一か寺を焼き払った。この時、下京の大部分は焼失し、法華一揆は壊滅した。生き残った僧侶や信徒は堺へ落ち延びていった。

七月二十九日には、摂津の中嶋に諸城を築き立て籠もっていた一向一揆が、木沢長政・三好連盛・三好政長に包囲され、次々と攻略された。引き続いて八月二十九日には、本願寺と結んでいた摂津国人の三宅国村が、擁立していた細川晴国を天王寺で自害に追い込み、晴元に帰参を果たした。

これにより、高国残党、一向一揆、法華一揆といった晴元の敵対勢力は全て壊滅し、享禄末年以来続く戦乱は収束に向かっていった。九月二十七日、晴元は長慶・波多野秀忠・木沢長政を率いてついに上洛を果たし、将軍義晴を擁立する政治体制が始まった。こうなっては長慶も晴元に反抗できる訳はなく、十一月十九日に上洛すると、晴元に「無為（平和）」を賀し、猿楽能を催して歓待した。長慶は父の仇である細川晴元の下で雌伏するより他なかったのである。

3　越水城主として

孫次郎利長と神五郎政長

三好長慶は、本願寺証如の「天文日記」によると、天文六年（一五三七）九月十五日条までは幼名の「千熊」と記載され、十八日条から仮名の「孫次郎」と記載されるので、この間に元服し、それに伴い、実名も「利長」を名乗ったと考えられる。長慶がかぞえで十六歳のことであった。

しかし、この時期の三好一族の出世頭は、三好神五郎政長であった。

公方様（足利義晴）御字義の御事、望み申さる旨を以て披露せしめ候処、御意を得なされ候、誠に目出候、御面目これに如くべからず候、早々に御礼申さるべく候、猶三好神五郎（政長）申すべく候、恐々謹言、

八月廿三日（天文六年）　晴元（花押影）

伊藤六郎殿（伊東義祐）

(「伊東家古文状」)

細川晴元は、日向の大名の伊東義祐が将軍足利義晴より「義」の偏諱を望んでいることを義晴に披露した。そして、義晴の承諾を得るよう取り計らったので、礼物を進上せよと義祐に伝えている。この際、晴元の書状を義祐に伝達したのが三好政長であった。晴元の側近としての政長の名は、畿内だけではなく、遠く九州にまで知れ渡った。

天文八年一月十四日、長慶は二五〇〇の手勢を率いて上洛した。翌日に晴元は織田信秀から献上された鷹を長慶に与え、二十五日に長慶は返礼のため観世能を催して、晴元を歓待した。このあたりまで、長慶と晴元の関係は平穏を保っていた。しかし、六月二日に長慶が将軍義晴の内談衆である大館常興に対して、淀川の中流域に所在する大荘園である河内十七か所(寝屋川市、門真市、守口市など)の代官職を望むと、常興がこれを正当な訴えと認めたことから、騒動が始まった。しかし、本願寺証如の「天文日記」天文七年五月三日条によると、政長方の河内十七か所代官として吉田源介が既に設置されている。醍醐寺の僧の厳助がこれを長慶と政長の「確執」と捉えていることから、長慶の父元長の代官職を政長が継承していたので返還を求めたのであろう。

両者の間で合戦が起こることを予想した清凉寺は、六月五日には政長より禁制を獲得した。晴元の義父である六角定頼も坂本に出陣し、上洛の機を窺った。

閏六月十三日、将軍義晴は長慶に対して御内書を発給し、「今度同名中諍論の儀に就き、右京大夫(細川晴元)

に対して、定頼を以て仰せ扱わられ、子細これあるの上は、出張を先ず延引せしめば、尤も神妙たるべし」と自ら調停に入り（「後鑑所収御内書案」）、伊丹親興・池田信正・柳本孫七郎・三宅国村・芥河豊後守・木沢長政にも命じて、長慶を牽制した。

長慶は将軍義晴に対して敵対する意思はないと芥河豊後守に回答しながらも、率兵上洛し、十六日には清水寺、十七日には大山崎と大徳寺、二十日には知恩寺に「利長」の名で禁制を発給した。

これに対して、細川晴元や和泉守護の細川元常、三好政長、波多野秀忠は高雄（京都市右京区）に兵を集め、七月十四日には妙心寺や西京で、長慶方の三好連盛と終日小競り合いを繰り返した。ただ、両者の対立はこれ以上の合戦に発展しなかった。また、将軍義晴は若狭の武田氏、越前の朝倉氏、能登の畠山氏に軍勢を催促する一方で、六角定頼と共に和睦の調停をおこなっていた。両者の思惑は一致し、七月二十八日に和睦が成立した。長慶は山崎を退去し、芥川山城を定頼に明け渡して越水城に入城し、八月十四日には本願寺証如より入城の祝賀を受けた。

長慶は政長と対立して挙兵し、摂津一国を瞬く間に制圧し山城に進攻したが、主君の細川晴元を政長方に追いやってしまうという失策を犯した。また、阿波にいる長弟の実休（当時は彦次郎之相、後に豊前守之虎）の援軍もなかった。実休は細川氏之と共に九月から十月にかけて讃岐方面に出兵し、出雲から備中に南下してきた尼子氏の軍勢と対峙していた（「親俊日記」）。

当時の晴元と定頼は、畿内で活動する政長流畠山氏の畠山稙長や高国系の細川国慶、細川氏綱と上洛を目論む尼子経久の連携に苦しんでいた。長慶が稙長や氏綱と連携した様子はないことから、長慶はあくまで晴元家臣として、晴元権力内に優位な位置を占めんがための挙兵であり、晴元権力自体の崩壊は望んではいなかった。

越水城主の地位

越水城は、永正十二年（一五一五）から翌年にかけて、阿波の細川澄元の来襲に備えて、細川高国が摂津に築城した城の一つであった。高国の命を受けて、能勢頼則が島上郡芥川に、瓦林政頼が武庫郡越水にそれぞれ「新城」の築城にあたった（「那智籠」）。

> 四国（細川澄元）も大略御敵也、当国（摂津国）に然るべき城なかりては叶うべからずとて国守（細川高国）ハ上郡（かみのこおり）芥川の北に当たり、然るべき大山の有けるを城郭にそ構へけれ、昼夜朝暮五百人・三百人の人夫普請更に止む時なし、正頼も又鷹尾城をも構へ、又其の東一里を隔て、西宮より八丁北に小清水（越水）とて小山のあるを家城に拵へ日夜只此の計を営む也、毎日五十人百人して堀をほり、壁をぬり、土居をつき、矢倉を上ければ、鍛冶・番匠・壁塗・大鋸引は更に暇こそなかりけれ（中略）小清水の頂の本城には軒を雙て作り広げて、正頼常の居所とす、外城には子息六郎四郎春綱を始めとして同名・与力・家臣が棟を雙て居住す、其の外居餘たる家人どもは大略西宮に居す、凡そ目を驚す風情当国には雙少き大名也、
>
> （「瓦林政頼記」）

越水城は西宮の北約一キロメートルに位置する丘陵突端部に築かれ、城から真っ直ぐ南下する「八町縄手」（「古文書集」）と呼ばれる直線道によって、西宮と連結していた。この「八町縄手」は江戸時

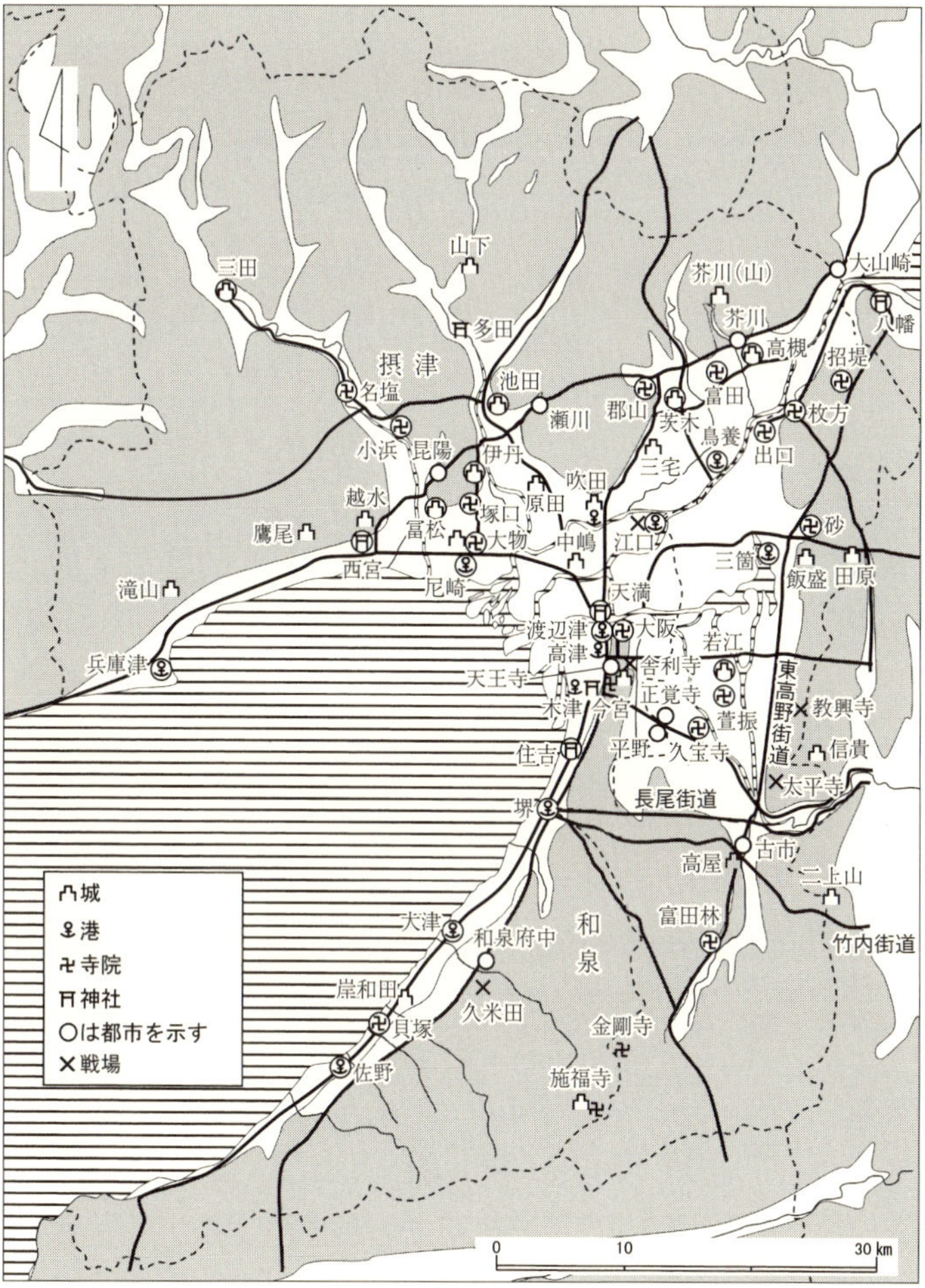

戦国期大阪平野周辺の主な都市と城館推定図（中西裕樹氏作図に加筆）

代初期まで西国街道の一部を成していた。

十五世紀後期から十六世紀中葉まで、摂津国の八部郡南部から菟原郡、武庫郡、川辺郡南部、豊島郡に至る六甲山地と千里丘陵に囲まれた平野部（神戸市須磨区から吹田市）は、特に「下郡（しものこおり）」と呼ばれた。この下郡の代々の郡代は西宮代官を兼ねて、西宮に居住していた。弘治二年（一五五六）に倭寇の取り締まりを要請するため来日した中国人鄭舜功が記した「日本一鑑」に所収の「天使紀程」にも、西宮は「摂津司牧居処」とあり、摂津支配者の居住地で政治的中心地であると認識されていた。

十六世紀になり、摂津国内では細川氏の家督争いにより戦乱が激化した。西宮は西宮神社の門前町であるだけでなく、いわゆる西国街道と港を擁する交通の要所であったが、海岸部にあったため、西宮自体に城郭を構えて防御するには至難の地であった。そのため、越水城が築かれ、西宮防衛の任を担ったのである。

越水城主となった三好長慶は、下郡に対する支配を始める。

都賀庄安田分の替地として、上庄内浅見右京亮跡職の事、これを進め候、全く御知行あるべく候、
恐々謹言、
（天文九年）二月十五日
三好孫次郎
利長（花押影）
野間右兵衛尉（長久）殿

御宿所

（「池田家文書」）

利長という名乗りと対象地が下郡であることから、天文九年（一五四〇）のものと考えられる。長慶は、莵原郡都賀庄安田分（神戸市灘区）の替地として浅見氏の跡職を川辺郡野間庄（伊丹市）の国人である野間氏に与えている。野間氏は、守護が直接軍勢を動員する対象とし、将軍が直臣格として天文初年に毛氈・鞍覆や白笠袋の使用を許可した池田氏や伊丹氏、三宅氏、芥河氏に比べると、はるかに小さい規模の国人で、この時までその動向を窺い知ることはできない。しかし、長慶は、池田氏や伊丹氏のような有力国人に対して、下郡郡代（事実上の摂津西半国守護代）の統治権的な権限を行使して、軍勢催促をおこなうだけでなく、野間氏ら中小国人に知行を宛行い、主従制的な原理でも編成を進めようとしていた。

次に越水城の膝下の西宮に発給された文書を見よう。

当社千句田弐段の事、申す事これありと雖も、連哥田たるにより、利長より新寄進として、別儀なく全く御存知あるべきの由、申すべき旨に候、恐々謹言、

（天文九年）六月十七日　　久秀（花押）

松永弾正忠

西宮
円福寺
西蓮寺
東禅坊
各連衆御中

（「岡本文書」）

この文書も長慶が「利長」と名乗っていることから、天文九年に比定される。注目されるのは、三好長慶の重臣として有名な松永久秀が、長慶の意を奉じて文書を発給していることである。管見の限り、久秀の初見である。松永久秀は摂津国島上郡五百住（よすみ）（高槻市）出身の国人である可能性が極めて高い。その久秀は、以前に川原林（瓦林）幸綱の寄進した西宮神社の千句講の費用を賄う田地を、長慶の意を受けて改めて新たに寄進する旨を伝えた。

長慶は、越水城の事実上の城下町である西宮において、西宮神社の千句講を保護することで在地の支持を得ようとした。千句講には門前寺院のみならず、商人の麻屋も参加し、国人瓦林氏が保護を加えるなど、多様な階層と結びついていた。このため、三好氏は西宮千句講の掌握に心をくだいていた。

元長の頃までは、三好氏は畿内で情勢が不利になると、その都度、阿波に退去していたが、長慶が越水に入城して以後は、どんな不利な状況になっても阿波に帰国することはなくなる。すなわち、長慶は阿波ではなく、摂津下郡や越水城を自らの新たな本拠地として認識し、在地掌握に努めたのである。

　そうした長慶の志向は、家臣団編成の面にも表れる。長慶は元服した天文六年頃から、本願寺証如との間で頻繁に音信を交わすようになっていく。その際、証如は長慶だけでなく主な家臣に対しても礼物を贈った。その家臣とは、三好連盛・加地可勝・塩田氏・友松軒・三木氏で、特に加地氏と塩田氏は、本願寺からは「内者」と呼ばれていた。これらが長慶の「家中衆」（「石清水文書」）であった。しかし、長慶が越水に入城した直後の天文八年十月九日に連盛が何らかの理由で失脚し、長慶の許を離れ牢人して堺に退去した。「如意寺過去帳」によると、連盛は翌天文九年十月に子と共に討死した。

　長慶の家臣団の中核は、前述したように吉野川中流域から鳴門海峡までの国人領主と三好一族によって構成されていた。しかし、野間長久（ながひさ）は後に「越水衆」（「細川両家記」）として越水城に在城し、摂津下郡で段銭の徴収などをおこなった。その子の左橘兵衛尉長前（後に康久）は長慶の後継者である三好義継の奉行人となり、さらには若江三人衆と呼ばれる重臣集団を構成していく。

　また、松永久秀も後には長慶の片腕として強大な権勢を誇った。久秀は小説などの創作では謀反癖のある人物として描かれることが多いが、長慶存命中にそのような事実を史料上で確認することは全くできず、自らを取り立ててくれた長慶には忠節を尽した。

　長慶は一族と阿波北部の国人で占められていた家中に、敢えて摂津の小規模な国人を積極的に登用することで、自らにのみ忠節を尽す家臣団を形成していったのである。

段銭奉行の地位

十五世紀後半より摂津下郡の政治的中心であった西宮を掌握したことは、長慶の権力に大きな飛躍をもたらす。西宮には室町時代より「橘屋」という商人がおり、興福寺大乗院の門跡の尋尊（じんそん）が奈良から湯山（有馬温泉、神戸市北区）に向かう際には宿泊するような宿を経営していた。この西宮橘屋は、摂津下郡の村々が賦課された段銭や、段銭奉行への礼銭などの納入先となっており、支配機構において重要な役割を果たしていた。

長慶は晴元の側近の一人である垪和道祐（はがどうゆう）と共に、「段銭奉行」も兼任した（「久代（くしろ）村古記録」）。長慶は晴元に対抗するように段銭の賦課権を行使していく。天文十年には妙観院領である下郡御料所中郷と都賀庄に対して勝手に段銭催促をおこない、晴元より停止されている（「天城文書」）。

しかし、長慶が独自に段銭を賦課しようとする動きは変わることがなかった。天文十年代前半には、長慶と道祐の双方から別々に段銭の催促がおこなわれて、「下郡中悉二重段銭」（「天城文書」）といわれる状態になった。山路庄（神戸市東灘区）・本庄（同）・今南庄（同）は長慶に段銭を納入したが、都賀庄では領主の妙観院が道祐に段銭を引き渡しており、その分を在地に転嫁しようとしていた。しかし、荘官の若林惣左衛門尉と大利喜二郎を指導者層とする「都賀庄名主百姓中」は、妙観院すなわち晴元側近の道祐方への段銭の納入を拒否する姿勢を示していた。

川辺郡南部の久代村（川西市）においても、代官の池田氏の一族が加地子を把握していたが、段銭は長慶に納められており、摂津で最大規模の国人である池田氏も在地支配を安定させるためには、長慶との協調が欠かせなくなっていた。長慶は段銭徴収を通じて、晴元に対抗的に下郡の在地掌握を進め、国人との関係を構築していった。

範長に改名

天文九年（一五四〇）十二月、管見の限り最も古い「範長」の名で、三好長慶は兵庫津の豪商である正直屋棰井(たるい)氏を保護する判物を発給した。

所々買得の地等〈目録は別紙にあり〉事、相違なく領知せしむべき者也、仍って状件の如し、
　天文九
　　拾二月廿七日　　　　範長(長慶)（花押）
　棰井甚左衛門尉殿

買得の地所々の事、御知行全うあるべき旨、御折紙の上は、向後相違あるべからず、もし謂われざる族理不尽の催促等、これあるにおいては、相拘え御註進あるべし、御紏明をもって、仰せ付けらるべきの由候也、恐々謹言、
　　　　　　松永弾正忠
　十二月廿七日　　　久秀（花押）
棰井甚左衛門尉殿
　几下

（「棰井家文書」）

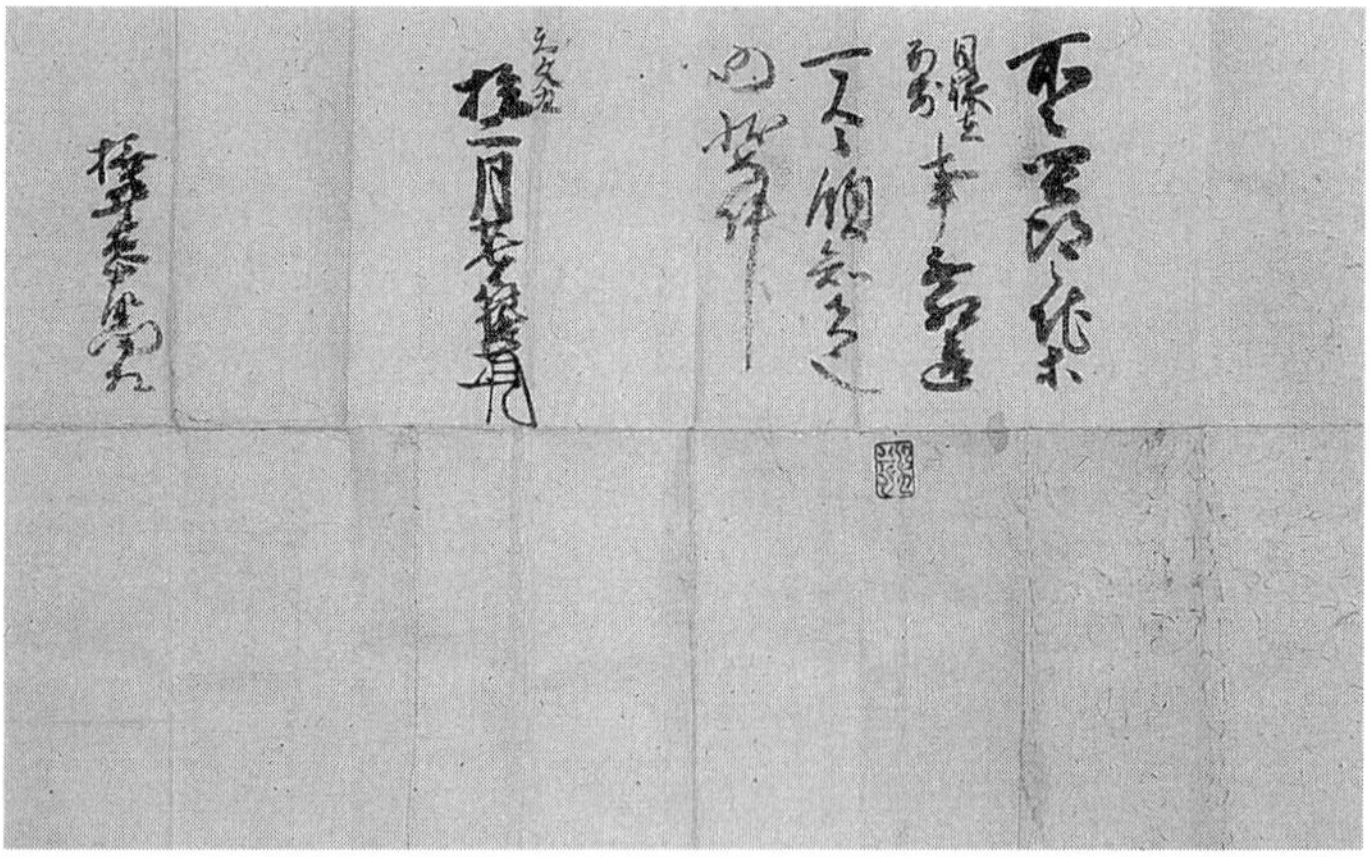

三好範長（長慶）判物（棰井家文書，神戸市立博物館寄託）

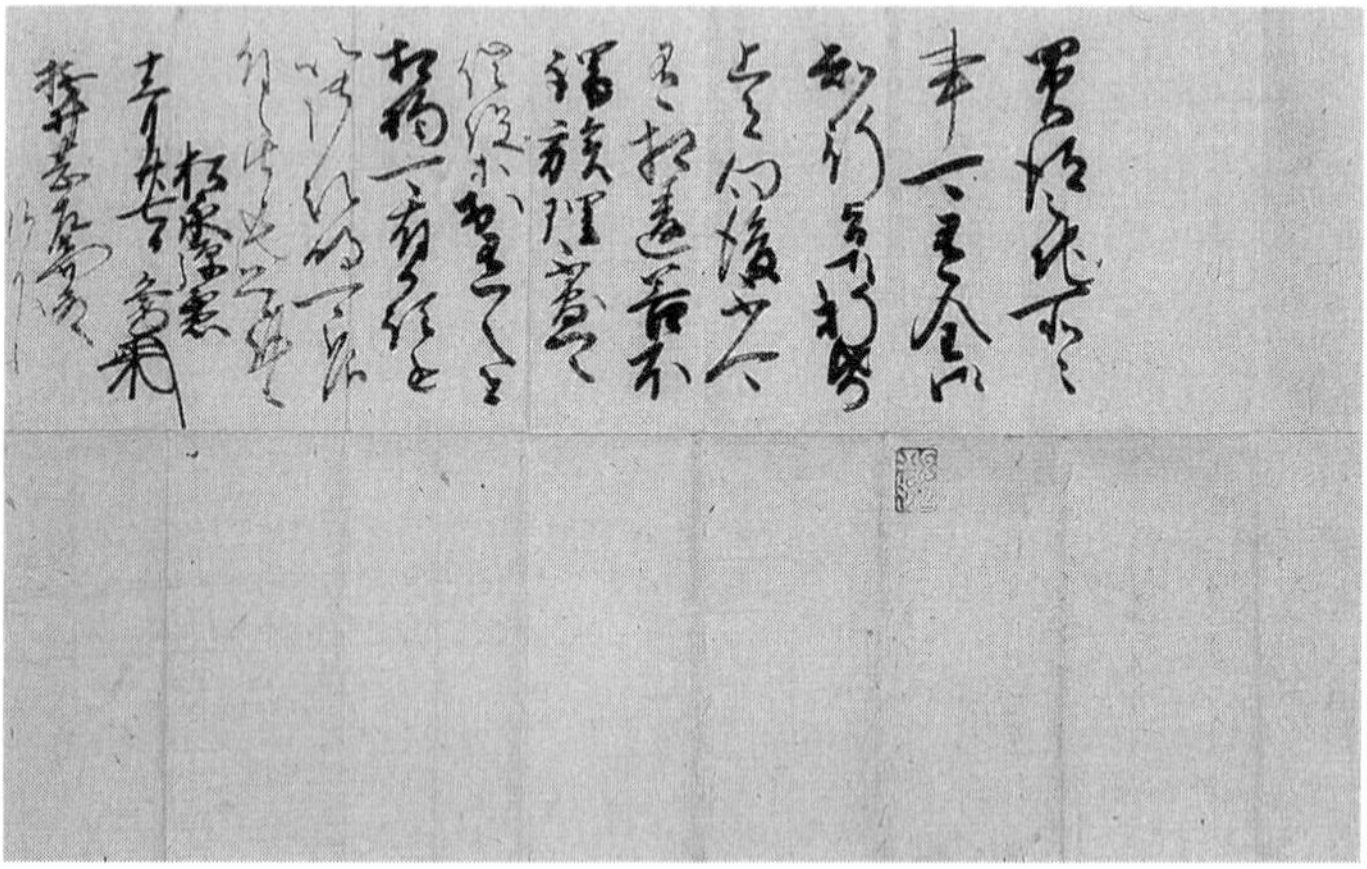

松永久秀副状（棰井家文書，神戸市立博物館寄託）

長慶の父元長の時代は堺へ渡海し京都進出を目指していた。しかし、当時の和泉周辺は細川晴元と敵対する畠山稙長や細川氏綱が活動しており、堺は必ずしも安全とは言えなかった。また、長慶が越水城に入り、摂津下郡を治めることになったので、阿波との連絡路として兵庫津が重視された。

兵庫津は足利義満以来、国際貿易港となり、将軍直轄の「蔵」が設置されるほど繁栄した。また、文安二年（一四四五）には瀬戸内や南海路から首都京都に向かう船が兵庫津に入港した際に関銭を徴収した「兵庫北関入船納帳」が作成されたように、南都の東大寺が支配する北関と、興福寺が支配する南関が存在し、莫大な権益となっていた。それ故に、応仁の乱では西軍の大内氏によって焼き討ちにあい、国際貿易港としての地位を堺に譲り渡していた。

しかし、三好之長の時代には、阿波国人の撫養修理進が兵庫南関の知行を目指していた。また、浄土真宗の僧侶である実従（じつじゅう）が書き残した「私心記」の天文十五年七月二十九日条によると、堺や大坂に寄港した「唐船」が「兵庫ノ浦」へ廻航してきており、兵庫津は再び繁栄を取り戻していた。将軍や南都の権門寺社が力を失いつつあった戦国時代に、兵庫津の繁栄の原動力になったと考えられるのが、戦国時代より現れる正直屋棰井氏や網屋南条氏であった。兵庫津は中央の権門、いわば国家が管理する港から、在地の豪商が主導する港に性格を変えていった。文禄三年（一五九四）には、兵庫津で岡方・北浜・南浜という江戸時代につながる三つの自治組織が確認できるが、棰井氏は岡方、南条氏は南浜の名主をほぼ独占しており、戦国時代に兵庫津の地縁的な都市共同体を主導する存在に成長していく。

その棰井氏の成長の契機となったのが、三好長慶の保護であった。松永久秀と三好左衛門尉祐長は棰井甚左衛門尉に「範長(長慶)御目を懸けられ候間、自然用の儀候はば、御馳走肝要に候」(「棰井家文書」)と、長慶が目を懸け特別に保護を加える代わりに、緊急事態の際には長慶に馳走することが重要であると伝えた。後には、長慶の次弟安宅冬康(あたぎふゆやす)が、棰井氏に「蔵」の営業を許可し、徳政令(借金取り消し令)を免除するという特権を与えて、金融活動を保護した。三好氏は兵庫津において、棰井氏を御用商人として育てていくのである。

長慶が「利長」から「範長」へと改名した契機と考えられるのは、晴元方の丹波守護代である波多野秀忠の娘との結婚であろう。本願寺証如は天文九年十二月十三日付で祝儀の品を長慶に贈り、十五日に祝言がおこなわれたことを「天文日記」に記している。

長慶としては、摂津下郡郡代、事実上の摂津守護代格として、同格の波多野氏と婚姻関係を結び、晴元権力内において安定した地位を得たことを示すために、「利長」から「範長」に改名したのであろう。

木沢長政の乱

天文十年(一五四一)、摂津では越水城主として勢力を広げる三好長慶と、旧高国系の国人の衝突が相次いだ。七月十九日には、長慶と政長が共同で上田氏を攻め、自害に追い込んだ。九月六日には、長慶と政長、長慶の義父波多野秀忠、政長の娘婿池田信正の連合軍が、妻が細川高国の縁戚である塩川国満(国満の名は高国の偏諱であろう)の一庫城(ひとくら)(川西市)を囲んだ。このため、国満の「内縁」の伊丹親興(ちかおき)と三宅国村は、木沢長政を頼んだ(「細川両家記」)。長政は伊丹親興の婿である弟の木沢左馬允を九月二十九日に伊丹城に出陣させたため、十月二日には長慶らは敗北して、それぞれの居城へ退去した。

十月一日、木沢長政は親興や国村と共に、三好政長の成敗を幕府内談衆の大館常興に訴え出たが、幕府としては細川氏の内輪のこととして、介入しない方針を採った。

細川晴元は三好政長や木沢長政を側近の「御前衆」に登用し、彼らと摂津国人との間に様々な縁戚関係を結ばせ、編成にあたった。しかし、こうした縁戚関係は、晴元以前に高国との間にも結ばれていた。近畿南部には旧高国系の結集核として細川氏綱がおり、塩川国満は氏綱に味方しようとしたのであろう。そうした動きと共に、木沢長政と三好政長という晴元の側近同士の対立も表面化した。

晴元は天文八年の三好長慶の挙兵時と同様に政長に味方し、長政を避けて嵯峨や岩倉・山本など洛北へ退去したため、長政の行動は公家衆に「謀逆」と認識された(『惟房公記』)。十月十六日には長慶や波多野秀忠を通じて、長政の勢力圏である大和北西部の国人の鷹山氏を調略している(『興福院文書』)。

将軍義晴も十一月二日には近江坂本へ脱出し、長政の行動が義晴や晴元から認められないという状況になると、三宅国村は晴元に帰参した。十一月十八日、義晴は山名氏や仁木氏に対して、晴元に合力するようにと御内書を調えた。十二月二十日には、義晴は天文の一向一揆の反省を踏まえ、河内の門徒が長政に味方しないように、本願寺証如に対して御内書を発給した。さらに、十二月のうちには河内守護代の遊佐長教と三好長慶の間で長政成敗の相談がおこなわれた。長政は完全に孤立無援の状況に陥った。

天文十一年三月九日、高屋城（羽曳野市）において、遊佐長教は木沢派の斎藤山城守を討ち、紀伊より畠山稙長を迎える準備を調えた。十七日、進退に窮した木沢長政は高屋城の畠山稙長・遊佐長教を攻撃するため、信貴山城（奈良県平群町）や飯盛山城の手勢を率いて出陣した。この時、長政方五〇〇〇には、若狭武田氏の重臣粟屋孫三郎らの軍勢も加わっていた。

しかし、この動きは遊佐長教に察知されていたようで、長教方八〇〇〇には三好長慶や政長の援軍が加わっていた。両軍は「細川両家記」によると「落合川」で、「足利季世記」によると「落合上畠」で合戦に及んだ。現在、「落合」という地名はないので、旧大和川と石川が落ち合う地点、合流する地点で戦ったのであろう。この地域は旧大和川と東高野街道が交差しており、戦略上の要所でもあった。長政は敗れて太平寺（柏原市）で、長教家臣の小島氏に討たれた。

三好政長の道

天文十一年（一五四二）九月十一日、三好長慶は細川晴元の命と称し、大和に反銭を賦課した（「学侶引付」）。そして、十月になると、木沢長政の乱の処理のために、三好・畠山両軍が大和へ出兵した。十月十一日には、長政が金融活動のために預けていた兵糧米を、長政の「后室」が三好政長の親類であるので政長へ引渡す様にと、畠山氏の奉行人の田河氏と吉益氏が、法隆寺に指示している（「法隆寺文書」）。二十六日には長慶が山城から大和へ入国を企て、松永久秀を配置したが、翌日には撤兵した。

政長が「宗三」と名乗るのは、この時が管見の限り初めてである。権力闘争の中で親類を嫁がせた長政まで滅ぼしたことに、何か期するところがあったのであろうか。これ以後、政長は「半隠軒宗三」と名乗ることになる。

細川晴元の側近のうち、大永・享禄年間から「御前衆」として活動してきた可竹軒周聡・木沢長政・三好政長のうち、天文十年代まで生き残ったのは政長一人となった。代わって、天文年間には垪和道祐・波々伯部元継・田井長次・高畠長直・平井直信が、晴元の新たな側近として現れてきた。三好政長は天文十二年には龍翔寺領の山城国紀伊郡下三栖庄に対する段銭賦課をめぐって、波々伯部元継や田井長次と共に免除要求の処理にあたるなど（「大徳寺文書」）、その地位に陰りは見えなかった。

政長は天文十八年二月十一日に、堺の武野紹鷗や津田宗達を招き、茶会を催した。この会では東山御物であった松嶋の茶壺が飾られた。政長は松嶋以外にも、九十九（付藻）茄子、北野肩衝、志野丸壺、平釜、油滴天目、談合茶碗、餌畚水指、合子、青磁竹子、貨狄舟花入、善好香炉、玉澗筆枯木、牧渓筆客来一味の絵、香炉、曜変天目、伊勢天目、桃尻、柑子口、穂屋香炉蓋置、香炉青磁、南蛮合子、半桶、油屋釜、丸壺、万歳大海、水指、舟花入、貝台、河原林の香炉、七台などの茶器を収拾したとされる。

茶器の収集では織田信長が有名であるが、政長が所蔵していた、これらのうち十点が後に信長の所蔵となっている。信長の収集品は、近江六角氏旧蔵が六点、美濃土岐氏旧蔵が一点、美濃斎藤氏旧蔵が一点、越前朝倉氏旧蔵が六点、駿河今川氏旧蔵が二点、政長の主君である細川晴元旧蔵が三点、政長と対立した三好長慶の長弟実休旧蔵が八点、長慶の次弟安宅冬康旧蔵が二点、長慶の重臣の松永久秀旧蔵が十点であったのと比較しても、政長の「数奇」と財力が窺える。

津田宗達は永禄四年（一五六一）に政長の十三回忌として茶会を催しており、政長との交流の深さがわかる。三好政長は織豊期に茶湯文化が興隆していく、その先駆者であったと言えよう。

政長が後の時代に伝えたのは茶器だけではない。現在、建勲神社所蔵で重要文化財に指定されている宗三左文字（義元左文字）も、政長の所蔵する刀であったと伝えられる。この刀は政長から武田信玄の父信虎に譲られ、さらに信虎から娘婿の今川義元に贈られた。そして、桶狭間の戦いで織田信長が義元を討った際に、戦利品として分捕られた。

信長の愛刀となった宗三左文字は、後に豊臣秀吉・秀頼親子を経て徳川家康の手に渡り、徳川将軍家に代々伝えられた。明暦の大火などの災禍を経て、明治時代に徳川家から信長を祀る建勲神社に奉納された。多くの天下人が手にした名刀も、元は三好政長の所蔵品だったのである。

天文十年に甲斐を追放された武田信虎は、天文十二年に京都や奈良、高野山をめぐっている。その際、本願寺証如は信虎と交流しているが、おそらく政長もこの時に信虎と礼を交わし、記念に愛刀の宗三左文字を贈ったのであろう。

文化史、美術史における三好政長の役割は大きい。三好元長・長慶親子のように細川晴元に対抗し、やがては独立していくのも三好氏興隆の道であるが、三好長尚・政長親子のように、細川晴元と密接な関係を構築していくのも、決して否定できない三好氏興隆のもう一つの道であった。

細川氏綱との抗争

天文十二年（一五四三）七月二十五日、細川高国の「跡目」（「細川両家記」）と称する細川次郎（後に右京大夫）氏綱が一万余騎を率いて、和泉・河内・紀伊の三か国の国境に近い槙尾山施福寺（和泉市）に入った。細川高国と同じ野州家に生まれた氏綱の父尹賢は、同じ細川一族の典厩家の養子となっていた。氏綱には四郎和匡（後に右馬頭藤賢）と三郎（後に左衛門佐）勝国の二人の弟がおり、細川一族である上野玄蕃頭家の細川国慶や遠州家の細川高益だけではなく、長塩氏や赤沢氏などの家臣も味方していた。

さらに、氏綱は和泉郡代で有徳人としても有名な玉井氏と連携し、妹が氏綱の妻となっていた畠山稙長や河内守護代の遊佐長教、紀伊の根来寺の加勢もあって一大勢力となった。

氏綱は七月二十五日に堺を攻撃したが、晴元方の和泉守護代の松浦守に撃退された。芥川山城の晴元より命を受けた長慶は、八月十六日に堺へ出陣し、十月十二日に槙尾山の麓の横山で玉井氏を破った。そのため、氏綱は喜連・杭全（大阪市平野区）まで兵を進めていたが十九日に急遽撤退した。

天文十四年には再び、細川晴元・六角定頼方と細川氏綱・遊佐長教方の衝突がおこった。五月六日には細川国慶が南山城の井手城（京都府綴喜郡井手町）を攻略し、丹波では内藤国貞が挙兵した。しかし、河内で畠山稙長が死去したため、士気は上がらなかった。

定頼からの援軍を得た晴元は、五月二十四日に二万余の大軍で宇治田原（京都府綴喜郡宇治田原町）や寺田（城陽市）へ出兵した。この晴元の出陣には、三好長慶が一五〇〇、政長が三〇〇の兵を率い従った。戦いは晴元の圧勝に終わったが、通路となった南山城の各地では放火や濫妨狼藉が相次いだ。

山科七郷は狼藉を避けるために晴元方に矢銭二万疋を支払い、醍醐寺は四千疋で長慶の禁制を獲得した。長慶は京都に帰ると間もなく内藤国貞が籠る関の山城（南丹市世木か）に出陣し、七月二十五日にこれを囲むと、二十七日には攻略した。

天文十五年になると再び南近畿で氏綱・長教の動きが活発化したため、長慶は晴元の命を受け、八月十六日に堺へ出陣した。しかし、長慶の軍勢は用意が調わず、逆に氏綱・長教方は大和の筒井氏まで加えた大軍であったため堺で包囲されてしまい、堺の会合衆の仲介によって慌てて退却した。氏綱らは軍勢を進め、晴元方の摂津欠郡（かけのこおり）（大阪市）郡代の山中又三郎が籠る天王寺の大塚城を九月四日に落とした。三好政長や長慶の次弟安宅冬康は援軍に向かおうとしたが、三宅国村や池田信正が氏綱方に寝返ったため、断念せざるを得なかった。こうして摂津では伊丹親興しか、晴元方はいなくなった。

九月十三日には、細川国慶が京都を制圧したため、晴元は高雄から嵯峨、そして丹波へ逃走した。十八日には、晴元が京都から摂津に下降した際の居城で、芥河孫十郎（常信）が守る芥川山城までも、氏綱方に攻撃され奪われてしまった。

晴元・長慶方は圧倒的に不利な状況に陥ったが、こうした戦況をかろうじて食い止めたのが、十月二十日に阿波から堺へ渡海した、長慶の長弟実休が率いる二万の大軍であった。実休は十一月十一日には大山崎、十二月十日には本能寺に禁制を発給するなど、京都方面に進出した。

こうした三好方の動きに備えるため、将軍義晴は十一月に北白川に勝軍地蔵山城（京都市左京区）

の築城を開始した。また、十一月二日には伊予の河野通直に、豊後の大友義鑑と相談して三好勢を阿波・讃岐に退去させるよう命じている（「萩藩閥閲録所収河野右衛門文書」）。

さらに義晴は十二月十九日には三好氏による摂津の争乱を理由に近江の坂本において六角定頼を加冠役として嫡子義藤（後の義輝）を元服させると、翌日には征夷大将軍の職を譲った。「足利季世記」では将軍就任に際して、遊佐長教が六千疋を進上したという。これが事実であれば、氏綱・長教方は義晴・義輝親子や晴元の義父六角定頼も調略し、晴元・長慶方を追い詰めていたことになる。

足利義晴画像紙形
（京都市立芸術大学芸術資料館所蔵）

こうした畿内の状況を阿波より眺めていた元堺公方の足利義維は、天文十六年二月二十五日に本願寺証如に上洛のための斡旋を依頼した。義維は足利将軍家を戴く氏綱・長教方に対抗して、劣勢な晴元・長慶方の旗頭となることで復権を目論んでいたのであろう。

筑前守長慶に改名

「天文日記」では天文十六年（一五四七）正月二十六日条より「筑前守」と長慶のことを記すようになる。前年十一月には長弟の実休が「豊前守」の官途を名乗っているので、おそくとも天文十五年後半には、長慶は之長・元長から続く三好本宗家の嫡流を示す官途を名乗ったのであろう。

天文十六年、ようやく三好長慶は弟の実休や安宅冬康、反遊佐派の畠山在氏や木沢大和守らを糾合し反撃に出た。二月二十日には政長の仲介で原田城（豊中市）を開城させ、三月二十二日には三宅城（摂津市）も攻略した。これを見た義晴・義輝親子や義晴の義兄の近衛稙家は、三好方の来襲に備え、三月二十九日に勝軍地蔵山城に籠城した。三月には三好方が山城に進攻し、実休やその重臣の篠原長政が摂津の勝尾寺、山城の妙蓮寺・下桂・妙顕寺・知恩寺に次々と禁制を発給するなど、その猛勢振りを発揮した。

こうした情勢を見た六角定頼は、再び晴元と結んだ。五月五日には晴元や阿波守護の細川氏之は薬師寺元房が籠る芥川山城を包囲し、六月二十五日には開城させて、再び芥河孫十郎が入城した。池田信正も義父の三好政長を頼り、晴元に降伏した。

七月十九日に義晴・義輝も勝軍地蔵山城を自焼して近江坂本に退去すると、勝利した長慶の許には誼を通じて来る者がいた。

鳥兵迄（鳥養貞長）の御状を披見せしめ候、仍って食籠幷びに銀瓶等を送り給い候、御芳情存じ寄せず、別して賞翫申すばかりなく候、相積もる儀共、尚面拝の時に越し候間、一二能わず候、恐々謹言、

（天文十六年）後七月八日　　長慶（花押影）

牧羊斎
床下

（「早稲田大学図書館所蔵諸家文書」）

牧羊斎なる人物が、長慶の側近の鳥養貞長に対して書状と贈り物をして、長慶への取り成しを願った。それに対する長慶の返状であるが、これが管見の限り、長慶が「長慶」という実名を名乗った初見である。おそらく長慶は筑前守の官途を名乗った際に、実名も範長から長慶に改めたのであろう。晴元は氏綱との外交戦に敗れ、将軍や義父にすら見放され、阿波守護家以外の細川一族を糾合することもできなかった。長慶も晴元に対して不信感を募らせていたことであろう。そうした中で、長慶は晴元の謀略によって自害した父元長の官途をようやく名乗り、義晴や義輝を近江に追い返した。

長慶への改名について「細川両家記」では、長慶に仇なす政長・政生（まさなり）（初名は政勝、後の釣閑斎宗渭（ちょうかんさいそうい））親子を晴元が成敗しない場合は、晴元自身を討ち果たすと、長慶が内々の評議で決定したことと関連付けて叙述されている。

長慶は足利義晴・義輝、細川氏綱、六角定頼の前になすすべもない細川晴元の姿を目の当たりにした。その一方で、弟たちの援軍により戦況を好転させ、義晴らを京都から退去させた自らの力量を振り返った時、遂に父の仇である晴元から独立する決意を固めたのであろう。

京都方面の戦いに決着をつけた長慶は、政長や実休、冬康、松浦守、畠山在氏と共に河内十七か所に兵を集め南下し、七月二十一日に天王寺の東の舎利寺（大阪市生野区）で氏綱・長教方と戦い、阿波の篠原盛家、淡路の安宅佐渡守、伊予の藤田山城守を失いながらも、松浦守や畠山在氏の活躍により大勝利を得た（「波多野家文書」）。

追撃する三好方は七月二十四日に堺へ、八月十一日には河内へ入り、若林（松原市）まで進軍した。京都方面では晴元が高雄に籠る細川国慶を攻撃し、丹波へ追い落とした。国慶は十月五日に桂川を南下して河島城（京都市西京区）を攻め、六日には大将軍（京都市北区）にまで攻め上ったが、そこで戦死した。

戦況は晴元・長慶方の優勢に傾き、最早、足利義維の出る幕はなかった。ところが義維は十一月三日に堺への渡海を強行した。しかし、本願寺証如には全く相手にされず、十二月一日には淡路に退去した。

第二章　細川晴元・足利義輝との戦い

1　細川晴元からの自立

長慶の挙兵

天文十七年（一五四八）四月二十二日、六角定頼は奈良へ赴き、遊佐長教と参会して、晴元方との和睦を斡旋した。二十四日には三好方は若林の陣を引き払って堺へ戻り、長慶は五月二日に越水城へ帰城した。実休と細川氏之も五月十日頃まで畿内に在陣し、阿波へ帰国した。この和睦は「世上五年も十年も静謐候はんずるか」（「細川両家記」）と、多くの人々に喜ばれた。

しかし、晴元方はその戦後処理で早くもつまずくことになる。五月六日、晴元は池田信正を氏綱に味方した罪で問い、自害に追い込んだ。信正の跡職は義父の三好政長の計らいで、信正の子、すなわち政長の孫である太松（後の長正）に継承された。しかし、この事件は池田家に内紛を引き起こし、八月十一日に池田城から政長に与同する一派が追放された。

池田家の騒動に対する長慶の動きは早かった。八月十二日付で晴元の側近である塀和道祐・波々伯部元家・田井長次・高畠長直・平井直信に対して、君側の奸である政長・政生親子を誅罰することを求める書状を送った。政長は池田一族に一言のことわりもなく、家財や蔵物を押収し、知行までも支配しようとしている。これは政長が池田家を我物にするために、晴元に信正を自害させたものである。そのため池田家では一族や与力・家臣が相談して政長一味を追放したのだ、と長慶は訴える。さらに、政生が勝手に自陣を放火して引き払ったのは、自らを殺害せんとの企てであると激しく非難した。そして政長・政生親子を成敗すれば「世上静謐」になると思うが、六角定頼から意見も聞きたい旨、摂津と丹波の年寄衆が同意していると圧力をかけた（「後鑑所収古文書」）。

長慶は直接主家である晴元に兵を向けるのを憚り、政長・政生親子の成敗を大義名分として挙兵したのである。これに対して、晴元は反発し、それまで畿内に出陣したことがなく、情勢に疎い長慶の三弟十河一存（そごうかずまさ）を切り崩すべく、八月十八日付で本領安堵と恩賞を約束した（「大東急記念文庫所蔵文書」）。一存は三好加介と共に晴元の策略にはまり、政生の籠る榎並城（大阪市城東区）に入城するが、後には長慶に味方した。他方、そのまま長慶に敵対した加介は討たれた。

長慶は九月には軍事行動を開始し、大徳寺、極楽寺、嵯峨釈迦堂に対して禁制を発給した。十一月六日には伊丹親興に出陣を謝しているが、後に親興は長慶から離反する。そして、十二月十日には遊佐長教に親子の思いを成し一味する旨の起請文を認めた（「大和文華館所蔵双柏文庫」）。「細川両家記」によると、長慶の訴えを黙殺して政長を成敗しないばかりか、旧越水城主の河原林対馬守を取立て、政生の榎並城に加勢させた晴元の姿勢に激怒した長慶は、氏綱を細川京兆家の家督に立てることを決意し、長教に相談したという。

守護代・国人の支持

最終的に長慶に味方したのは、「河内一国の衆、摂津上郡(かみのこおり)は三宅出羽守、芥川孫十郎、入江、茨木孫次郎、安威弥四郎、下郡は池田、原田、河原林弥四郎、有馬殿、西の岡にて鶏冠井(かいで)、物集女(もずめ)、丹波国は内藤備前守、播州は衣笠兄弟、泉州は松浦肥前守、阿波、讃岐、淡路国」(「細川両家記」)であった。

基本的には、長慶四兄弟が氏綱・長教陣営に身を投じた形になった。しかし、氏綱方ではなかった和泉守護代の松浦守や播磨の衣笠兄弟までも長慶に従っている。畿内近国の守護代・国人層がこぞって長慶に味方したのはなぜか。

過去には天文八年(一五三九)に長慶が、天文十年から十一年にかけては木沢長政が三好政長の成敗を求めて挙兵したが、どちらも失敗に終わっていた。しかし、天文十七年の長慶の挙兵の根幹には、三好一族の内紛や晴元の側近同士の政争には留まらない、池田家という国人の家の成り立ちや存続の保障という武家領主に共通する問題があった。晴元の横暴から国人を守るという長慶の姿勢が、広範な地域の領主層の支持を呼び込んだのである。また、天文八年の失敗を踏まえ、氏綱・長教方との同盟に踏み切ったことも功を奏した。

江口の戦い

天文十八年(一五四九)一月十一日、長慶は越水城より出陣し、伊丹周辺を放火した。十九日には長教が合力のため摂津欠郡に出陣する。二月十九日には長慶と長教が堺で会談し、政生が籠る榎並城の攻撃を決定した。長教は摂津欠郡や河内十七か所に陣取った。三月一日には、長慶も中島に兵を進め、柴島城（大阪市東淀川区）を攻略し、勢いに乗って榎並城を攻めたが、落とせなかった。

晴元方も六角定頼が和泉の岸和田兵衛大夫に一月十三日付で書状を送り、長慶や松浦守の行動を謀反と非難し、晴元や和泉守護の細川元常、根来寺衆に味方するよう命じた（「武家事紀」）。晴元や政長は丹波方面から摂津多田（川西市）へ入り、猪名川沿いに南下した。

この動きを見た尼崎の法華宗寺院の本興寺は、三月末から四月にかけて晴元・政長方の諸部将から禁制を獲得した。この時に禁制を発給したのは、晴元と政長の他に、六角氏の重臣の進藤貞治、摂津国人の塩川国満、伊丹親興であった。晴元は義父定頼から援軍を得ていた。また、摂津国内では基本的に澄元・晴元親子を支えていた芥河氏と池田氏が長慶に従ったことで、従来、高国・氏綱系として活動することが多かった伊丹氏や塩川氏が晴元に従うという、逆転現象が起こっていた。

戦火は摂津東部にも広がり、五月二日には総持寺（茨木市）の西河原で、三宅城（茨木市）より出撃した晴元方の香西元成と長慶方の三好日向守長逸・芥河孫十郎が戦い、長逸の活躍で長慶方が勝利した。和泉方面でも、五月九日に岸和田氏と木沢氏が同盟して堺へ進攻したが、長慶と長教の援軍に破られた。

五月十日には、本願寺証如が長慶に結婚の礼物を贈っているので、この頃までに長慶は遊佐長教の娘と結婚したのであろう。晴元との決戦を前に、両者は義理の親子として結束を固めた。

劣勢になった晴元・政長方は近江―京都―淀川―榎並の補給路を確保するために、五月二十八日には晴元が三宅城へ、六月十七日には政長が江口（大阪市東淀川区）へ陣取った。江口は淀川と神崎川の分流に近く、川船の渡し場がある水上交通の要衝であった。しかし、逆に長慶はこれを好機とみて、三宅と江口の通路を遮断するため、淡路水軍を率いる安宅冬康や勇猛を以て鳴る十河一存に包囲させた。

そして、六月二十四日、長慶と長教の両軍は一挙に江口へ攻めかかった。このため、政長らは戦うことなく退去しようとしたが、追撃を振り切れず、細川一族の天笠弥六（てんじくやろく）や三好政長をはじめ、晴元の側近の高畠長直、平井直信、田井長次、波々伯部元家、豊田弾正など八〇〇人が討死した（「細川両家記」）。政長は長教の足軽に討たれたという（「足利季世記」）。これを見た榎並城の三好政生や河原林対馬守は城を捨て逃走し、山崎まで進んでいた六角勢も近江に撤退した。三宅城の晴元は丹波を経て京都に戻り、足利義晴・義輝父子だけでなく、義晴の義父である近衛稙家や久我晴通（こがはるみち）など将軍昵近の公家、聖護院門跡などを連れて、細川元常らと共に近江に逃れ、六月二十八日には坂本の常在寺に入った。

七月九日、三好長慶は細川氏綱を奉じて上洛を果たした。賀茂別雷神社、浄福寺、清水寺成就院、本能寺、禅林寺、金蓮寺など京都の寺院は、長慶より禁制を獲得した。長慶はこの時に京都で地子銭の徴収に、十月には西岡で段米の賦課に及んだため、免除を求める権門との交渉が続いた（「東寺百合文書」「土御門家文書」「広隆寺文書」）。松永久秀の弟長頼（後の内藤宗勝）は細川氏綱より与えられたとして山科七郷を押領し、義輝方に打撃を与えた。また義輝側近の進士氏の石田・小栗栖（京都市山科区）も長頼と今村源介（後に紀伊守）慶満が分捕った。さらに、慶満は山科家の内蔵寮率分関、十河一存は伏見宮領の上三栖庄（京都市伏見区）など、京都近郊の荘園を押さえていった。十月十四日には醍醐寺の門主が山崎の長慶の許を訪問しているが、こうした押領の停止を求めてであろう。十月二十日には長頼が天龍寺領長井荘（向日市）の下司職に就いている。

義晴・義輝・晴元を京都より追い払ったが、摂津では伊丹親興が抵抗を続けていたため、長慶は八月二十四日に伊丹城を攻めるための付城を築いた。東の森本には池田氏、南の垣富・前田城に安宅冬康、西の御願塚（ごがづか）には長慶の手勢、西北の昆陽（こや）には小川式部丞を配置し、兵糧攻めすることになった。長慶は兵糧攻めの間の十二月十二日に、氏綱の命令として、堺を除く摂津欠郡において徳政を指示し（「灯心文庫」「天文日記」）、同月には摂津上郡（高槻市、茨木市、摂津市、島本町）で棟別銭を徴収するなど（「勝尾寺文書」）、摂津支配を固めていく。

伊丹城の戦いは長引き、天文十九年一月十一日に長慶が富松城（尼崎市）へ入城し伊丹城を力攻めしようとしたところ、遊佐長教が仲介に入り、三月二十八日に長慶と親興が尼崎の本興寺で会談して和睦が成立した。ここに天文十七年の挙兵から江口の戦いに至る戦争が、ようやく終結した。

2　将軍足利義輝との対立

洛中の戦い

天文十九年（一五五〇）二月、京都奪還を企てる足利義晴は、銀閣の近くに中尾城（京都市左京区）を築き始めた。この城は鉄砲の用心のため二重に壁を造り、その間に石を入れたという（『万松院殿穴太記』）。長慶方は既に鉄砲を実戦で運用していたからである。義晴は三月七日に穴太（あのう）（大津市）に陣取ったが、前年以来煩っていた水腫により五月四日に死去した。このため、義輝・晴元・定頼は軍事行動を一時的に中断するが、七月八日には吉田や北白川に進出してきた。それに対して、長慶は十四日に山崎に本陣を置き、三好長逸と弓助（きゅうすけ）長虎の親子に一万八〇〇〇の軍勢を指揮させ、一条にて迎え撃たせた。この時の戦いは、「野伏」という比較的小規模でものであったが、長虎の与力が鉄砲に当って死んだ（『言継卿記』）。義輝方にも鉄砲が末端にまで実戦配備されていたのである。

この戦いは、山科言継（ときつぐ）らが禁裏の築地塀の上から観戦していたが、見物の諸人が晴元の軍勢に「悪口」を加えた上、義輝方に地子銭の支払いを拒否するなど、長慶方の優勢に進んでいた。

京都の都市民の信頼を失い劣勢な義輝方では、細川晴元が八月三日に援軍を求めるため、越前朝倉氏の元に下向した。十月二十二日には義輝方が中尾城から打って出たが、三好長逸や十河一存、芥河孫十郎によって鴨川で撃退された。長慶方は十一月十九日に四万の兵を上洛させ、二十日には松永長

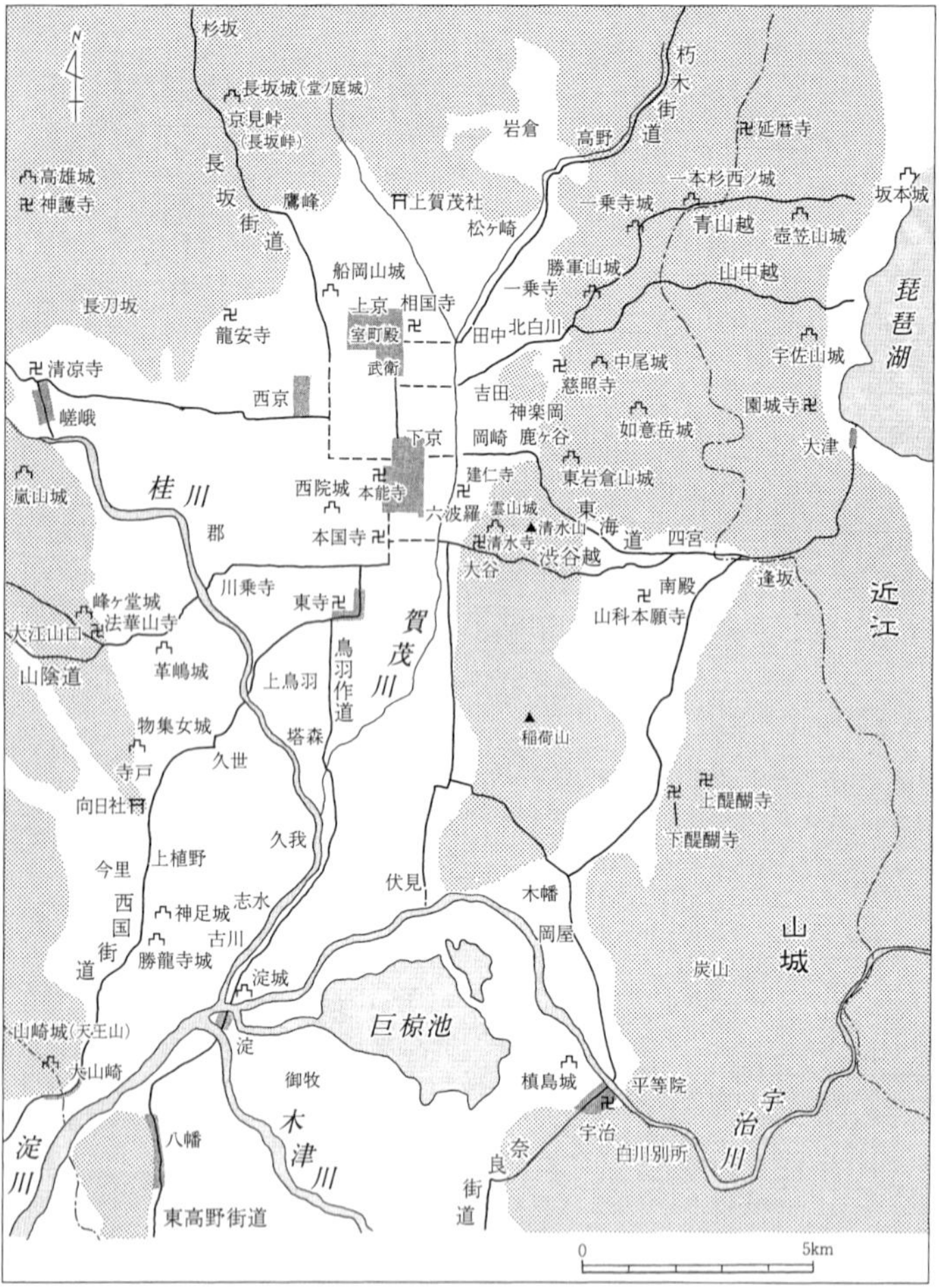

戦国期京都周辺図（福島克彦氏作図をもとに改変）

頼に近江坂本を放火させた。挟撃の危険を察知した義輝は、二十一日に中尾城を自焼して、堅田（大津市）へ没落した。

天文二十年一月七日には、氏綱と長慶が甲賀諸侍中の出陣を賞しており（「古今消息集」）、近江の武士からも義輝や定頼に敵対する者が出ていた。一月三十日には、幕府政所執事の伊勢貞孝をはじめ一色七郎や進士賢光（しんじかたみつ）が、義輝を見捨て京都に戻った。長慶は二月七日に石原城（京都市南区）へ向かい、松永長頼が炭山を越えて近江に攻め込んだが、瀬田山（大津市）で山岡氏に敗れた。十日には下鳥羽に着陣し、遊佐長教より派遣された安見宗房と合流するが、義輝は既に朽木（高島市）へ逃れた後であった（「慈願寺文書」）。二十日には近江北郡や中郡が長慶に味方したため、晴元と定頼は急遽撤兵した。二十七日には三好勢が大津を放火したが、二十八日には逆に六角勢が山科を放火し、戦いは続いた。

将軍義輝を朽木に追ったものの、六角氏との戦いは硬直しつつあった。

長慶暗殺未遂事件

天文二十年（一五五一）三月四日、長慶は一〇〇〇人余りの兵を率いて京都に帰り、貞孝の招きにより伊勢邸での酒宴に臨んだ。七日は逆に長慶が吉祥院（京都市下京区）に貞孝を招待した。その夜に事件は起こった。小童が忍び入り火を放とうとしていたので、これを捕らえたところ、共犯者がおり七日朝に近所で二人の共犯者を捕縛した。夜にはこの三人を主犯として生害させたが、関係者は六十人に上ったという（「言継卿記」）。

さらに十四日には、伊勢邸に招待された長慶が碁や乱舞を楽しんでいたところ、進士賢光が三度に

足利義輝画像紙形
（京都市立芸術大学芸術資料館所蔵）

わたり刀で長慶に斬りつけるという事件が起こった（「言継卿記」）。長慶は二刀目で負傷したが（「厳助往年記」）、命に別状はなく、急遽京都を離れ山崎へ戻ったという。賢光はその場で自害した。この事件は、十四日の段階では長慶は無事と言われていたが、十五日になると生死不明との噂が流れ、長慶が死んだら貞孝以下の奉公衆・奉行衆も殺害されるだろうと人々に囁かれた。

この連続しておこった長慶暗殺未遂事件は、小童や進士賢光の単独犯ではなかった。十五日には丹波の宇津（京都市右京区）から出撃してきた三好政生や香西元成が東山一帯を焼き払っており、十六日には三好長虎が二万の兵でこれを追い払っている。長慶暗殺計画と政生らの京都攻めは明らかに連動しており、義輝の策謀と考えて間違いない。「細川両家記」には、長慶暗殺未遂事件の原因について、義輝が命じたか、長慶に本領を安堵してもらえなかったことを恨んでかであろうという風聞があったことが記されている。義輝は塚原卜伝（つかはらぼくでん）や上泉信綱（かみいずみのぶつな）から剣術の指導を受けたという伝承があるが、個人を暗殺することによって切迫する情勢を打開しようと目論んだのであろうか。十六日には、長慶は山崎で方々から訪れる見舞いの使者に対面している。

長慶はかろうじて暗殺を免れたが、五月五日に長慶の義父の遊佐長教が暗殺された。長教は帰依していた時宗の僧侶の珠阿弥（じゅあみ）に殺害されたが、珠阿弥は「敵人」に買収されていたという（「長享年後畿内兵乱記」）。長教の死は一〇〇日の間秘された（「天文日記」）。遊佐家臣団の動揺を静めるためで、長慶は長教の婿として仲介に入り、萱振（かやふり）氏と安見（やすみ）氏の婚姻をまとめたが、翌天文二十一年二月十日に安見宗房（むねふさ）は萱振氏、中小路氏、中田氏、吉益氏を粛清した。そして、九月二十九日には畠山政国が高政に家督を譲り、家臣団は丹下盛知（たんげもりとも）、安見宗房、走井盛秀（はしりいもりひで）が主導する体制に移っていく。

既に天文十九年六月二十日には、遊佐長教の娘婿である大和の筒井順昭（じゅんしょう）も死去している。義輝・晴元・定頼方との戦いが続く中、氏綱・長慶陣営は南近畿をまとめる長教や順昭を失うという苦境に陥った。

氏綱の家督就任と長慶の直臣化

天文二十年（一五五一）六月十日から十二日にかけて、三好長慶は「天文三好千句」（「銚子市円福寺所蔵文書」「宮内庁書陵部」「伊丹市柿衛文庫」）を催した。この千句には、連歌界の第一人者となってゆく谷宗養（たにそうよう）や堺の豪商で茶人でもある辻玄哉（つじげんさい）らが参加した。千句は大掛かりな興行であり、膨大な準備や出費を擁する。そのため、権力の誇示や病気の平癒とその回復、戦勝祈願などの目的で催される。「天文三好千句」は遊佐長教の不慮の死の約一か月後の開催である。亡父の仇晴元からの独立の契機となった義父遊佐長教への追悼、長慶自身や長教に暗殺者を差し向けた将軍足利義輝との戦いへの決意など、期するものがあったのであろう。

七月十四日、三好政生、香西元成、柳本氏、岩倉の山本氏、志賀の山中氏、織田左近大夫、讃岐の

十河左介、和泉の岸和田氏、加成将監、その他に丹波衆も含め三〇〇〇の軍勢が、等持寺周辺に攻め込んだ。松永久秀・長頼兄弟は摂津・河内・大和より四万の軍勢を集め、相国寺でこれを破った。しかし、両軍の放火により相国寺の塔頭や伽藍は悉く焼失してしまった。九月には実休や冬康が東寺に禁制を発給しており、両軍が京都南郊に展開していたのであろう。十月一日には長慶も摂津富田(高槻市)に至った。

天文二十一年一月二日、六角定頼が死去した。家督を継承した義賢は方針を転換し、義輝と長慶の和睦を斡旋し成立させた。二十三日に朽木を出た義輝は、二十八日に近江と山城の国境である逢坂で松永久秀と三好長逸に迎えられ、京都に戻った。晴元の長男の聡明丸(後の昭元、信元、信良)は長慶の長男千熊丸(後の義長、義興)に迎えられ、相国寺に入った。

氏綱は細川京兆家の家督として認められ、三月十一日には従五位下右京大夫に叙せられた。晴元は出家して「永川」と号し、三月十二日には若狭へ落ち延びていった。長慶自身は義輝の奉公衆となり、二月二十六日に御供衆に任じられた。これらは和睦のための条件だったのであろう。

また、四月四日には、後奈良天皇より宸筆の古今和歌集を賜った御礼に、長慶は参内して太刀と一万疋を献ずるなど、長慶の実力は朝廷の認めるところとなった。

十六世紀初頭より続く細川氏の家督をめぐる内紛は氏綱に統一され、聡明丸は事実上の人質として長慶に養育されることになった。そして、長慶は正式に細川氏の家臣ではなく、将軍の直臣となった。

摂津国人の戸惑い

細川晴元を外し、長慶・義輝・義賢間で結ばれた和睦が進行する中で、これに反対する晴元方の丹波守護代である波多野元秀が挙兵した。長慶は天文二十一年（一五五二）四月二十五日に五〇〇〇の兵で元秀の籠る八上城（篠山市）を囲んだ。しかし、これは波多野元秀単独の挙兵ではなく、摂津では芥河孫十郎や池田兵衛尉長正、小川式部丞までもが連動して長慶から離反する騒動となった。

十六世紀初期から続く細川氏の内紛において、芥河氏も池田氏も基本的に澄元・晴元親子を支持していた。芥河信方が細川澄元に与したため、細川高国によって殺害されたが、細川晴元が阿波を出自とする芥河常清を入部させた。その息子孫十郎（後に右近大夫、常信）は三好元長の娘を室とした。池田長正の母親は細川晴元の側近衆である三好政長の娘である。すなわち芥河孫十郎も池田長正も三好一族であった。しかし、彼らは三好一族の本宗家である長慶からは血縁的にも遠く、約半世紀に及ぶ澄元・晴元支持から方針転換を図った長慶の行動に、抵抗感があったのであろう。そして、細川氏綱と三好長慶が京都や摂津・丹波を支配していく体制が固まりつつあることに対し、挙兵に踏み切った。

芥河氏や池田氏の離反という情報を有馬村秀から伝えられた長慶は、五月二十三日に八上城から撤兵し、越水城に無事帰城した。和睦を結んだばかりの六角義賢は五月二十九日付で丹波の情勢に懸念を示しながらも、長慶が無事に帰城したことを喜び、見舞状を送った（「滋賀県立安土城考古博物館所蔵文書」）。松永久秀は六月四日付で大徳寺大仙院に対して、波多野氏を退治し、池田城も攻略して池田氏や小川氏を退けた上、芥河氏も既に降伏し、戦況が優勢であると伝えている（「大仙院文書」）。三好実休は七月十八日付で小川式部丞に、進退のことについて長慶に意見するので安心するようにと返答している（「宮内庁書陵部所蔵文書」）。式部丞は実休を介して長慶に降伏したのであろう。長慶は聡明丸が晴元方の手に落ちることを恐れ、六月五日に京都から越水城に引き取っている。

十月二日、長慶は上洛し、翌日には西岡から洛西を放火してまわった。二十五日には氏綱方の丹波守護代である内藤国貞を支援するため伊勢貞孝と共に出兵し、二十八日に丹波の河瀬城を囲んだ。それを見た晴元は小野（京都市左京区）から船岡山へ進んだため、長慶らは十一月十二日に丹波から撤兵した。晴元勢は洛東へ進軍して建仁寺の塔頭を焼いた。晴元から身を守るため義輝は、二十七日に霊山城（京都市東山区）に入った。晴元に対抗するため、三十日に河内から安見宗房が、十二月一日に摂津から長慶が駆け付けた時には、晴元は既に丹波に引き上げた後であった。

この後、戦争は小康状態となり、十二月には芥河孫十郎が降伏した。細川氏綱は淀城に入城し、十二月二十一日に本願寺証如より歳暮を受けた。十二月二十五日には、三好長慶の息子が元服し孫次郎（後の義長、義興）を名乗ったので、証如は長慶に祝儀を贈った。

上野信孝の策謀

天文二十二年（一五五三）一月二十八日、長慶は元服したばかりの孫次郎と、足利義維から引き継いだ斎藤基速（もとはや）（越前守）を率いて上洛し、伊勢貞孝と会談した。閏一月一日には長慶は、義輝に仕える公家衆や他の奉公衆・御供衆と共に将軍に挨拶に赴いた。しかし、長慶を除こうとする噂が広まったため、長慶は八日に急いで淀城へ退却した。十五日になると長慶と義輝は和解し、十六日には長慶の軍勢一五〇〇が義輝の警固として室町に陣取ることになった。

長慶自身も大軍を率いて二月十二日に東寺に陣取った。これを見た細川晴元は二十日に京都の西北に足軽を出し、長慶と小競り合いをおこした。二十六日になると、長慶と晴元は鳴滝（京都市右京区）で衝突し、長慶が晴元方の大将分四〜五人を討ち、のぼりや旌など三〜四本を分捕って勝利した。

同じ二月二十六日、長慶は清水寺の願所で義輝と対面し、反長慶派の義輝側近である上野信孝以下六人から人質を徴集した。この時、親長慶派の伊勢貞孝・松田光致・大和晴完（やまとはるみつ）・松田盛秀・松田光秀・結城貞胤（さだたね）・中沢光俊は、「殿中の御様体は余りに猥りに候の間、各申し合い、言上の趣、御同心尤も然るべく存じ候」と起請文を認めた（「宮内庁書陵部所蔵文書」）。宛先がないため、言上され同意したのが長慶なのか義輝かは不明であるが、上野信孝ら六名の行動を激しく非難し、清水寺会談の実現に向けて動いている。

また、伊勢貞孝・三好長慶・細川藤賢（ふじかた）の三名も連署して上野信孝ら六名を非難し、「公儀御為」にこの事について義輝と会談しようと同意の者を募り、大館晴光、畠山稙元、細川晴経、大館晴忠、朽木（くつきたねつな）稙綱、伊勢貞倍、伊勢貞豊がこれに応じた（「大阪歴史博物館所蔵文書」）。

義輝の直臣の多くは、天文二十一年に成立した長慶・氏綱・義輝・義賢の間で成立した和睦を維持しようと考えていた。しかし、上野信孝ら六名はこれに反発して細川晴元と結び、和睦を破綻させようと策謀していたのだ。

清水寺会談により、ひとまず上野信孝らの謀略をくじくことに成功した長慶は、翌二十七日に一万の兵を連れ、高雄攻めに向かった。三月一日には氏綱・長慶が山城・摂津両国に棟別銭を賦課した。

摂津尼崎の本興寺は長慶の上使である和久房次・鹿塩宗綱・宇高可久に免除を申請し、彼らは氏綱の奉行人である斎藤長盛や某国親に取次いで、免除が認められた。山城の賀茂別雷神社は三好長逸に免除を申請し、長逸もまた氏綱の奉行人である多羅尾綱知・若槻長澄に取次いでいる。こうして氏綱・長慶の両者による支配が進展していく。

結局、清水寺会談による長慶と義輝の和睦は長く続かなかった。三月八日には、義輝が霊山城に再入城したことで、和睦は事実上破綻した。呼応する晴元は十六日に畑（京都市右京区）に出陣したが、長慶はこれを一蹴した。

義輝は上野信孝ら一部の強硬派に引きずられて、晴元と結び長慶と対決する道を選んだ。天文二十年初頭には既に政所執事の伊勢貞孝らが義輝から離れたが、天文二十二年初頭も義輝は多くの直臣の声を聴かなかったのである。

長慶と義輝との対立が表面化していく天文二十二年三月、三好長慶は足利義輝・細川晴元・細川氏綱と同じ従四位下の位階に上った。

氏之を討った実休

天文二十二年（一五五三）六月十七日、三好実休は弟の十河一存と共に阿波守護の細川氏之を討った（「東寺過去帳」）。「細川両家記」には九日と記される。この事件については、軍記物しか経緯を示すものはないが、日付を天文二十一年八月十九日としており、信憑性に欠ける。事件の原因については軍記物によると大きく三説に整理できる。一つ目は、氏之が足利義維を上洛させようとし、実休が反対したとする説（「平島先祖覚書」「阿州将裔記」）である。

二つ目は、横暴な振舞のあった実休を氏之が討とうとしたので、実休が先手を取ったとする説（「続応仁後記」「三好家成立之事」）である。三つ目は、晴元と氏之が通じており、実休を殺害しようとしたため実休が先手を取ったとする説（「細川系図」「三好家譜」）である。

氏之と実休は軍事行動を共にし、天文八年には尼子氏の南下を防ぎ、天文十五年以降は晴元・長慶を助けるため、天文十七年五月まで畿内に出兵していた。しかし、天文十七年八月に、長慶と晴元が対立すると、氏之と実休が揃って畿内に出兵することはなくなった。阿波から出兵するのは実休と、その後見人とも言える宿老の篠原長政をはじめとする、吉野川流域の領主のみとなった。

こうした状況を踏まえると、氏之は三好氏を支援するが、それはあくまで晴元権力内に留まることを前提としたものであって、長慶による氏綱擁立は容認できないものであった。すなわち、天文二十一年に起こった芥河孫十郎や池田長正の挙兵と同様の心境であったと考えられる。

そうしたところに、畿内では将軍義輝が長慶や氏綱との和睦を破棄し、晴元支持を明確にしたことで、実休と氏之の間の緊張は高まった。そこで、実休と一存は先手を打って、氏之を見性寺で討ち果たし、氏之の遺児の真之は実休が養育することとなった。この時、名東郡の久米義広・野田内蔵助・佐野平明・小倉重信・仁木高将が反三好を掲げて挙兵したが、実休に鎮圧されたという（「昔阿波物語」「阿州古戦記」）。この戦いが事実かどうかは確認できないが、三好氏は吉野川流域に拠点を置く領主しか把握しておらず、十分起こり得る話である。実休は実力で阿波守護を排除し、阿波国人を従えるに至った。

天文二十二年（一五五三）七月三日、長慶は再び背いた芥河孫十郎を攻めるため、芥川山城の東にあり、標高も高い帯仕山に付城を築いた。

義輝を朽木に追放

七月十四日には細川晴元の軍勢が長坂や船岡に進出し、安見宗房らと交戦した。そして、二十八日には、長坂を出陣した晴元勢が上野信孝ら五〜六人の奉公衆に迎えられた。内藤彦七・香西元成・柳本氏・三好政生以下二十名が義輝に謁見するためであり、山科言継はこれで晴元は正式に義輝より御免されたと認識した。すなわち、義輝は長慶に敵対する姿勢を明確にしたのである。その後、内藤らは長慶方の西院城（京都市右京区）を攻めたが、落とせなかった。義輝も霊山城を下りて北山に陣取り、二十九日には内藤彦七・香西元成・三好政生・十河盛重・宇津二郎左衛門に酒を下賜した。その場には大舘輝氏・上野信孝・上野与三郎・杉原兵庫が同席した。三十日には義輝自身が軍勢を指揮し、西院城に攻めかかった。

八月一日、長慶勢は西院城を救援するため、河内・和泉・大和・摂津・紀伊からの援軍を加え、二万五〇〇〇の大軍を率いて上洛した。義輝は船岡山に陣取り、松田監物・醍醐寺三宝院衆・近江山中（大津市）の磯谷氏が霊山城を守った。長慶方の今村慶満は、一族の源七が討死しながらも霊山城を攻め、自焼に追い込んだ。このため、義輝や晴元は一戦も交えず、杉坂へ向けて退却した。

万里小路を打ち廻った十河一存と畠山勢を見物した山科言継は「言語道断の見事驚目」と称え、敗れた足利義輝らを「あさましき体たらくなり」と嘆き、上野信孝を戦犯として名指しで非難した。

義輝と晴元は三日に丹波の山国庄（京都市右京区）へ、五日には近江の龍華（大津市）へと落ち延びていった。長慶は、義輝に従い龍華に居る者について武家公家にかかわらず、知行を没収すると宣言したため、高倉永相(ながすけ)らが京都に戻り、義輝に従う者は四十人余りに減ってしまった。言継は「大樹一向無人」、「御不運の至りなり」と記した。

京都方面の戦いは長慶の圧勝に終わり、晴元の牢人衆が塩川氏と結んで、芥河孫十郎を救援しようと池田へ出陣したが、撃退された。援軍の望みも兵糧も潰えた芥河孫十郎は長慶に降伏した。二十一日に長慶勢が陣を解くと、二十二日に城を安見宗房に明け渡した。芥河孫十郎は三好実休を頼って阿波に下ったという。そして、二十五日には長慶が芥川山城に入城した。二十九日には三好孫次郎と細川聡明丸も芥川山城に入った。これにより義輝・晴元方は摂津における拠点も失い、義輝は八月三十日に朽木に退いた。

この時、長慶は敗走する義輝や晴元を徹底的に追撃せず、近江への追放にとどめて、生命を奪うようなことはしなかった。この行動について、長慶を保守的であるとか、優柔不断であるとか、伝統的権威に囚われたと評価するのは疑問である。織田信長でさえ、守護斯波義銀(しばよしかね)や将軍足利義昭を殺害することは「天道」「天命」おそろしいとして、追放にとどめているのである。また、山科言継は長慶ではなく、義輝の側近の上野信孝を批判しており、非は義輝にあったと認識している。長慶は戦国時代当時の身分秩序の中で、最大限できることをおこなったのである。

内藤氏家督継承問題

天文二十二年（一五五三）九月三日、松永久秀・長頼兄弟は丹波に出陣し、晴元方の波多野秀親(ひでちか)が籠る数掛山城(かずかけやまじょう)（亀岡市）を囲んだ。しかし、十八日に香西元成や三好政生に背後から襲われ、内藤国貞が戦死してしまった。三好方は池田長正や松山重治、石成友通(いわなりともみち)まで討ち死にしたとの噂が流れる程の惨敗であった。この時、国貞の居城である八木城（南丹市）も危うく攻略されそうになったが、国貞の娘婿であった松永長頼が急遽、八木城に入り死守した。

十一月十五日、長慶は細川晴元の子聡明丸（信良）の家臣である茨木長隆(ながたか)を介して船井郡の国人の出野(いでの)氏と片山氏に、内藤氏の家督には国貞と長頼の契約によって長頼の息子の千勝(せんかつ)（備前守貞勝）を据えることを伝え、忠節を求めた（「野間建明家文書」）。しかし、これでは決着がつかず、内藤家中の混乱は続いた。そこで、翌天文二十三年に細川氏綱が次の文書を発給した。

内藤跡目の事、備前国貞が松永甚介（長頼）と契約候と雖も、長頼は分別を以て、息千勝に相続の上は、先々の如く、内藤と相談し忠節肝要に候、猶三好筑前守（長慶）申さるべく候、謹言、

（天文二十三年）三月廿日　　氏綱（花押）

片山右近丞（康隆）とのへ

（「片山家文書」）

これと全く同文の書状が、船井郡の栗野氏や天田（あまた）郡の桐村氏など丹波国人に一斉に通告された。また、現存していないが、長慶の副状や長頼の書状も発給され、長頼が八木城に在城することが伝えられた（「片山家文書」）。それによると、内藤氏の家督は、国貞の娘婿である松永長頼がもしもの時は継承する契約であったが、これでは内藤氏の一族や年寄が納得しないであろうから、長頼と国貞の娘との間に生まれた千勝が継承することになった。そして、長頼は千勝の後見人として八木城に在城し、後に内藤宗勝と名を改め、丹波の事実上の支配者となっていく。

そうした内藤氏を後見するかのように、長慶は四月十二日に桑田郡に出陣し小城を攻め落とすと、六月二十八日から七月七日にかけて再び桑田郡に出陣するなど、軍事的圧力を加え続けた。

丹波方面を担当する内藤氏の家督は、丹波守護格の細川氏綱や松永長頼の主君の三好長慶のどちらか一方ではなく、双方の後見が揃うことで、ようやく決着したのである。

これは当時の京都近郊の支配でも同様であった。天文二十二年の十一月から十二月には、氏綱家臣の若槻長澄と斎藤長房が、長慶家臣の三好長逸の名代（某貞清や某清蔵）と津田経長（つねなが）の四名で連署して、大徳寺や遍照心院に段銭の免除を認める書状を作成している。

長慶は、将軍義輝を京都から追放し、室町幕府が在地支配に用いた室町幕府奉行人連署奉書の発給を事実上停止に追い込んだ。しかし、長慶が我が物顔に振る舞えた訳ではなく、独裁体制がすぐに成立した訳でもなかった。天文二十三年の前半頃までは、長慶と氏綱の相互補完関係による共同統治というのが実態であった。

天文二十三年（一五五四）の夏、三好長慶はそれまで摂津でのみ用いていた判物形式の文書を山城においても発給し、裁許をおこなうようになる。

氏綱からの「独立」

山城国の西岡地域において、今井用水をめぐって今里村（長岡京市）と上植野村（向日市）の間で相論がおこった。発端は前年の天文二十二年六月にさかのぼる。この時は近隣の国人の野田氏・八田（はった）氏・調子（ちょうし）氏や、細川聡明丸の家臣の茨木長吉の仲裁により落着した。しかし、天文二十三年五月に相論が再発する。当初、長慶は前年の仲裁案に従い処理するべきと、氏綱家臣の多羅尾綱知に執行を命じた。しかし、両村はこれを拒否し、改めて長慶自身による裁許を求めたため、長慶は家臣の藤岡直綱・高柳治部丞・和久房次に実況検分を命じ、芥川山城において、次のような裁許状を下した。

当所と上々野（植）が申し結ぶ井内領内川井手の事、糺明の淵底を遂げる処、上野（植）の申し分は其の理無きの上は、先々の如く今井蕪木用水を進退せしむべき者也、仍って状件の如し、

天文廿三

六月十八日　　長慶（花押）

今里郷惣中

（「能勢久嗣家文書」）

詳しい裁許の経緯や意義については後述するが、長慶の裁許状には氏綱の意を奉じたり、長慶の裁許を氏綱が保障したりしている様子などない。長慶は自らの家臣がおこなった実況見分の報告を受け、長慶自身の判断と実力によって裁許を下している。氏綱の家臣による仲裁、すなわち氏綱による保障は、在地では最早効力を持たなくなった。在地からは長慶の実力に裏付けされた裁許こそが求められ、長慶はそれに応えられる体制を調えていたのである。

天文末年には、氏綱・長慶方の和泉守護代として活躍した松浦守が死去した。そのため、永禄四年（一五六一）に長慶は次の文書を発給した。

泉州の事、養父周防（松浦盛）代幷びに一存（十河）より申し付けられ、筋目相違無きをもって、存知あるべく候、其のため一札をもって申し候、恐々謹言、

卯月廿三日　長慶（花押）

松浦萬満殿

（「九条文書」）

長慶は幼少の松浦萬満（まんみつ）（後の孫八郎、光）に和泉を与え、その養父松浦盛と十河一存を後見役とする

ことを伝えた。この文書は十河一存の妻の実家である九条家に残されていることから、松浦萬満は一存の実子であろう。ここで注目したいのは、丹波の内藤氏の場合と異なり、細川氏綱を介さず、長慶が単独で松浦氏の継嗣に介入している点である。長慶が自らの意思のみで和泉支配を十河氏や松浦氏に命じたのは、今井用水相論に見るように、長慶が徐々に氏綱を必要としない体制を構築していった結果といえる。

天文十七年に長慶が氏綱陣営に身を投じた際、摂津守護代の長慶をはじめとし、河内守護代遊佐長教、丹波守護代内藤国貞、和泉守護代松浦守は基本的には同格で、氏綱を擁していた。しかし、長教・国貞・守が相次いで亡くなった。その後、長慶は、最終的には破綻したが萱振氏と安見宗房の婚姻を取り持って遊佐家中の安泰を図ったり、重臣の松永長頼の子の千勝を内藤家の家督とし、長頼をその後見人としたり、三弟の十河一存の子の松浦萬満を松浦家の家督とし、一存にその後見を命じるなど、三好氏への従属化を進めていった。

播磨攻め

天文二十三年（一五五四）八月十九日、播磨・備前・美作の三か国の守護である赤松氏の一族で、摂津の有馬郡を支配する有馬村秀の援軍として、三好長逸（ながやす）が摂津の国人を率いて播磨に進攻した。三好長逸は長慶の重臣として松永久秀に並ぶ地位にあった。長逸は九月一日には東播磨八郡の守護代で三木城（三木市）を居城とする別所村治方の城を七つも攻略する戦果をあげて、十二日には摂津に帰った。

長逸は村秀から得た播磨の情勢を長慶に報告したのであろう。十月十二日に安宅冬康の居城である淡路の洲本城（洲本市）に長慶・実休・冬康・一存の四兄弟が集まり、播磨守護の赤松晴政を支援するため播磨出兵を決定した。そして、二十八日に長慶は上洛し、他の三兄弟は戦の準備のため、それぞれ帰国した。この情報を得た播磨の太山寺（神戸市西区）は実休から禁制を獲得し、三好勢の播磨進攻に備えた。

侍所所司に就くことができる家格である「四職」の一つ赤松氏の分国は京都に近く、長く幕府との相互補完関係を基調にして、播磨・備前・美作を支配してきた。しかし、将軍足利義輝は天文二十一年に突如備前と美作の守護職を没収し、尼子晴久に与えた。これにより、播磨東部では別所氏や明石氏が、播磨西部では浦上政宗が、それぞれ赤松晴政より離反するなど、晴政は本国の播磨支配すら覚束ない状況となった。こうした状況下で、晴政に残された選択は、憎き義輝を追放した長慶に頼る以外なかった。

十一月二日、三好実休の先鋒として篠原長房と安宅冬康が、播磨の明石（明石市）に渡海し越年した。十一月四日には、冬康が鶴林寺（加古川市）に木札の禁制を発給しており（「鶴林寺文書」）、播磨の東部全体で軍事的緊張が高まった。天文二十四年一月十日には実休が明石へ出陣し、十三日には長慶が太山寺に陣取ると、これを見た明石氏は降伏した。別所村治は三木城で三好勢の攻撃を防いだが、衆寡敵せず、赤松氏と和睦することを条件に、二月二十七日に長慶らは播磨から撤兵した。

後の永禄二年（一五五九）に、長慶が河内へ出兵する際には、別所氏・明石氏・衣笠氏・真島氏が従っており、播磨東部は三好氏に軍事的に従属することになった。

足利一族を擁立しない長慶

足利義輝を近江朽木に追放し、細川氏綱に頼ることがない支配体制を構築し、それまで幕府と親密な関係にあった赤松晴政からも頼られる存在となった三好長慶は、どのような構想を持っていたのであろうか。

天文二十二年（一五五三）十月二十九日、長慶は「四国室町殿（足利義維）」に上洛を促した（「天文日記」）。義輝を追放した当初は、義維を擁立するという選択肢も、長慶にはあったようだが、義維がこれに応じることはなかった。義維は、自らを阿波で庇護してくれた細川氏之が、三好実休と十河一存によって殺害されており、三好氏を信用することができなかったのであろう。

その後、義輝が各地の守護を動員して長慶包囲網をつくるような動向もなかった。逆に赤松晴政が長慶を頼るような有様であり、義維を擁立する必要はなくなった。

天文二十四年七月三十日付で、松永久秀は六角義賢の重臣の永原重興（しげおき）に対して、義輝の悪巧みは明らかであり、二度までも晴元を許容しないと自筆の懐紙や御内書を長慶に渡したのに、それを破り京都を追放される羽目になったのは、「天罰」が下ったためだ、と痛烈に批判した（「阿波国徴古雑抄所収三好松永文書」）。そして、「京都御静謐」を望んでいるという長慶の書状を用意し、六角氏との友好関係を構築しようとしている。

長慶の同盟者である河内の安見宗房は、八月二十二日付で永原重興に書状を送り、義維の件については最近無沙汰であり、畠山方としては「公儀（義輝）」に馳走するが、長慶には存分があるだろうと伝えている（「根岸文書」）。十一月七日付で長慶が永原重興に宛てた書状では、義維のことは「本意の如く申し付け候」と伝えている（「阿波国徴古雑抄所収三好松永文書」）。長慶としては六角氏や畠山氏と友好関係を維持する上でも、義維を擁立するという選択肢はなくなった。ただ、義輝が朽木に没落しているのは、義輝自身の失策が招いた「天罰」であると認識しており、義輝と和睦する考えもなかった。義輝の御所も小笠原稙盛に下げ渡している。

結局、長慶は足利一族を擁立せず、京都や畿内を支配していく道を選択した。こうした選択は、将軍足利氏の権威が低下しつつあった戦国時代でも、極めて稀であった。

足利一族を擁立する諸大名

永正五年（一五〇八）、大内義興は、明応二年（一四九三）に細川政元によって十代将軍の座を追われ、北陸を流浪していた足利義稙を擁立して率兵上洛し、将軍職に復位させた。義興はそのまま山城守護として十年間に渡って畿内に居座り、細川高国や畠山稙長と共に義稙を支えた。

関東では、長慶が義輝を追放した前年の天文二十一年（一五五二）に、北条氏康が異母妹の子である足利義氏を古河公方に擁立し、その権威や秩序を利用しながら、分国外の関東の中小領主を従属下に置き勢力を拡大した。さらに氏康は、永禄七年（一五六四）から十二年まで足利義氏を鎌倉に置くが、この間に義氏の書札礼は尊大化し将軍義輝を模倣した花押に変更している。氏康は義氏を将軍に擬していったのだ。

氏康に対抗するために、長尾景虎（後の上杉謙信）や里見義堯（よしたか）らは、永禄四年に義氏の兄弟の藤氏を古河公方に擁立した。小田原城に迫った景虎は、鎌倉の鶴岡八幡宮で関東管領山内上杉家を継承し、この後約十年にわたって氏康と戦っていく。

織田信長は、長慶の死後の永禄十一年（一五六八）に畿内に進攻した際には足利義昭を擁していたし、元亀四年（天正元年、一五七三）に義昭を追放した後にも、義昭の子の義尋を新たに擁立した。

当時の大名は、畿内においても遠国においても、足利一族を頂点とする武家の身分秩序を利用しながら戦争をおこなっていた。そうした中で、三好長慶は足利氏を擁立せず、幕府の秩序を破って、足利氏の最も重要な権力基盤である京都を支配していった。

元長の二十五回忌

天文二十四年（一五五五、閏十月に改元して弘治元年）九月二十七日、三好勢は八上城を攻略するため、生瀬口（西宮市）から同盟者の有馬村秀の支配する有馬郡を通過して攻め入った。しかし、この時も八上城を落とすことができず、撤兵した。ただ、長慶が本拠地をおく摂津や京都などの支配を脅かすような戦いはなくなった。

弘治二年（一五五六）二月、松永久秀の発起により、名儒学者として名高い清原枝賢を芥川山城に招き、「中庸」の講義を受けた（「清家文庫所蔵中庸奥書」）。三月三日には、長慶は尼崎の本興寺に、法華宗の信徒が町場化していた西門前の貴布祢屋敷を本興寺の門前寺内として寄進し禁制を発給するなど、保護を加えた（「本興寺文書」）。四月には松永長頼（後の内藤宗勝）が宇治橋を新たに架け、交通路を整備した（「厳助往年記」）。長慶は領国の整備に努めていた。

そうした中、六月十五日に三好長慶と松永久秀は堺に赴き、父親である元長（開運）の二十五回忌のため、顕本寺にて千部経を催した。一門衆が皆集まり、毎日三部七日七部頓写し、一〇〇〇人の僧侶が供養したという（「足利季世記」）。

元長が主君である細川晴元の謀略により自害して二十五年、長慶は父の仇の晴元やそれを支援する義輝を京都より追放し、芥川山城を中心に摂津・山城・和泉・丹波東部・播磨東部に勢力を伸ばし、弟たちは阿波・讃岐・淡路・伊予東部を治めるに至った。弘治年間（一五五五〜一五五八）は京都を脅かすような義輝・晴元方の軍事行動もなく、平和を楽しんでいた。

この時、長慶は新たに元長の菩提を営むため、堺の舳松町（へのまつ）にあった大徳寺の子院である南宗庵を宿院の南に移転して、自らが深く帰依し参禅する大林宗套（だいりんそうとう）を開基に招き、南宗寺の建立を開始する。そもそもは、弘治元年に没した武野紹鷗（じょうおう）が大林を招くことを考えていたが、その構想は同じく大林に帰依していた長慶に引き継がれ、新たに元長の菩提寺としての役割が加えられた。

長慶は芥川山城に城下町を建設せず、弟たちを集住させるような意図を持っていなかった。しかし、東瀬戸内を取り巻くように三好一族の支配領域は広がり、一層兄弟の結束を図る必要があった。そこで、東瀬戸内の流通の中心となる堺に四兄弟の父元長を祀る寺院を整備することで、堺を三好氏権力全体の宗廟の地、祭祀の場として位置付け、精神的な紐帯としたのである。南宗寺には、長慶の重臣の松永久秀も亡妻のために勝善院を建立した（「特賜正覚普通国師塔銘」）。

南宗寺では一休宗純以後大徳寺を支援してきた堺の商人が度々参禅し茶会を開いており、三好氏だけではなく、茶道の千家や豪商の津田家などの供養塔もおかれている。三好一族だけの寺院ではなく、堺の都市民に開かれた寺院であった。

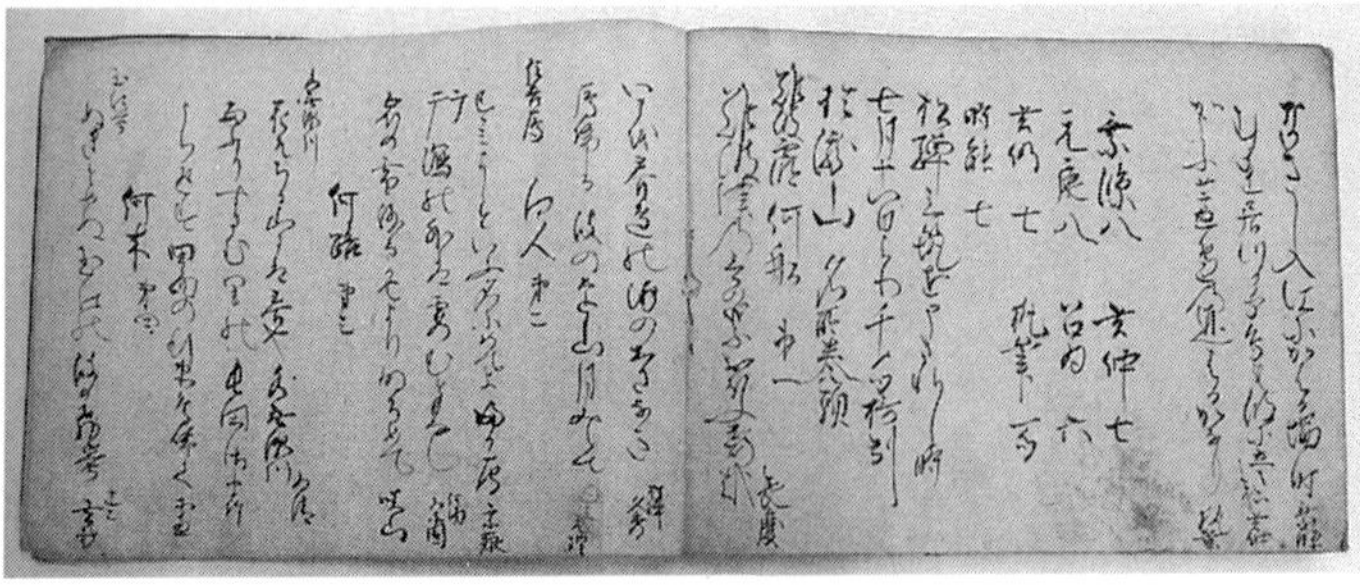

瀧山千句（群馬大学総合情報メディアセンター図書館所蔵）

瀧山千句

七月三日、長慶は堺から尼崎へ渡海し、八日に久秀の居城である滝山城（神戸市中央区）へ御成した。そして、七月十日に、松永久秀から千句連歌と観世元忠の能による歓待を受けた。この場で詠まれたのが、いわゆる瀧山千句（「群馬大学図書館新田文庫所蔵」）である。

瀧山千句では、難波の霞（大阪市西成区）、住吉の雁（大阪市住吉区）、水無瀬川（大阪府島本町）、玉江の蛍（大阪府高槻市）、湊川の納涼（神戸市兵庫区）、初島の霧（尼崎市）、須磨の月（神戸市須磨区）、生田の鹿（神戸市中央区）、芦屋の霙（芦屋市）、布引の滝（神戸市中央区）、羽束山（三田市）など摂津各地の名所を織り込んだ歌が詠まれた。

また、瀧山千句には、天文後期より連歌界の第一人者となった谷宗養や堺の連歌壇の中心となった等恵（とうえ）、武野紹鷗の弟子で堺の茶人の辻玄哉、細川聡明丸の奉行人である飯尾為清、後に松永久秀の奉行人兼部将となる半竹軒、摂津在地からは芦屋神社の範与（はんよ）、兵庫津の豪商棰井氏を檀那とする久遠寺の快玉（かいぎょく）、池田長正の重臣（池田四人衆）の池田正秀が参加した。

彼らは摂津の名所を詠むことで、それらの地域が長慶の支配下にあることを言祝ぎ、三好氏に忠誠を誓ったのである。瀧山千句は文化的なサロンとして、お互いの友好と結束を確認しあう場であったと同時に、三好氏の支配を確認するための場でもあった。

三好氏は一つの最盛期を迎えつつあった。

長慶の裁許

天文二十二年（一五五三）八月、足利義輝は京都を捨てて近江朽木に逃れた。しかし、三好長慶は芥川山城を本拠地と定め、基本的に在京することはなかった。管領家である細川晴元にとっては、将軍を擁して入京し、京都において政治を執ることが理想の体制であった。しかし、守護代家格の長慶にすれば、幕臣や公家衆らの基盤である京都に在住し、幕府の秩序に従わせられる危険性を犯すことは避けたかった。逆に長慶に裁許や保障を求める者は、武家であれ、朝廷であれ、寺社であれ、芥川山城に赴かねばならないという労をわざわざ取らせることで、長慶を頂点とする三好氏の裁許体制に従うことを形として示させることが重要であった。

長慶へ保障を求める動きは、義輝と交戦中の天文二十二年七月からあった。七月十一日、桂川の用水をめぐって、葉室、河島、桂上下、郡の四か郷と松尾社領の山田郷（いずれも京都市西京区）との間で相論がおこった。山科言継は妻の実家葉室氏から合戦になりそうだという話を聞いた。この十一日付で、長慶は松尾社社務の東相光（ひがしすけみつ）や松室中務大輔に対して、「井手」の儀は委細承知したと、用水相論の訴訟を受け付けたことを伝えた（「東文書」）。十六日、言継は叔父の中御門宣忠（なかみかどのぶただ）と共に仲裁のために東相光と会談した。そこで用水は中分（折半）することに決し、桂庄の中路美濃守と郡の中路若狭守へ伝え同意を得た。そしてすぐに、芥川山城を攻めている長慶の許に、現地では既に相論は無事に解決したので長慶に申し上げてほしい、詳しい事情は西院城の小泉秀清や中路若狭守からも申し上げると、長慶家臣の鳥養貞長に宛てた書状を送り、松尾社の長慶に対する訴えを留めようとしている。

長慶は未だ霊山城の義輝や芥川山城の芥河孫十郎と戦っている最中であったが、松尾社も山科言継も義輝には相論を解決できる力は既にないと判断し、長慶に訴えていた。特に松尾社の動きが先行しており、山田郷を勝訴とする長慶の裁許が出る前に、言継は現地で相論自体を早急に解決し、松尾社に対抗しようとしていた。しかし、長慶は山田郷に用水を認める裁許を下し、松尾社は長慶に訴訟を取り次いでくれた松永久秀に御礼の品物を納め、十八日には久秀が返礼の折紙を発給していた（「松尾大社文書」）。そのため、二十日になると、現地において言継らの仲裁案は破綻してしまった。言継の努力は無に帰したが、その訴訟戦略からは、長慶の裁許の効力の大きさが窺い知れる。

幕府の裁許への対抗

足利義輝が近江朽木に没落した直後の天文二十二年（一五五三）十月、桂西庄（京都市西京区）の新坊分をめぐって、奉公衆の石谷光政と公家の葉室頼房の間で相論がおこった（「言継卿記」「専修寺文書」）。光政は前年に義輝より室町幕府奉行人連署奉書によって安堵されていたが、頼房は言継に証文を用意してもらい、長慶とその家臣の鳥養貞長に提出した。審議の結果、二十三日に長慶は葉室頼房の理運と裁許している。長慶は幕府の裁許を破棄し、自らの裁許を優先させたのだ。

天文二十四年には、石清水八幡宮の社家である田中家で家督争いが起こった（「石清水文書」）。当初、この相論は朽木に居る義輝の許に持ち込まれた。天文二十四年六月二十日に、義輝は西竹教清（にしたけきょうせい）が筑前の箱崎（福岡市東区）に在国しているのを非とし、田中家家督を東竹甲清（ひがしたけこうせい）に変更することを命じた。しかし、翌弘治二年（一五五六）、長慶が箱崎から戻った教清より事情聴取をおこなった結果、筑前在国は後奈良天皇の命令によるもので箱崎宮遷宮のためと判明した。このため長慶の仲介により、十二月に東竹甲清から西竹教清に家督を返還することで和談した。ここでも幕府の裁許は長慶によって破棄されている。

遠国の相論裁許

幕府が裁許していた相論への三好氏の関与は、京都近郊を対象とするものばかりではない。遠国の相論においても同様である。天文十四年、尼子晴久の居城である出雲の富田城（安来市）で催された千部法華経読誦において、安来清水寺が天文六年の後奈良天皇綸旨案を根拠に、鰐淵寺を差し置き最上位の左座に座ろうとしたことで両寺の座次相論が始まった。この相論の背景には、富田城と同じ能義郡にある安来清水寺を取り立て、出雲国一宮の杵築大社（出雲大社）の本寺である鰐淵寺に対する統制を強めようとする尼子氏の宗教政策があった。

この時は座を定めずに済ませたが、天文二十四年に再び富田城で法華経読誦がおこなわれることになり、鰐淵寺は比叡山の青蓮院門跡を通じて、後奈良天皇より鰐淵寺を左座とするよう命じる綸旨を獲得した（「鰐淵寺文書」）。このため、清水寺は比叡山の梶井宮門跡と結び、後奈良天皇の綸旨を得て対抗する。

このような状況を受けて、晴久は自らによる裁許を回避し、比叡山延暦寺にこの問題を委ねた。鰐淵寺もまた比叡山内の対立を見越したのか義輝にも働きかけており、弘治二年五月二十三日付で、鰐淵寺理運の旨を晴久に伝え執行を命じる室町幕府奉行人連署奉書を獲得した。ところが朝廷は三問三答を経て、六月下旬に再び安来清水寺を左座とする後奈良天皇女房奉書を発給した。

このため、安来清水寺と比叡山の梶井宮門跡・東塔は、晴久と同じ佐々木一族である六角義賢と結び、鰐淵寺と比叡山の青蓮院門跡・西塔・横川は三好長慶を頼る事態へと発展する。そして、九月二十五日には長慶が「叡慮片手打の御裁許」と非難し、朝廷に再審を求め上申した。

> ちくせんのかミ（三好筑前守長慶）に、よく存せきかせ（聞）られ候へく候て、
> かしく
> いつものくに（出雲国）りやう（両）寺の事につき、みよしちくせんのかミ（三好筑前守長慶）、しよしやう（書状）ない〻（内々）御らん（覧）せられ候、
> 三もん（問）三たう（答）、せうもん（証文）以下のうへにて、御きうめい（糺明）をとけ（遂）られ候、せう〻（少々）をの〻（各々）にも
> あひたつね（相尋）られ、いけん（意見）にまかせて存せつけられたる事にて、心ひとつにての御さた（沙汰）にても候まゝ、
> やかて存せられ候ハんするを、御とりミたし（取乱）の事にて、たゝいま（只今）存せられ候、かしく、
> 日ろはし（広橋国光）大納言とのへ
>
> （「鰐淵寺文書」）

右の女房奉書は、十一月十三日に武家伝奏の広橋国光によって長慶に伝えられた。長慶の再審要求

や西塔・横川の強訴により、後奈良天皇の裁許は再び覆り、鰐淵寺を左座とすることに決した。そして、これを最終決定として、翌年には相論は沈静化していった。

長慶は直接三好氏の支配には関係がない地方の訴訟にも関与し、将軍や天皇が解決できず、二転三転した相論を決着させることで、遠国に対してもその存在感や政治的地位を示したのである。

朝廷からの認知

長慶による将軍義輝の追放は、公武関係においても、それまでにはない新たな状況をつくりだしていく。天文二十二年（一五五三）から、将軍ないし将軍候補の足利氏が恒常的に京都にいない状況は、朝廷内の足利氏に対する求心力の低下をもたらした。

関白近衛晴嗣は天文九年に元服して以来、叔母慶寿院の夫である十二代将軍義晴より偏諱をうけ、晴嗣と名乗っていた。しかし、天文二十四年一月に偏諱を解消し、前嗣（後に前久）と改名した。近衛家は足利家と蜜月関係を誇っていたが、前嗣は将軍義輝との関係を絶とうとしたのである。

このような近衛家の動きに対して、近衛家と朝廷を二分し関白を争う九条家では、いち早く天文十八年の江口の戦いの直後に、九条稙通が養女を長慶の三弟である十河一存に嫁がせていた。稙通は山伏の修行に耽溺したため、妻をめとらず実子がいなかった。後の永禄二年（一五五九）一月には、稙通の後継者として兼孝が参賀する際、稙通は二条晴良（兼孝の実父）に対し「長慶朝臣に任せ置く」と伝えている（「醍醐寺文書」）。九条家が三好家と強力な信頼関係を構築しただけでなく、長慶もまた朝廷内部に大きな影響力を築き上げていった。

朝廷の義輝離れと長慶への接近の動きが明らかになると、長慶は公家の所領を庇護する姿勢をとるようになる。長慶の家臣の今村慶満は天文十八年より禁裏御料所内蔵寮率分役所の押領を繰り返し、長慶も黙認していたが、天文二十三年になると一転これを停止した。今村氏は長慶の死後に押領を再開することから、この違乱停止には、長慶の強い政策的意図が感じられる。

禁裏御料所主殿寮領が主殿寮の定使である瑞範（ずいはん）に押領された件も、長慶は弘治元年（一五五五）十一月二十四日に後奈良天皇より女房奉書を受けて、翌弘治二年五月四日に御料所を回復するよう裁許をおこなった（「壬生家文書」）。

こうして義輝追放後に朝廷の庇護者としての姿勢を示す長慶に対して、天皇は細川氏の頃とは違い、将軍候補者すら擁立していないにもかかわらず、直接関係を構築しようとした。

禁裏の修築について、天文二十三年五月四日には伊勢貞孝と三好長慶に東南堀を浚渫するよう命がくだったが、弘治二年八月の後奈良天皇宸翰女房奉書によると、三好長慶と松永久秀にのみ命じられており（「勧修寺家文書」）、三好氏への信頼が増している。その材木や人夫が山城一国に課された。

弘治三年九月五日に死去した後奈良天皇の中陰（四十九日）の執行をめぐる相論も、正親町（おおぎまち）天皇は長慶に裁許を求めている。後土御門天皇と後柏原天皇の先例を主張する伏見の般舟三昧院（はんしゅうさんまいいん）に対して、泉涌寺はそれ以前の旧例を主張していた。そこで、正親町天皇は「ふけ（武家）にてあひすますへき」と命じた（「泉涌寺文書」）。泉涌寺は松永久秀に対して、後柏原天皇の中陰の際に次は泉涌寺でおこなうとする後奈良天皇の女房奉書を受けたと主張し、女房奉書の案文を提出したので、久秀は実見し三好長逸と斎藤基速を通じて長慶に上申した。三好氏による糺明の結果、天皇家の菩提寺で比丘尼御所である安禅寺において、泉涌寺が執りおこなうことになった。

従来、中陰の執行をめぐる相論は天皇自身により処理されてきたが、寺社は自らの権益を主張するばかりで、天皇の命に従わなかった。その結果、後奈良天皇の遺骸が泉涌寺で火葬されたのは、十一月二十二日であった。正親町天皇が頼るべき将軍義輝も、朽木在住が四年以上に及び、朝廷に勤仕しないことが常態化していた。そうした中で、正親町天皇には、長慶を義輝に代わる新たな武家の代表と認識する意識が芽生えはじめていた。

第三章　領国の拡大と幕府秩序への挑戦

1　永禄改元

正親町天皇の改元

後奈良天皇の死期が迫った弘治三年（一五五七）八月十八日、将軍義輝に挙兵の兆しがあったのか、長慶は朽木と京都の間にある家臣の山本久政の居城「静原岩倉山本城」を普請するため、人夫役を出すように五十余郷へ触れた（「唯一神精鈔」）。九月四日には「世上雑説」の噂のため、長慶自身が上洛したが、六角氏が軍事行動をおこす気配はなく（「東寺百合文書」）、この時は結局、義輝は動かなかった。

長慶は十月十日に毛利氏からの東福寺使僧と会談し、元就・隆元親子に周防・長門の平定を祝すと共に、自らの五畿内支配を誇示し、変わらぬ友好を確認した（「長府毛利文書」）。

十月十六日に三好勢は八上城へ出陣し、龍蔵寺城（篠山市）を攻め落とした。十一月九日には筒井

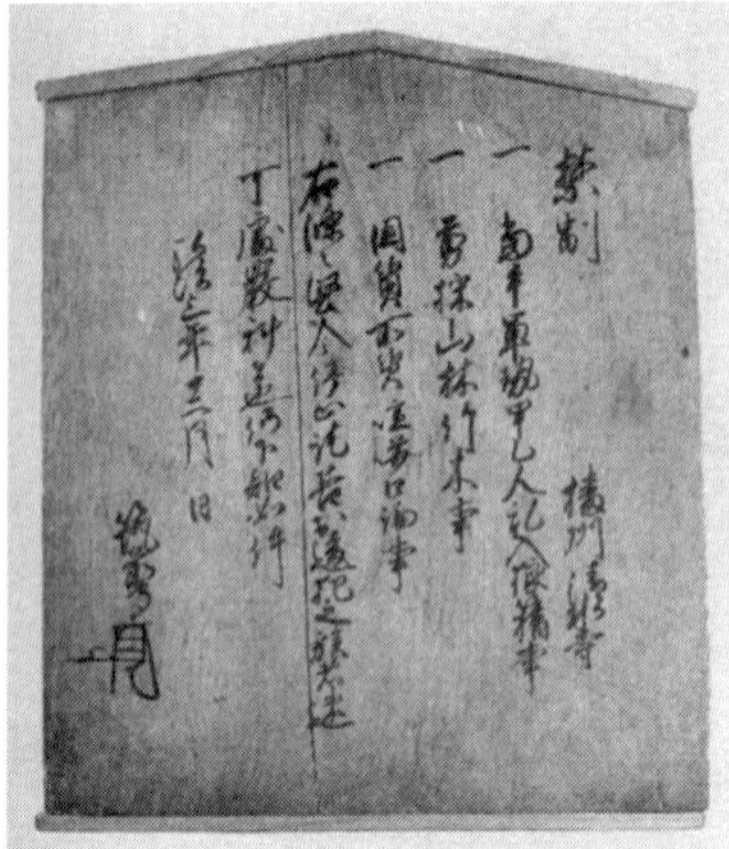

三好長慶制札（加東市・清水寺所蔵）

藤勝（後の順慶）が斎藤基速と松永久秀に対して祝意を表している（「町田礼助氏所蔵文書」）。長慶は十二月には丹波・播磨・摂津の国境の小野原荘木津（篠山市）にまで進み、清水寺（加東市）に木札の禁制を発給した。現存する長慶の制札で木札のものは、管見の限り、これのみである。

弘治四年（永禄元年）の二月三日には、長慶は晴元の子の聡明丸を芥川山城で元服させ、六郎と名乗らせた。氏綱には子が確認できず、典厩家を継いだ弟の藤賢が氏綱の死後に京兆家の家督を継ぐ動きもないことから、長慶は六郎を氏綱の後継者に据え、両細川氏の統一を考えていたのであろう。

三好氏の畿内支配が順調に進んでいた弘治四年初頭、当時の情勢を象徴する出来事が起こる。二月二十八日の改元である。正親町天皇の践祚に伴うもので、この日、弘治四年は永禄元年に改まった。改元の理由自体は前例のあるものであったが、その手続きが異例なものであった。五月九日に清原枝賢は万里小路惟房の許を訪問し、改元の事を申し送ったが、さらに長慶の許へ遣わす「返状」を持っていたという（「惟房公記」）。すなわち、朝廷と長慶の間で改元について、何度か相談や連絡のやりとりがあったことが窺える。

ところが、朽木の義輝には改元のことは全く知らされていなかった。そのため激怒し、改元を無視して弘治の年号を使用し続けた。そして、五年ぶりに京都を奪還するため、三月十三日には下龍華へ進み、五月三日には三〇〇〇の兵を率いて坂本の本誓寺に入った。

義輝はなぜ永禄の年号を使用しなかったのか、なぜそれほど激怒し五年の沈黙を破って挙兵したのか。それには重大な理由があった。室町時代の改元は、朝廷を代表する天皇と幕府を代表する将軍の合意によりおこなわれていた。たとえば応永は、しばしば朝廷が改元を望んでも足利義満が同意しなかったため、異例の三十年余りも続いた。戦国時代になり将軍が在京していない時も同様で大永の改元に際しては朝廷は坂本に滞在する義輝の父の義晴に連絡し、天文の改元の時も朽木の義晴に連絡を

正親町天皇画像
（京都市東山区・泉涌寺所蔵）

していた。こうした直近の事例を踏まえると、正親町天皇が永禄への改元を、京都からそれほど遠くない朽木に居た義輝に知らせなかったのは、かなり異例であった。

すなわち、正親町天皇は義輝を、現職の将軍でありながらも武家の代表とは認めないことを表明したものと言えよう。逆に天皇に武家の代表と認められつつあったのは、改元についてやりとりをしていた長慶であろう。

また、この扱いは正親町天皇の暴走ではなかった。弘治初年より朝廷の義輝離れは進んでいたし、松永久秀は武家伝奏広橋国光の妹を妻に迎えるなど、長慶は朝廷と武家のパイプ役を握っていた。さらに、改元に関わって返状を長慶に遣わした清原枝賢は当時日本最高の名儒であった。その枝賢さえも足利氏を頂点とする武家社会の秩序に対して疑問を持っていたのである。枝賢は松永久秀の招きにより長慶の芥川山城や久秀の滝山城で「大学」「中庸」などを講義し、後には久秀の多聞山城に居住するなど、三好氏に大きな期待を寄せていた。

将軍としての資質を問われた義輝は、正親町天皇に反発し、「弘治四年」の年号を使い続けた。しかし、その国の皇帝が定めた年号を使用しないのは、世界史的に見ても、反逆か独立の表明に他ならない。現職の征夷大将軍が朝敵となる現象が生まれたのであった。

逆に長慶は畿内制覇だけでなく、正親町天皇に足利氏に代わりうる武家の代表であると認められ、将軍並に遇されるという名誉に浴したことを、全国に知らしめることに成功した。

三好氏と領国を接しない東国の諸大名は一、二か月で改元に応じたが、備讃海峡を挟んで三好氏と勢力圏が接し始めた毛利氏は改元が十一か月近く遅れるなど、対応が分かれた。

こうした改元の効果を目の当たりにした織田信長は、後に足利義昭と共に三好三人衆を京都から駆逐すると、三好色の強い年号である永禄から元亀に改元し、さらに義昭を京都から追放する際には元亀から天正に改元することになる。

義輝の危機

この改元時、義輝にはもう一つ看過できない問題がおこっていた。改元の二日前、美濃の斎藤高政（後の一色義龍）が妻の縁戚の伊勢貞孝を通じて朝廷に申請し、治部大輔に正式に補任されたのである（「御湯殿上日記」）。将軍が在京する平時であれば、政所執事を経た奏請も将軍が承認済みで問題はなかったであろう。しかし、当時、伊勢貞孝は三好長慶と結び、足利義輝と敵対関係にあった。全国の諸大名が朝廷の官途に就く際、将軍の推挙を経ない状況が、このまま常態化する可能性が出始めた。

義輝は永禄元年初頭の段階において、朝廷からも諸大名からも無視されかねない危険な状態に陥った。義輝はとにかく挙兵するしかなかった。

京都攻防戦

永禄元年（一五五八）五月、三好勢は続々と京都近郊に集結した。陣取の免除を請う東寺は長慶の家臣の藤岡直綱（なおつな）と交渉した。七日には、松永久秀は吉祥院に、三好長逸は上鳥羽か久世に、長慶とその子孫次郎（後の義長、義興）は久世に、丹波衆は泉正寺・梅小路・西庄・御所の内に、松山重治は東西九条に、その他の軍勢は四条道場から下鳥羽・塔森・竹田に陣を構えている。この時、東寺は長慶と息子が出陣争いをしていることや、斎藤基速と中村高続（たかつぐ）は出陣していないことなど機密情報も摑んでいる（「東寺百合文書」）。

五月十日には、長慶は西岡地域北部の国人である中沢狐法・野間又三郎・能勢左近大夫・物集女久勝・中沢継綱・寒川運秀・小泉秀次・中路光隆・柏原源介・木村杢左衛門尉・中西備後守・井内蜻介・石原伊豆守・松山守勝・小野孫七郎に対して、松山重治の指揮に属し出陣するよう命じた（「京都市個人所蔵文書」）。十九日には、松永兄弟と三好長逸、伊勢貞孝父子に公家の高倉永相も加わり、一万五〇〇〇の大軍を率いて、洛中において「打廻」と称する威嚇行動をおこない、六月二日には石成友通らが勝軍地蔵山に陣取った。

これに対して、義輝方は三好政生・香西元成・六角義賢の援軍を得て、六月四日に如意岳に陣取り、鹿ヶ谷で長慶方と戦った。七日には義輝方が勝軍地蔵山を占領するが、八日には長慶方が如意岳を攻撃し、九日には白川口で両軍による激しい戦いがおこなわれた。この白川口の戦いは、松山重治の活躍により長慶方が勝利した（「播磨清水寺文書」）。

この後、両者の京都近郊における戦いは小競り合いに終始し、お互いに外交戦に移行した。細川晴元は六月十四日付で紀伊の粉河寺衆徒に感状を発給した（「後鑑所収古文書」）。また、三好政生は摂津山間部の能勢氏に軍勢を催促すると共に、丹波では蘆田忠家や荻野直正が義輝に味方して軍事行動をおこしており、八上城でも波多野元秀が勝利するだろうと、閏六月六日付で戦況を伝えている（「真如寺所蔵能勢家文書」）。義輝は近江や紀伊、丹波の反長慶勢力を糾合しようとしていた。

ところが、七月十四日に長慶方が京都の地子銭を徴収した際、義輝方がなんら妨害活動をすることがなかったことから、六角義賢が両者の和睦をはかっていることが明らかとなった。七月二十五日には三好実休の先陣として三好康長が阿波を出陣しており、義輝方は戦争を長引かせる不利を感じていたのであろう。

九月になると和睦に向けた動きが加速する。九月三日には長慶四兄弟と長慶の嫡子の義興が尼崎に集まり、会談を催した。会談の内容は明らかではないが、九月二十日には京都ではなく、和泉へ出陣し打廻をおこなっていることから、義輝とは和睦するが、義輝に同調し和泉に攻め込んできた根来寺勢力は駆逐するといったことが決定されたのであろう。

九月十三日には、京都で三好政生が長慶方の部将である石成友通と行動を共にしていることから（「兼右卿記」）、この日以前に長慶にくだっていたことが明らかになる。主力部隊を欠いた義輝方も長慶と戦える状態ではなくなっていた。長慶方でも、天文年間は同盟者として加勢してくれた畠山氏において当主の高政と重臣の安見宗房の間に不和が生じており、長慶方として援軍を出せる状況ではなかった。

九月二十日付で義輝は関東の北条氏康に、長慶から和睦の申し入れがあり、六角義賢と細川晴元が上申してきたので、交渉半ばであると伝えていることから（「尊経閣文庫所蔵文書」）、和睦交渉は公然の事実となっていた。九月二十三日には伊勢貞孝が長慶の家臣の斎藤基速に対して、若狭の武田義統（よしずみ）宛と近江の六角義賢宛の長慶書状を調えたと伝えており（「雑々聞検書」）、長慶は武田義統にも義輝との和睦の仲裁を求めたのであろう。

そして、九月二十四日、義輝はついに改元に従い、「永禄元年」と記した幕府奉行人連署奉書を発給した（「大通寺文書」）。三月に義輝が挙兵した大義名分はここに消滅した。十月十六日には、義輝は上野の国人である横瀬成繁にも義賢の仲介で長慶と和睦の交渉途中であると伝えている（「由良文書」）。和睦に反対する晴元は排除されたようだ。

こうして、和睦は成立し、十一月二十七日に義輝は勝軍地蔵山城を下り、相国寺に入った。義輝は二十九日にいったん城に戻り、十二月二日に長慶・藤賢・貞孝らを従え、妙覚寺へ移った。十八日に長慶と久秀は京都から芥川山城に帰った。

義輝との関係

永禄二年（一五五九）二月二日、長慶と孫次郎（後の義長、義興）の親子は上洛し相国寺に入った。そして、翌三日に義輝に謁見した。三月二日に長慶が催した鞍馬寺における花見の歌会には、連歌師の谷宗養、息子の孫次郎、家臣の松永久秀・斎藤基速・寺町通昭の他に、細川藤賢や飯尾為清、禁裏御倉職の立入宗継（たてりむねつぐ）も参加している。三月十一日には義輝とその側近を相国寺慈照院に招き、宴会を催した。四月十二日には禁裏で能を陪観して、正親町天皇から盃を戴いた。

京都に戻った義輝に謁見を求めて、織田信長、斎藤高政、長尾景虎が相次いで上洛した。信長は二月二日に上洛し義輝に謁見したが、「雑説」のため七日には帰国していった。四月二十七日には高政が義輝に謁見し、相伴衆に任じられた。同日には景虎も上洛して義輝に謁見を果たしている。景虎はさらに五月一日には正親町天皇に拝謁した。景虎は六月二十六日に、封紙の裏に記すべき苗字と官途を省略してよいという足利一族や管領家に準じる待遇を受け、関東管領上杉憲政の処置についても一任され、信濃の諸侍に対する指揮権を認められた。信長は岩倉城の織田伊勢守と交戦中であり、尾張支配に関する何らかの公認を得たのであろう。

永禄元年の和睦に関しての交渉段階から情報が伝えられた関東の北条氏や横瀬氏、仲介役となった六角氏と若狭武田氏、上洛してきた織田氏や斎藤氏や長尾氏など、改元をめぐる長慶と義輝の戦いは多くの大名に影響を与えた。天文二十二年（一五五三）に義輝が朽木に没落した際、諸大名が義輝の下に一致して長慶包囲網をつくらなかったことから明らかなように、義輝には外交手腕があったり、諸大名から支持されていたりした訳ではない。天文二十年代の戦いとは質的に異なり、永禄元年の長慶と義輝の戦いは、諸大名が拠って立つ将軍足利家を頂点とする武家の秩序が崩壊するのではないかという危機感をもって、諸大名間に共有されたのであろう。

こうした質の戦いであったからこそ、義輝が半年に及ぶ弘治年号の使用を放棄し永禄年号の使用に従った時、長慶もまた矛を収めざるを得なかったのであろう。

長慶にとっても、いくつかの課題が解決された和睦であった。一つ目は、三好政生が長慶に属したことである。長慶は父元長の時代から続いた三好一族の分裂を解消した。これにより、義輝・晴元方の波多野氏を支援する勢力はなくなった。内藤宗勝は永禄二年（一五五九）十二月十一日付で波多野次郎に八上法光寺山相城の戦いでの働きを賞し、波多野秀親と次郎に多紀郡内の所領を安堵しているので（「波多野文書」）、ようやく八上城は落城し、松永孫六が入城することになった。

二つ目は、三好氏の外交戦略に義輝を利用できるようになったことである。

> 九州探題職幷びに大内家督の事、先例に任せ、別儀あるべからず候、それに就き料所等の儀を之に申し付け、運上すべきの旨、内々に宗可（若狭屋）へ申す通、尤も神妙に候、仍って久秀に対し入魂の由然るべく候、猶大覚寺門跡（義俊）・愚庵（久我宗入）仰せらるべく候也、
>
> 　十一月九日（永禄二年）　　　　御判（足利義輝）
>
> 大友新太郎（義鎮）とのへ
>
> （「大友家文書録」）

一見すると、将軍義輝が伯父の大覚寺義俊や久我晴通（宗入、愚庵）を使者として、豊後の大友義鎮（後の宗麟）に彼が熱望していた九州探題と周防・長門・豊前・筑前の守護であった大内氏の家督を与えるとあり、義輝の諸大名に対する権限の大きさが窺える。

しかし、内々の調整にあたっていた堺の豪商の若狭屋宗可と松永久秀に注目したい。若狭屋宗可は後に久秀の多聞山城の茶会で茶頭を務めた茶人で、久秀と伊予河野氏の重臣の来島村上通康との交渉でも仲介役となるなど、三好氏の外交活動を担った堺の豪商である。すなわち、この大友氏への栄典授与には、三好氏の意向が働いていた。

当時、阿波を支配する三好実休は篠原長房や三好盛長を率い、反三好勢力の香川氏を攻めるため、

讃岐西部の天霧城（善通寺市、仲多度郡多度津町）を囲んでいた（「東京大学史料編纂所所蔵村上文書」）。この実休の軍事行動は、備前にまで勢力を伸ばしていた毛利元就の警戒を招くことになった。備讃海峡で毛利氏と対立することになった三好氏は、その打開策として、旧大内氏分国をめぐって元就と対立する大友義鎮を従来足利一門しか就任できなかった九州探題に任命して大義名分を与え、元就との戦いを後押しすることで、備讃海峡方面における毛利氏との緊張緩和を図ったのである。

東国においても、長尾景虎の勢力拡張は、必ずしも三好長慶の利害と対立するとは限らない。永禄四年三月、景虎は足利藤氏や上杉憲政だけでなく、関白の近衛前嗣（この頃前久に改名）を擁して、関東に進攻した。この景虎の軍事行動を歓迎したのは、長慶の保護下にあった旧信濃守護の小笠原長時と貞虎（後の貞慶）の親子であった。長時と貞虎は景虎が北条氏康や武田信玄を圧倒し信濃に復帰できるよう、閏三月に本山寺（高槻市）に祈願している（「本山寺文書」）。景虎の軍事行動が成功すれば、信濃には三好氏の同盟者である小笠原氏の分国が復活する可能性があったのだ。

楠氏の復権

表面上は手を握っていた永禄年間の三好長慶と足利義輝の関係をどのように理解すればよいのか。それを窺わせる長慶と正親町天皇の行動がある。

長慶の重臣である松永久秀には、楠正虎という家臣がいた。正虎は、鎌倉幕府に対して挙兵し、建武の親政が破綻した後は後醍醐天皇と共に足利尊氏と戦い、湊川の戦いで自害した南朝の忠臣楠木正成の末裔と称していた。しかし、久秀に仕えた当初は、北朝と室町幕府を憚り、楠木一族である和田氏の本貫地である河内国丹南郡大饗に因んで、大饗長左衛門尉と名乗っていたという。久秀は正虎が朝敵の汚名を晴らし、再び楠姓を名乗りたいという望みを知り、勅免を正親町天皇に執奏した。そして、永禄二年（一五五九）十一月二十日、正親町天皇は正成を正式に赦免するという綸旨を発給した。これを受け、久秀は次の文書を発給した。

御名字の事、正成以来、朝敵たるによって御十代に及び、相調わず候といえども、今度執り申すにつき、勅許なされ、河内守に任ぜらる綸旨以下御頂戴す、殊に公儀御別儀なく、上野民部大輔（信孝）方一札、旁もって御面目珍重に候、恐々謹言、

松永弾正少弼

久秀（花押）

（永禄二年）十一月卅日

楠河内守（正虎）殿へ

之を進め候

（「楠文書」）

久秀は正親町天皇の正成に対する赦免の勅許だけではなく、河内守任官の綸旨まで手に入れ、義輝からも認可を得ていた。これにより、正虎は楠姓に復し河内守に任官することができた。正親町天皇以前の北朝の天皇であれば、決して認められなかったであろう。朝廷の義輝離れが進行し、永禄改元をめぐって足利将軍の正統性に大きな疑問が投げかけられていた時期であったからこそ、久秀と正虎

の勅免運動は成功した。

義輝にとって、戦国時代に流布した「太平記」の中で七度生まれ変わって朝敵足利氏を討つことを誓った正成が赦免されたことは、決して好ましいものではなかったであろう。北朝の天皇が足利氏を滅ぼすことを表明した南朝の臣を公認するなど、足利氏の将軍としての正統性を失わせかねない出来事であった。楠氏の名誉回復を図った長慶の真の目的は、ここにあったと言えよう。

楠氏の勅免は足利幕府への批判を自由にし、正虎は後に織田信長や豊臣秀吉の側近に登用され、後年の武家政権の思想的背景をも準備することになっていく。

2　近国の主へ

畠山氏の内紛

永禄元年（一五五八）十一月三十日、畠山高政と安見宗房の間で内紛が起こり、高政が高屋城を脱出し堺に逃れた。両者の不和は弘治三年（一五五七）一月にさかのぼる（「厳助往年記」）。永禄二年になると、長慶は高政に味方して河内へ介入することを決めた。高政は大和の十市遠勝（とおち）に五月二十日付で長慶と相談し河内奪還を計画している旨を伝え、忠節を求めている（「國學院大學所蔵畠山雄三郎氏旧蔵文書」）。長慶は二十三日に和泉に出陣して十河一存を助け、二十九日には根来寺と戦ったが、十河勢が敗れた。長慶は体制を立て直すため、一度摂津に退き、内藤宗勝が率いる丹波勢や播磨の別所衆・明石衆・衣笠衆・真島衆、そして有馬村秀からの援軍を加え、総勢二万余の大軍で、六月二十六日に河内十七か所に攻め込んだ。

三好勢は二手に分かれ、一手は七月二十一日に摂津欠郡に進み、二十九日には河内との国境の喜連や杭全（大阪市平野区）に陣を張り、八月一日には早くも高屋城を攻略してしまった。もう一手は松永久秀・今村慶満・松山重治・石成友通らに率いられて大和に雪崩込み、安見宗房に味方した筒井衆と戦った。このため、六月から七月にかけて、河内の片埜神社（枚方市）や金剛寺（河内長野市）だけでなく、大和の東大寺や法隆寺までも、長慶に禁制を求めることになった。長慶の介入により高政が紀伊から奉公衆の玉置氏や湯河氏を率いて高屋城に復帰すると、長慶は八月四日に天王寺に帰り、鳥養（摂津市）を経て芥川山城に帰った。

しかし、大和に進攻した三好勢は十月十二日まで筒井平城（大和郡山市）に居座り続けた。また、十一月二十一日には、将軍義輝が河内の日置庄（堺市東区）の年貢について、伊勢氏の所領なので京都に送るよう高政に意見せよと、長慶に命じている（「雑々聞検書」）。高政は長慶の影響下に置かれかねない状況となったことに、危機感を抱いていく。

飯盛山城入城

永禄三年（一五六〇）一月十六日、三好長慶は正親町天皇の即位式の警固のため、芥川山城から上洛した。しかし、二十日に「南方に隙入」（「言継卿記」）として、即位式を延期して下国すると言い出した。結局、二十七日に即位式はつつがなくおこなわれ、正親町天皇は満足し、長慶・義興父子に天盃を与え、御剣を下賜した（「雑々聞検書」「御湯殿上日記」「言継卿記」）。長慶は自らの軍事行動を正当化し、畠山高政を征伐の対象に仕立て上げた。

長慶は二月十日に芥川山城に帰り、十二日には和泉へ出陣した。そして、三月五日には阿波より渡海してきた三好康長と会談した。「細川両家記」は長慶と実休の仲が悪いので康長が仲裁に来たとするが、畠山氏攻めが議題であったろう。長慶は四月三日に堺から河内十七か所に移り、四日には芥川山城に帰った。そして、六日には淡路へ下るため兵庫津へ行き、八日には洲本で実休や冬康と会談し、五月一日には芥川山城に帰った。長慶は五月五日に伊勢貞孝に洲本会議の内容を義輝に披露するよう求めており（「雑々聞検書」）、畠山氏攻めに対する義輝の承認を求めたのであろう。

長慶の挑発に耐えかねた高政は、五月に安見宗房と和睦し、三好勢を迎撃する体制を調えた。しかし、高政のこの行動自体が、前年に宗房を追討するために軍事的支援を求めた長慶に対する明確な違約行為となり、開戦の大義名分を与えることになった。

前年、讃岐の天霧城を攻めていた三好実休は、備讃海峡を挟んで毛利氏とも対立していたが、長慶の巧みな外交戦略で大友氏が北九州の毛利領に進攻したため、毛利氏との緊張関係は緩和され、一部の兵を讃岐に残して、大軍を畿内に投入できる条件が調っていた。

実休は六月二十四日に尼崎へ渡海し長慶と会談して、二十九日には河内十七か所に攻め込み、長慶もまた守口に進んだ。永禄三年は日照りで河内八か所や深野池などの水面が干上がり、三好方の軍事行動に有利に働いた。

三好勢は七月三日に玉櫛（東大阪市）で畠山勢を破り、実休は七日には太田（八尾市）や若林（八尾市、松原市）、十九日に藤井寺（藤井寺市）に攻め込んだ。これに対して、高政は七月九日に金剛寺へ、根来寺と粉河寺が加勢に来ると伝えており、迎撃態勢を取った（「施無畏寺文書」）。

七月二十二日には安見宗房が飯盛山城より出陣してきたが、長慶は大窪（八尾市）でこれを追い返した。この七月には、長慶が八尾木、永原大宮（藤井寺市）、富田林に禁制を発給した。実休は金剛寺と観心寺に、安宅冬康と十河一存は富田林に禁制を発給している。こうして河内全土が戦渦に巻き込まれることになった。八月六日には実休が石川郡に進み、高政に味方する一揆を討った。十四日には再び飯盛山城より出陣してきた安見勢を、長慶方の池田長正が堀溝（寝屋川市）で破った。

戦いは河内だけでおこなわれていたのではない。長慶は八月十五日付で伊勢貞孝に書状を送り、義輝から紀伊の湯河直光に対して、三好方に味方することを命じる御内書を出すように迫った（「内閣文庫所蔵雑々書札」）。湯河直光は畠山宮内少輔家を継いでおり、高政に近い立場にあったが、湯河氏自体は代々奉公衆として将軍の直臣という側面も有していた。このため、長慶は義輝を利用して高政の戦力を削ごうとした。八月二十六日には、松永久秀が敵対する井戸城（天理市）を占領するなど、大和でも三好方が優勢に戦争を進めた。

十月二日には、長慶は貞孝に対して、細川晴元が坂本の法禅寺に入り香西氏らと共に挙兵したので、義輝から比叡山延暦寺と六角承禎（じょうてい）（義賢）に対して、晴元らを追い払うことを命じる御内書を出すよう求めた（「雑々書札」）。

比叡山や承禎の対応は不明であるが、香西越後守・波多野右衛門・埴和（はが）源三郎・木沢神太郎らが炭山（京都市山科区）・木幡（宇治市）・鳥羽（京都市伏見区）・三栖（同）・深草（同）を放火したため、内藤宗勝が丹波より出陣し十二日にこれらを討ち取った。

十五日には根来寺が高政の援軍として紀伊より駆け付けたが、実休に討ち破られた。これにより高政への援軍は全て潰え、畠山氏の敗北は決定的となった。十月二十四日には飯盛山城が、二十七日には高屋城が開城し、高政と宗房は堺に退去した。

十一月三日には、大徳寺の大仙院から河内平定の音信が届けられ、十三日に長慶は飯盛山城に、実休は高屋城に入城した。河内の情勢は大和にも波及し、万歳（大和高田市）や初瀬（桜井市）、沢氏の桧牧城（宇陀市）が相次いで開城した。

義輝は十一月二十四日付で飯盛山城入城を賞する御内書を発給した。この頃、長慶による河内や大和平定を祝う音信が隣国の大名から贈られたようで、長慶は十二月十三日付で但馬山名氏の宿老である太田垣朝延に対して、返礼のために書状を遣わしている（「雑々聞検書」）。

日本海へ進出する宗勝

長慶と実休が河内に攻め込んだ永禄三年（一五六〇）六月、丹波方面でも戦いが始まった。六月八日、若狭に逼塞していた丹波口郡（桑田郡、船井郡、多紀郡）の牢人が若狭武田氏の軍勢と共に野々村（京都府北桑田郡美山町）に進攻したので、内藤宗勝は若狭の高浜（福井県大飯郡高浜町）に拠点をおく逸見経貴の加勢を得て、これを破った（「大成寺文書」）。宗勝は十四日付で丹波奥郡（何鹿郡、天田郡、氷上郡）の「天田郡御馬廻衆」に対してこの合戦を伝え、掃討のため若狭へ出陣するので、山内（綾部市）へ参陣するよう命じた（「夜久文書」）。宗勝は同日には若狭に入国し、さらに丹後の田辺（舞鶴市）に出陣する予定であった。しかし、これは予定通り進まず、逸見経

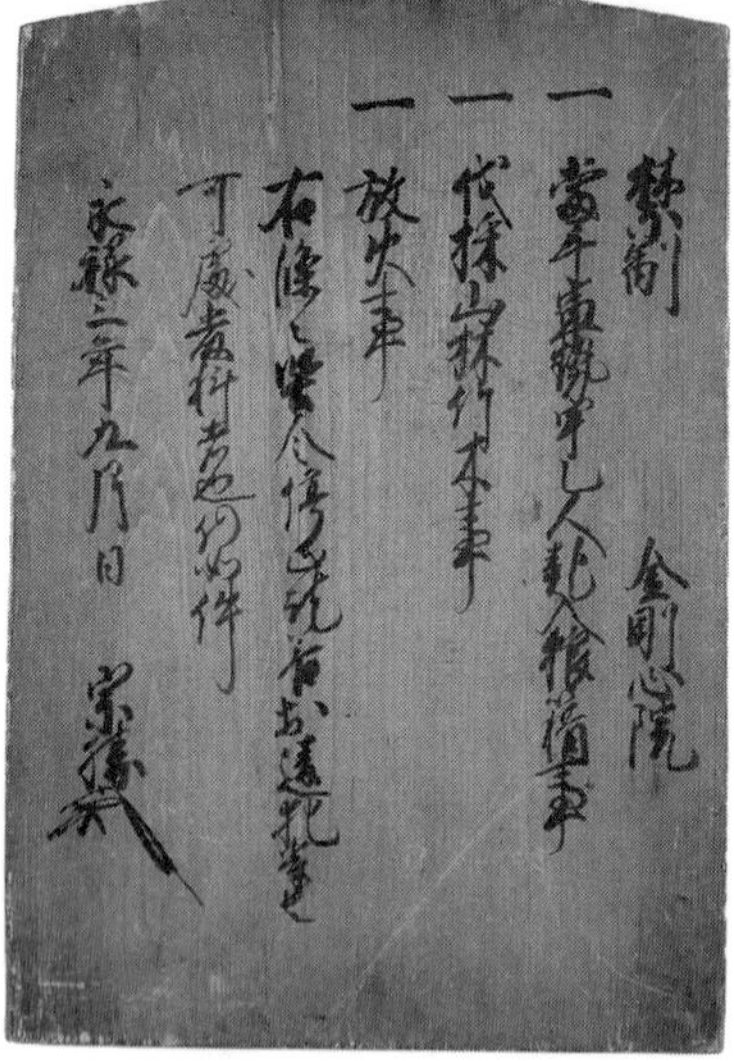

内藤宗勝制札（宮津市・金剛心院所蔵）

貴が不満を漏らし、逸見氏は在京する仗首（ぎしゅ）座（そ）に対して三好勢が進攻した河内・大和の情報収集にあたるよう求めている。

　内藤宗勝は九月に丹後の金剛心院（宮津市）に対して、木札の禁制を発給するなど（「金剛心院文書」）、若狭・丹後で軍事行動を繰り返した。しかし、若狭は旱魃に襲われ、永禄元年以来続く武田信豊・義統親子の内紛もあり、逸見家中では宗勝の軍事行動に従うことに反対する声が出始めた。逸見家中は方針をめぐって揺れたが、武田氏から離反していく道を選んだ。

　逸見氏には同じ武田氏家臣の粟屋氏や内藤宗勝が味方し、武田氏には朝倉義景が加勢するなど、若狭の国外の勢力が介入し、両勢力の戦いは永禄三年冬から半年にも及んだ。内藤・粟屋・逸見連合軍八〇〇〇は、朝倉・武田連合軍一万一〇〇〇に、永禄四年一月の高浜和田の戦いや六月の曽伊（小浜市）の戦いで敗れ、高浜城下が焼かれた。日本海方面への進出という宗勝の野望はここに頓挫した。

　永禄三年の三好長慶による各方面への領国拡大は、畿内の人々に大きな衝撃を与えた。三宝院義堯（さんぽういんぎぎょう）に仮名書きの書状をおくった「かう」という人物は、長慶による河内・大和・根来・若狭への同時進攻を見て、「きんこく（近国）のぬし（主）にハなり候ハんかくご（覚悟）ときこへ候」とその野心に驚愕し、「松（松永久秀）もしなとハ、こんしやう（今生）からもをに（鬼）にもなり候へかし」と大和を侵略した松永久秀の猛勢に恐れをなしている（「醍醐寺文書」）。

三好長慶の戦争は、永禄元年を境に大きくその性質が変化する。それまでは、旧主細川氏の分国を支配下に治め、足利義輝・細川晴元に与同する勢力を排除することが目的であった。しかし、永禄元年以後は本来三好氏の支配の由緒がない国々に対する、余りにも急激な領土拡大戦争へ突き進んでいったのである。

基速と一存の死

永禄四年（一五六一）閏三月二十八日、斎藤基速が六十三歳で死去した。基速は摂津の吹田で荼毘に伏せられた（「己行記」）。基速はかつて三好元長と共に阿波から堺に渡海し、堺公方足利義維の奉行人として活躍した人物で、その後は長慶に仕え、松永久秀や三好長逸らと共に長慶の裁許を支える存在であった。基速は法華宗の信徒であり、頂妙寺の寺坊の保全などにも努めた。永禄三年には五盛亀甲の大紋を着た姿が描かれ、相国寺九十世の惟高妙安（いこうみょうあん）が賛を記した寿像が、頂妙寺に残されている。

そして四月二十三日には、和泉で松浦萬満を後見していた十河一存が死去した（「南宗寺宝篋印塔銘」、「己行記」では二十四日）。三好長慶が深く帰依した大徳寺の大林宗套が、十河一存のために賛語を作成している（「大林宗套語録」）。京都では三好義興が、一存の死去により幕府への出仕を取りやめた（「雑々聞検書」）。当時の和泉は畠山氏や根来寺との戦争の最前線であったことから、長慶はこの急変への対応に迫られた。

なを〳〵しゆんなり事とも申やうことも御たつね（尋）あるへく候、まきれ申事候ましく候、
まこ六郎（孫六郎）殿、まんミつ（萬満）殿の事、いつれもミんふの大夫（十河一存）とき（時）に、あい（相）かハら（変）すちそう（馳走）申へきよし（由）、とうミやうとしより（同名年寄）にも申きけ（聞）候、その御心へ（得）なされひいきへんは（贔屓偏頗）なく御いけん（意見）かんよう（肝要）ニ候、まきれ事候ハヽ、我々より上け候へく候、いさヽかとうかん（等閑）候ましく候、そのためニ一ふて（筆）申候、
又々かしく

（永禄四年）五月六日　　なか慶（花押）

斎藤基速画像
（京都市左京区・頂妙寺所蔵）

（切封）
しゆり（修理）の太夫
長慶
御ち（乳）の人まいる
申給候
（「九条文書」）

一存の死後、長慶は一存の息子である孫六郎（後の三好義継（よしつぐ））と萬満（後の松浦光）兄弟の後ろ盾になり、一存の生前と変わらぬ忠節を松浦氏の一族や年寄に求め、十河・松浦両氏による和泉支配を維持しようとしていた。しかし、畠山氏や根来寺との軍事的緊張が高まる中、幼主では松浦家中を統率することができない状況となった。そこで、高屋城に在城していた三好実休が、新たに松浦氏を後見することになった。

飯盛千句

十河一存が死去したとはいえ、合戦に敗れたり、領国を失ったりした訳ではなく、三好氏の勢力圏は、北は若狭、東は大和、西は伊予、南は阿波に及んでいた。永禄四年（一五六一）五月二十七日から二十九日にかけて、長慶の居城である飯盛山城において、飯盛千句（「大阪天満宮文庫」）が催された。

飯盛千句では、石清水（八幡市）、氷室山（京都市北区）、春日野（奈良市）、初瀬（桜井市）、天野川

（交野市）、交野（交野市）、五月山（池田市）、堀江（大阪市西区）、信太（和泉市）、深日（泉南郡岬町）など畿内各地の名所を織り込んだ歌が詠まれた。
弘治二年（一五五六）の瀧山千句の際は、摂津一国の名所に留まっていたが、飯盛千句では、畿内五か国に広がり、三好氏の領国拡大に一致していることから、文芸性と共に政治性が指摘できる。
参加者には、瀧山千句に続き、谷宗養や、堺の等恵、茶人の辻玄哉、細川六郎（聡明丸、後の昭元、信元、信良）の奉行人の飯尾為清、兵庫津久遠寺の快玉に加え、宗養の死後に連歌界の第一人者となっていく里村紹巴、長慶の弟で歌人としても名高い安宅冬康、長慶の奉行人としても活躍する長松軒淳世らが参加した。また飯盛千句には参加していないが、この頃、三好方の文書の書札礼や添削に腕を振るった伊勢貞助などは、前年十二月の連歌会に参加している。

飯盛千句については、近江の日吉神社の神官を猿の姿で描いた御伽草子の絵巻である「猿の草子」（大英博物館所蔵）にも逸話が残る。神官は娘を毛利元就や長尾景虎から嫁にと望まれ、大内義隆や六角氏・浅井氏からは誼を通じてくるなど、その勢力を誇っている。神官の娘は仲間内の横川氏に嫁ぎ、婿を招いた祝宴で連歌を張行しようとするが、当時連歌界の第一人者である谷宗養は飯盛山城に下向しており、招くことができなかった。また、茶壺の九十九茄子を、松永久秀に奪われたという。祝宴では十七献の料理が用意され、後述する将軍義輝の三好義興邸への御成を意識した部分もあるが、義興邸に呼ばれた観世大夫を招くことはできなかった。

結局、元就や景虎の望みを袖にできる程に勢力を誇った比叡山・日吉大社であっても、長慶には連歌師も猿楽師も名物茶器も独占されてしまい、思うままにはならなかった。そこからは、急激に巨大化していく長慶の権力に対する関心と羨望が指摘できる。

六角氏・畠山氏の反攻

十河一存の死を契機に、六角承禎と畠山高政が手を結び、長慶への共闘を目指していく。長慶は先手を打って、永禄四年（一五六一）五月にこれまで長く反長慶の旗頭であった細川晴元と、出家し摂津富田（高槻市）の普門寺へ入ることや、富田庄を与えることを条件に和睦し、晴元が承禎らに利用されることを阻止した。

また長慶は、義輝から湯河直光に対して、七月二十三日付で高政と承禎が出陣してきたので、前年と同様に長慶・義興親子や実休に味方せよとの御内書を発給させ（「雑々書札」）、高政を牽制した。六角勢は法華宗を京都より追放すると号したり（「厳助往年記」）、承禎の孫で細川晴元の次男にあたる晴之を擁立するなどして、六月に挙兵し七月二十八日には東山にまで進出した。この六角・畠山連合軍に与同した牢人衆は大和でも蜂起し、七月二十四日には松永久秀が多聞山衆・井手衆・龍王衆を率いて鎮圧に赴いている（「大森洪太郎氏所蔵文書」）。

承禎が長慶との対決に踏み切った理由は、不明な点が多い。ただ永禄初年から両者の間には微妙な緊張関係があったことは間違いない。永禄二年二月十二日、承禎は伊賀の嶋原諸侍中に（「山中恒三郎氏所蔵文書」）、また六角義弼（よしすけ）は柘植庄同名中に（「古今消息集」）対して、長慶が伊賀に対して「鬱憤深重」であると伝えるなど、対立を煽っている。しかし、九月十九日に江北の京極高佳が荒尾民部丞に発給した書状によると、承禎と長慶の支援が得られたので、京極高広・浅井久政を討つとしており、両者の間に敵対関係は見られない（「百々文書」）。

ところが、永禄三年になると、長慶は四月二十一日付で六角氏の重臣である伊庭出羽守に送った書状で、承禎と義弼親子の不和について始末図り難しと述べ（「塚原周造氏所蔵文書」）、七月には近江国滋賀郡に進攻する動きを見せるなど（「春日匠氏所蔵文書」）、六角氏に介入する気配をみせていた。六角勢は勝軍地蔵山に陣取った後は、それ以上の積極的な軍事行動に出ておらず、三好氏との全面戦争を望んでいたというよりは、牽制が目的であったようである。

しかし、三好義興と松永久秀は京都に入って、義興は梅津（京都市右京区）に、久秀は西院に陣取り、六角勢の動きに対処せざるを得なくなった。義興は八月二十四日に六条若宮八幡宮領を安堵し、伊勢貞助や渡辺与左衛門尉に河内十七か所や飯盛山城の近郊で知行を宛行うなど、自陣営の引き締めを図った（「若宮八幡宮文書」「雑々書札」「松雲公採集遺編類纂所収渡辺文書」）。

和泉方面では、三好実休が十河一存の死による松浦家中の動揺を防ぐため、永禄四年八月二十六日付で、松浦氏内衆の日根野孫七郎に対して知行を宛行った（「日根文書」）。その知行地は全て実休が直接支配していた南河内にあり、日根野氏にとっては実休に属しない限り、内実を伴わなかった。この知行宛行もまた畠山勢に対抗するため、実休への求心力を作り出すことを目的としていたといえよう。

十月二十六日には、畠山勢と根来寺衆が家原（えばら）（堺市西区）にまで進出し、堺を窺う状況となったので、実休は二十九日に安宅冬康や三好康長、三好政生、三好盛政、篠原長房、吉成（よしなり）信長らを率いて和泉に出陣し、久米田（岸和田市）に陣取った。十一月二十四日には、和泉で実休方の森新大夫が討死するが、京都では義興方が六角氏の重臣である永原安芸守を討ち取った（「己行記」）。三好勢は二方面作戦を強いられ、苦しんでいくことになる。

久米田の戦い

永禄五年（一五六二）三月五日、久米田に陣取る三好実休は、畠山高政・安見宗房・湯河直光・根来寺の諸勢と合戦になった。緒戦は実休方が優勢で篠原長房や三好康長、三好政生が押しまくったが、逆に実休の本陣ががら空きとなり、根来衆の往来右京に狙撃され実休は討死したという（「細川両家記」「長享年後畿内兵乱記」）。実休はこの時、三十七歳であった。実休方の戦死者は当座三〇〇人、後に判明したところ五〇〇〇人とも伝えられる（「厳助往年記」）。実休方の大敗北であった。高屋城に居た実休方の男女は堺に退去し（「己行記」）、高政が代わって入城した。

三好実休画像（堺市堺区・妙国寺所蔵）

実休の死を聞いた三好義興と松永久秀は、六日に将軍義輝とその母慶寿院を石清水八幡宮に立ち退かせ、石成友通が警固にあたった。久米田の敗戦は、各地の反三好勢力を活気づけた。六角勢は七日に入京し御所の護衛にあたった。湯河春定は八日付の書状で実休を討ち果たしたことは「てんか（天下）の御かち（勝）」と大いに喧伝した（「尾崎林太郎氏所蔵文書」）。松永久秀は三月十二日付で自陣営の柳生宗厳（やぎゅうむねとし）に、淀城（京都市伏見区）や勝龍寺城（長岡京市）の守りを固めた上で鳥養に陣を布いたと自らの動向を伝え、「よわもの（弱者）共、敵へ城を渡し候共、我等罷り越し候て、則時に相果たすべき候間、御心安かるべく候」と強がっている（「柳生文書」）。

義興は三月十六日付の書状を、堺にいる実休の重臣の吉成信長に送り、弔い合戦の覚悟を伝えると共に、阿波に下らず堺に踏みとどまったことを比類なき高名と褒めた（「妙国寺文書」）。

久米田の敗戦の衝撃は三好方の支配地域にも広まり、河内の真観寺（八尾市）は三月十一日付で、摂津の本興寺は三月付で、根来寺の大伝法院惣分老若中の快秀より禁制を獲得した。

岸和田城には安宅冬康が籠城したが、後に退城したという。三好長慶は飯盛山城に籠城し、安見宗房や根来寺衆を迎え撃った。

教興寺の戦い

三好方の反攻は永禄五年（一五六二）五月に始まる。五月十日、阿波に退去していた三好康長・加地盛時・三好盛政・篠原長秀・矢野虎村を始めとする軍勢が、兵を調え尼崎に着陣した。この阿波衆に三好義興・三好長逸と生長の親子・三好政生・松永久秀・松山重治・池田長正が合流し、五月二十日に教興寺（八尾市）で畠山・根来寺連合軍を打ち破った。

教興寺の戦いの詳報は、各地に伝えられた。大館晴光は越前の朝倉氏や能登の畠山氏に書状を送っている（「大館記」）。それによると、飯盛山城を囲んでいた根来寺と義興・康長勢の間で戦いが始まったが、三好方を離反し畠山方に属していた一部の松浦勢が崩れて、陣所の小屋に火の手が上がった。

それを見た長慶勢が飯盛山城を打って出て畠山方を挟み撃ちにしたところ、湯河直光が討死し紀州勢が総崩れになった。そのため、高政は高屋城を経て大和の宇智郡へ退き、安見宗房は大坂寺内町へ、宗房の息子の野尻孫五郎は大和の鷹山谷（生駒市）へ、薬師寺弼長（すけなが）は東国へ逃走した。将軍義輝の伯父である大覚寺義俊もまた越前へ逃れるため、政所執事の伊勢貞孝・貞良親子らと共に近江の坂本へ逃れた。

勝利した三好義興は「くつろきのため」芥川山城へ帰城し、松永久秀は大和へ向かった。この戦では松山重治・寺町通昭・石成友通・吉成信長が特に活躍したという。

五月二十三日付の松永久秀の書状によると、大和における反三好勢力である鷹山・十市・筒井・吐田（はんだ）・宝来などの諸城も悉く落城し、六角承禎・義弼親子も勝軍地蔵山城を退去した（「南部文書」）。承禎は長慶と和睦し、六月二日には坂本へ帰国していった（「御湯殿上日記」）。義輝は二十二日に八幡から京都に戻り、二十六日には朝廷から義興と久秀に戦勝を祝して礼物が下賜された。

この教興寺の戦いによって、長慶は畠山高政や六角承禎に勝利したが、本当の敵は将軍義輝であったことを思い知る。義輝の伯父大覚寺義俊は長慶の粛清を恐れて越前まで逃亡を図り、多くの奉公衆や伊勢親子が坂本に退去したように、長慶に対し敵対行為をとったことが明確になった。

そもそも高政は、教興寺の戦いで義輝を擁する長慶と戦ったにもかかわらず、そのわずか三年後の永禄八年に三好氏が義輝を討ったことを、安見宗房が上杉謙信の重臣の河田長親に知らせた書状には、義輝を「天下諸侍御主」と記すなど、義輝に対する恨みは全く見受けられない（「河田文書」）。

永禄四年に挙兵した六角承禎も、義輿に対して「意趣」はあるが、「公儀」に対しては一切別儀なしと称していることを、八幡に避難した義輝の側近の上野信孝は、十一月五日付で伊予の河野通宣に伝えている（「河野文書」）。

長慶は晴元残党や畠山高政との戦いで、将軍義輝を利用して六角承禎や湯河直光を味方に付けてきたつもりだったが、実際は全く逆で、義輝こそが本当の敵であることが教興寺の戦いによって判明したのだ。

伊勢貞孝の挙兵

三好氏が教興寺の戦いに勝利し、六角氏が京都より退陣した直後の永禄五年（一五六二）六月七日、美濃の一色龍興は三好義興との同盟に向けて仲介人として奔走している伊勢貞助にその労を感謝し、太刀を贈っている（「古簡雑纂」）。三好氏は畠山氏や六角氏の挟撃に苦しみながらも、その打開策として、六角氏を牽制するため一色氏との同盟を模索していた。六角氏がほとんど戦うことなく京都から退却した背景には、こうした状況を察知していたからかも知れない。

永禄五年八月、近江の坂本に逃れた伊勢貞孝・貞良父子は柳本氏や薬師寺氏と共に挙兵し、山城の北山に攻め込み杉坂（京都市北区）に籠城した。しかし、九月十二日に松永久秀率いる八〇〇〇の兵に攻められ討死した（「長享年後畿内兵乱記」）。

そもそも貞孝の挙兵の理由はよくわからない。天文二十年（一五五一）に義輝から離反し長慶に従っていたので、義輝には快く思われていない。特に義輝は伊勢氏が代々執り仕切っていた政所沙汰への介入を目論み、貞孝の討死後は伊勢氏を政所から追放し、政所執事に側近の摂津晴門を任命している。ただ、長慶と義輝の和睦が成立した直後の永禄二年二月二十八日に、伊勢貞孝は松永久秀から内々に聞いた話として、貞孝と長慶の間について悪く言っている族がいると伊勢貞助に述べており（「雑々聞検書」）、貞孝が微妙な立場にいたことは間違いない。

義輝は伊勢氏を排除し、自ら幕府の中枢である政所を掌握することを企てており、長慶と貞孝を離間させた上で貞孝を挙兵に追い込み、義興や久秀に討たせたのであろう。翌年の永禄六年三月十五日付で、伊賀（安藤）守就（もりなり）や延永（のぶなが）（日根野）弘就（ひろなり）ら斎藤氏の重臣四人は、三好氏との同盟の仲介者となった伊勢貞辰（さだたつ）や蜷川（にながわ）丹後入道など伊勢一族やその重臣の五名に対して、誓詞を交換する中で、伊勢虎福丸（後の貞為、貞孝の孫）の復権を強く願う書状を送っている（「尊経閣文庫所蔵文書」）。この書状では伊勢氏の「御料人」は、三好義興の居城である芥川に保護されており、三好氏と伊勢氏は基本的に敵対関係にはなかったことが窺える。むしろ、反義輝志向で一致した三好・一色・伊勢の同盟が形成されつつあったのではないだろうか。

実休重臣の結集

南河内では、畠山高政の没落により、三好実休の重臣たちが高屋城を奪還した。永禄五年（一五六二）八月には、三好康長・加地盛時・矢野虎村・吉成信長・三好盛政・篠原長秀・三好盛長が連署し、浄土真宗寺内町に対して、「寺法は惣国寺内並たるべき事」とし、諸公事、徳政令、国質・所質・付沙汰、諸商人座公事の免除など都市特権を認める掟書を定めた（「聞名寺文書」）。

南河内では前年の永禄四年六月に、三好康長が富田林寺内町に対して、本山である大坂本願寺を頂点とし、それに準拠する形で特権を認めていく、いわゆる「大坂並」に諸公事の免除を認めていた（「杉山家文書河州石川郡富田林御坊御禁制書其外諸證據書写」）。しかし、実休の重臣団は、南河内を一つのまとまりある「惣国」としてとらえ、地域社会の繋がりの中で寺内町相互の横並びの論理から都市特権を認めている。本山である大坂本願寺を法源とするのではなく、三好氏の領国支配の論理からとらえ直し、都市の発展を促そうとしていた。

さらに、十一月二十九日には、高屋城に在城する篠原長秀・加地盛時・三好康長・矢野虎村・吉成信長・三好盛政・三好盛長・市原長胤（ながたね）・伊沢長綱が連署し、「条々」を定めた（「森田周作氏所蔵文書」）。彼らは高屋城に在城するにあたり、「水魚の思」をなすことや、「若子様」（三好実休の長男千鶴丸、後の長治）が幼少なので愚意を捨て、「御家」の為に尽くすことを誓った。また、彼らは、「知音」「与力」「家臣人」が決定に背くことを、「寄親」や「縁者」として取り締まり、諸事相談し、公事や喧嘩により死者が出ても穏便に処理することを申し合わせている。その中で諸公物の算用にあたっては、三好康長が担うことを定めており、康長の優越的地位も見受けられるが、基本的には違反者を「惣中」として取り締まることを確認しあった。

三好実休の重臣団は、実休の討死による長治への家督の交代という困難な時期を、「惣中」として結束して乗り越えていこうとしたのである。

久秀の大和平定宣言

教興寺の戦いに勝利した松永久秀は多聞山城に戻り、大和一国を平定した。

多聞山城は、永禄四年（一五六一）より眉間寺（みけんじ）を移転したあとに築城を開始した城で、既に久秀の軍勢によって使用されていたが、永禄五年八月十二日には棟上がおこなわれた（「享禄天文之記」）。その際、奈良中の人々が見物しており、多聞山城の棟上は、久秀による大和平定の示威行動であった。

久秀は同月に「和州惣国幷びに木津・狛・賀茂・瓶原（みかのはら）・笠置・当尾（とおの）・和束」に対して徳政令を発布した（「享禄天文之記」「興福寺旧記」「尋憲記」）。久秀は「春日大明神」の御供銭・米銭、それらに伴う利子、「寺門」の「蔵本（金融業者）」など、興福寺資本による貸借関係の破棄を命じている。対象地域に山城南部が含まれるのは、興福寺の経済活動が及んでいたためであろう。この徳政令は極楽坊に制札が立てられ、周知された。久秀は自らが興福寺の上位に君臨する権力であることを、奈良中、そして大和一国や南山城に知らしめたのである。

そして、十一月十二日より、久秀を施主、近衛稙家・前久父子を願主として、春日社七か夜陪従神楽がおこなわれた。この南都の神楽は、室町時代は足利将軍によって奉納されてきたが、応仁の乱により途絶えた後、越智氏により再興され、筒井氏・十市氏ら有力国人が摂関家を招き催すようになった。莫大な出費を伴うことから、有力国人にとっては自らの権威の象徴となり、外部勢力として大和を占領した細川政元の家臣赤沢朝経（ともつね）も施主となっている。久秀もまた、多聞山城の棟上、徳政令に続く大和平定宣言の一環として、神楽を催したのであろう。

教興寺の戦いに勝利した三好氏は、畠山氏の勢力を南河内や大和から駆逐し、両国における支配権を確立していった。

3 家格の上昇

続く三好氏の京都・山城国支配

永禄元年（一五五八）十一月、長慶と義輝は和睦し、義輝は五年ぶりに近江の朽木から京都に戻った。これにより、室町幕府奉行人連署奉書が再び発給されるようになった。それに対して、天文二十三年（一五五四）六月十八日付（「能勢久嗣家文書」）以来、山城においても発給されてきた長慶本人による裁許状は、永禄二年十月二十三日付（「今治市河野美術館所蔵文書」）を最後に姿を消す。

こうした状況を、どのように評価することができるだろうか。長慶は山城における支配権を失ったのであろうか。河内と大和を併呑し、伊賀や若狭など周辺国まで影響を与える実力者三好長慶に対して、京都の都市民や山城の諸寺社が裁許や安堵を求めないなどということがあり得ようか。

まず、山城の諸寺社や公家、百姓が対象となった裁許であるが、少なくとも、永禄元年から四年にかけて醍醐庄の日損問題（醍醐惣庄×醍醐寺）、永禄二年の北嵯峨仙翁寺村の用水相論（鹿王院×中村・横尾・杉氏）、永禄四年の東寺公文所の相論（公文所×浄忠）、永禄五年の洛中酒麹役をめぐる相論（押小路氏×角倉吉田氏）、永禄五年の加賀国富墓庄をめぐる相論（曼殊院門跡×北野社松梅院）、永禄六年の貴布祢山の相論（賀茂別雷神社×市原野郷）、永禄六年から七年にかけての法華宗の教義をめぐる相論（勝劣派×一致派）などが、三好氏によって裁許されている。

三好氏では、長慶が裁許状を発給することはなくなっていくが、山城や京都を支配し続けた。特に貴布祢山の相論では、三好長逸や松永久秀家臣の赤塚家清が久秀の意向を飯盛山城の長慶に報告し、長慶より裁許が下されることを伝えている（「賀茂別雷神社文書」）。長慶自らが死ぬまで最高裁定者として臨んでいたことは明らかである。三好氏は義輝と和睦後も、在地から裁許主体として認められていたのである。

これは京都や山城に限った事ではない。摂津国西成郡では在地の国人渡辺氏と堺の豪商池永氏の間で相論が続いていたが、長慶は永禄五年八月四日に解決案を三好長逸と三好義興付の奉行人の奈良長高の二人に示し、義興に必らず申し入れよと命じている（「松雲公採集遺編類纂所収渡辺文書」）。長慶こそが畿内に君臨する支配者であった。

義輝が京都に戻り復活したとされる幕府奉行人連署奉書の発給には、戦国期の幕府機構上、将軍・内談衆・奉行衆による御前沙汰と、伊勢氏が将軍の裁可を得ることなく裁決する政所沙汰によるものがあった。

このため、永禄年間になると義輝は、自らの意のままにならない政所沙汰への介入を図り、三好氏が支持する伊勢貞孝と対立した。永禄五年の曼殊院門跡と北野松梅院の加賀国富墓庄上分をめぐる相論では、奉行人奉書の発給を停止するため、慶寿院（義輝の母、近衛尚通の娘）が、奉行人の一人である松田藤弘に判を加えることを差し止めた。また、義輝は政所頭人から伊勢氏を追放し、側近の摂津晴門を起用して、政所沙汰への影響力拡大を企てていた。しかし、幕府奉行人連署奉書の発給数は、伊勢貞孝期の永禄三年から五年は年間三十通を超えていたが、摂津晴門期の永禄六年から八年は半減ないし一桁にまで減少し機能不全に陥っている。在地から裁許主体としての信頼を失った義輝の政所沙汰への介入は、事実上失敗に終わったと言えよう。

永禄六年の清水寺山をめぐる清水寺と本国寺の相論は、御前沙汰に持ち込まれた。この相論について、松永久秀は義輝側近の進士晴舎(しんじはるいえ)に「彼の山の儀、本国寺へ安堵の御下知を成され候様、御取り成し仰せの所に候、委曲松田一兵衛尉に申し含め候」(「清水寺文書」)と本国寺を勝訴とするよう介入した。十月には幕府内談衆大舘氏方の「大舘伊与守悴者幷縁阿・歳阿」だけではなく、三好長慶に与する「竹内三位(季治)殿侍」や松永久秀家臣の「松田一兵衛尉」を加えた糺明がおこなわれた結果、十月二十四日付で幕府奉行人連署奉書が発給された。そこでは、「松永弾正少弼久秀條々子細を申す」と久秀の介入が窺えるが、幕府奉行人は内訴を認めず、御前沙汰で糺明しようとしていたことが窺える。

しかし、訴えをおこした清水寺本願の成就院自身が久秀を恐れ、対論を回避してしまったことに義輝は激怒している。そのため、「久秀執り申す旨に任せ進止せらるべき由」と久秀の意向が色濃く反映され、本国寺を勝訴としたことが明確に記されている(「広布録」)。つまり、幕府奉行人連署奉書が発給されるようになっても、それは直接的に将軍義輝の意志を表しているとは限らず、また三好氏に対抗的に発給された訳ではないことは明らかであった。

義輝と和睦した永禄年間であっても、三好長慶を頂点とする裁許体制は京都や山城を支配し続けたのである。

様々な栄典授与

永禄初年には、二度にわたって三好氏へ集中的に栄典が付与されていく。

一度目の画期は永禄二年（一五五九）末から翌三年二月である。まず、永禄二年十二月十八日、政所執事伊勢貞孝は三好長慶の嫡子である孫次郎に、将軍義輝が自筆で「義」の偏諱を授与する旨、檀紙に認めたことを伝えた（「雑々聞検書」）。これにより、孫次郎は「義長」（後に義興）と名乗りを改めた。

翌永禄三年一月十六日、長慶は芥川山城から上洛するが、山科言継は既に「三好修理大夫、前筑前守」と記している。また、十七日に長慶は義輝より相伴衆に任ぜられて以降、初めて出仕した（「雑々聞検書」）。おそらく前年のうちに相伴衆に任ぜられていたのであろう。二十一日には、正親町天皇の口宣案により、長慶は修理大夫に（「賜蘆文庫文書」）、義興は筑前守に（「永禄年中晴豊公綸旨案」）正式に任官した。二十五日には、正親町天皇の即位費用として百貫文を幕府御蔵の正実坊に納め、二十七日の正親町天皇の即位式の警固の任に就いた。正親町天皇はこれに満足し、長慶・義興父子に対して、松の庭で謁見し天盃を与え、御剣を下賜した。二月一日には長慶・義興親子が将軍義輝の許に出仕すると、義興と松永久秀が御供衆に加えられ、四日には久秀は正式に弾正少弼に任じられた（「雑々聞検書」）。

義興は、「義」の偏諱、三好氏嫡流が代々名乗ってきた「筑前守」への正式な任官、長慶がそれまで居城としてきた芥川山城の継承を経て、長慶から三好氏の家督を事実上譲与された。この頃より、長慶が判物形式の裁許状を発給しなくなるのは、義輝と和睦し室町幕府奉行人連署奉書の権威に敗れたためではない。義興が長慶に代わって判物形式の裁許状を発給し、畿内を支配するようになったことを踏まえると、三好氏内部の権力継承の問題であろう。義興は飯盛山城を居城とし在京を避ける長慶に代わり、久秀と共に対義輝外交を担っていく。

二度目の画期は永禄四年である。三好義興は一月二十三日に上洛した際、年賀と共に相伴衆就任の礼を述べている。その直後の一月二十八日、三好義興（源義長）と松永久秀（藤原久秀）は従四位下に叙せられた。久秀は次に示す桐紋拝領は源氏に限るとの慣例上、二月四日に源久秀として従四位下の口宣案を与えられた。従四位下は、義興の父の長慶は天文二十三年（一五五四）三月に、久秀と共に長慶を支えた三好一族の重鎮である三好長逸は永禄三年九月十五日に既に叙せられている。

次いで、二月一日には義興と久秀が義輝より「御紋（桐紋）拝領」について仰せ渡された（「雑々聞検書」）。二人は慣例上辞退するが、義輝より堅く仰せ渡されたため、受けることになった。三日には義興に対しては浅葱色の「御肩衣・御袴」が、久秀に対しては茶色のそれが下賜された。久秀は二月十日には塗輿も免許されたが、おそらく長慶や義興もこれ以前に免許されていたのであろう。

長慶の「御紋拝領」については伊勢貞孝より一日付の書状で飯盛山城に居る長慶へ伝えられたが、長慶も一度固辞した上で、十七日に改めて「御紋御服」を拝領した。この「御紋御服」こそ、大徳寺聚光院所蔵三好長慶像に描かれている直垂と袴であろう。

その後の同年閏三月十九日には、長慶の弟の実休も長慶や義興に続いて相伴衆に任ぜられた（「雑々聞検書」）。

相伴衆は元々将軍の宴席や御成に相伴する有力守護のことを指していたが、足利義晴や義輝の頃には北条氏康、武田信虎、朝倉孝景、一色義龍、尼子晴久、毛利元就、河野通直、大友宗麟などが任命され、将軍から地方の有力大名に与えられる栄典授与のうち、最高の栄誉であった。

また、桐紋は元々天皇家の紋の一つであったが、後醍醐天皇が足利尊氏に下賜し、足利将軍家の紋となっていた。そのような桐紋の獲得は、三好氏が相伴衆を上回り、足利将軍家に准ずる家格に就いたことを示す証明となった。

将軍義輝の御成

永禄四年（一五六一）二月二十三日、三好義興は鹿苑寺を見学した際に来合わせた義輝から酒を振る舞われたことへの返礼として、大館輝氏・上野信孝・伊勢貞孝の要請により、三好邸への御成を請うことになった。

これは鹿苑寺における盃だけではなく、一月以来の義興の相伴衆就任、従四位下への叙任、桐紋拝領に対する義輝への返礼であろう。義興は急遽立売に屋敷を構え、三月三十日に義輝が御成することになった。冠木門、奥の四間、表九間、御休息所、九間などから成る三好邸の作事は池田教正（のりまさ）と米村治清が担当し、門や通りの警固には篠原左近丞・加地久勝・池田勝正・河原林帯刀左衛門尉・伊丹氏・三宅氏など、三好家臣と摂津国人があたった。

細川藤賢・大館輝氏・細川輝経（てるつね）・上野信孝・伊勢左京進・松永久秀・伊勢貞助・伊勢貞孝・万阿弥を従えて三好邸に到着した義輝は、西向きの表九間の座敷に着座し、相伴衆の勧修寺（かじゅうじ）尹豊（これとよ）・広橋国光・飛鳥井雅教・高倉永相・三好義興・細川氏綱・三好長慶が対座した。

義輝には太刀・馬・具足・絵画などが、細川氏綱・三好長慶・三好義興・松永久秀・三好長逸・三好政生（後の宗渭（そうい）、政長の子）・三好生長（長逸の子）・三好帯刀左衛門尉・三好氏の内衆・多羅尾綱知・池田勝正から進上された。義輝の随行者である御供衆には松永久秀と竹内季治が、御走衆には篠原左近大夫が、御部屋衆と申次詰衆には加地久勝・三好生長・奈良長高・三好長逸・三好政生が、御小人衆には長谷川六右衛門が、御通衆には塩田・加地・宇高彦六・和久彦三郎・和久左馬助が相伴にあたった。

また、義輝の給仕は大館輝氏・細川輝経・松永久秀が務め、御膳を給仕に渡す「手永」は三好政生・三好生長・篠原左近丞・塩田采女助・石成友通・土岐又右衛門尉・和久基房・野間新次郎・鳥養貞長・奈良長高が担当した。その他にも、寺町通昭、和久是房、九里伊豆守、中村高続、藤岡直綱、北河原佐渡守、小泉兵衛尉、狩野宣政、奥田左衛門尉、米村治清、河原林源助、福田弥兵衛尉、能勢勘左衛門尉、牧口小兵衛尉、鎌田加助、田中兵衛尉、日行左衛門尉、乾又右衛門尉、和久房次、鹿塩宗綱、若槻光保、前田三郎左衛門尉、権田与一助、佐々生彦右衛門尉、富田左近大夫、小森内蔵助、城左馬大夫、物集女久勝、坂東季秀、岩崎越後守、余田肥後守、伊曽左衛門尉、雀部治兵衛尉、和久又左衛門尉、森一兵衛尉、狛小右衛門尉、杉原新兵衛、佐藤新右衛門尉、河原林与一兵衛、河原林摂津守、加成安芸守、小泉市助、奥山幸政、藤岡内蔵助、竹口、重原重助、余田三右衛門尉、前河八郎左衛門尉が、各奉行を務めた。

長慶の弟の三好実休、安宅冬康、十河一存や彼らの家臣は全く参加していないが、三好長慶・三好義興・三好長逸・松永久秀がそれぞれの家臣や摂津・山城の国人を動員した饗宴となった。

会所での饗宴は十七献に及び、その間に能が十四番演じられた。料理も、十七献には雑煮・鯛・するめ・タコ・麵・饅頭・海老・なます・いるか・羊羹・鯨・くらげ・鯛の子・蛤が供された。他にも七膳として、菜はかまぼこ・タコ・カラスミ・かざめ（蟹）・鵠・鮨・ウズラ・鮑・鱧など二十三種が、汁は鯛・鯉・鯨・鮒など八種が、菓子はこんにゃく・麩・亀足・胡桃・栗・山芋・結び昆布・串柿・蜜柑など十一種が調えられた。また能が終わると鳥目一万疋が舞台に積まれた。

義輝は三好邸に宿泊し翌閏三月一日に御所に帰ったが、閏三月二日には辛労の衆に対する振舞として、高倉永相・大館輝氏・伊勢貞孝・上野信孝以下の供衆を招いて能が催され、観世大夫には三千疋、その他の楽屋には五百疋が遣わされた。

この御成を持ちかけた輝氏や信孝など義輝の側近は、三好義興を将軍義輝の幕府の秩序の下に置くことを望み、主従関係を再確認することを目的としていたのであろう。それに対して義興が盛大な饗宴で応じたことは、三好氏の勢力を誇示する機会となった。さらに、三好氏としても急激な栄典授与の結果、義興と義輝の親密な関係を世間に示しておく必要があった。

公家・諸大名の反発

永禄初年の三好氏に対する栄典授与は、公家や地方の大名からどのように受け止められていたのであろうか。

まず永禄三年（一五六〇）、三好義興は義輝より偏諱を受け「義長」と実名を名乗った。これについて、吉田兼右は一月二十二日に、義輝が「輝」ではなく、足利氏代々の通字である「義」を三好義興に下したことに驚愕し「末世の故なり」と嘆いている（「兼右卿記」）。

同年に長慶が「修理大夫」に任官すると、豊後の大友宗麟は、元来大友氏は修理大夫に任官する家柄であったが、近年は三好長慶や尼子晴久など守護代家を出自とする大名が任官していると激怒して、修理大夫への任官を拒否したところ、管領畠山氏と同格の左衛門督への任官が叶い、かえって喜んでいる（「大友家文書録」）。

また、三好義興が相伴衆に、松永久秀が御供衆に就任したことについては、関東の領主たちが不満を持っていた。長尾景虎の小田原城攻めを前にして、北条氏康が武蔵岩付城主の太田資正を懐柔するため、将軍に相伴衆へ推挙することを約束した永禄三年十月九日付の起請文で、三好氏が相伴衆に、松永氏が御供衆に就任したことについて、「是れは皆、国家を治めらるべきため御刷(察)し候、然る時は、此の義は関東中においても、誹判あるべからず候」（「歴代古案」）と、幕府の維持のためにはやむを得ない措置で、批判してはいけないと、関東の武士の不満をなだめている。

こうした公家や地方の大名たちの反応を見る限り、既存の幕府の家格秩序は維持されるべきものと考えられていたことがわかる。その中で、三好氏に対する栄典授与は、幕府の権威や秩序に包摂されたというより、むしろ、その秩序を乱す身分違いの高い地位を占めていると認識されていた。

この三好氏への反発は、たとえば、長尾景虎が主家「上杉家」を継承することで家格秩序自体は乱すことなく景虎自身の地位の上昇を図ったのと違い、三好長慶は「三好家」という家自体の上昇を図ったために、家格秩序を破壊する行為として、諸大名の猛反発を買ったのであろう。

長慶が義輝と和睦したことで、将軍足利家を頂点とする武家社会の秩序の枠組自体は維持されていた。しかし、長慶は、尼子晴久や武田信玄、毛利隆元のように守護職を欲しなかった。また、鎌倉幕府執権北条氏の名跡を継いだ伊勢氏綱や、室町幕府四職の一色氏に改姓し、重臣にも一色氏家臣の苗字と官途を名乗らせた一色義龍、さらには関東管領山内上杉氏を相続した長尾景虎のように、高い家格の名家を継ぐこともしなかった。長慶の「三好家」という家自体の格を上昇させようとする志向は、当時の全国的な武家の常識から逸脱しており、その変革を促していく。

後に織田信長が足利義昭を擁して上洛を果たし幕府を復活させると、義昭は信長に副将軍か管領職を勧めたり、信長の主家で三管領随一の斯波家の家督とし武衛（左兵衛督）に任じようとしたりしたが、信長はこれを辞退し准管領待遇と桐紋のみを受けた。こうした信長の志向は、義昭との主従関係に包摂されることを避け、幕府から自立した権力を目指したと評価されることもある。しかし、三好氏の事例を見ると、あまりにも高い栄典を急に授与されると、諸大名の反発を買うと信長が危惧したためと考えられよう。その一方で、信長は三好氏に倣い、「織田家」として桐紋を拝領することで家格の上昇を図り、義昭の自筆による御内書で「御父」の尊称が付けられるなど、三好氏の先例を上回ることを強く意識した栄典授与となった。

三好義興画像模本
（京都大学総合博物館所蔵）

義興の死

永禄六年（一五六三）一月、大和平定を進めていた松永久秀は、多武峰（とうのみね）（談山神社）と戦いになり、二十七日に十人ほどの戦死者を出して、壺坂に退いた（「厳助往年記」）。この戦いについて、久秀は三好長逸・石成友通・寺町通昭に対して一月二十九日付の返書を送っている（「柳生文書」）。それによると、多武峰は反松永派の筒井順慶（じゅんけい）や十市遠勝だけでなく、根来寺とも結んで挙兵していた。久秀は郷内を焼き払い、戦いを優勢に進め、二十七日の戦いで「足軽衆」が敗れたが、押し返したという。一連の戦いでは、半竹軒・池田猪介・松山重治・柳生宗厳が戦功を立てた。大和へは久秀の救援のために和泉の岸和田城より安宅冬康が駆け付け、番手を務めている。こうした戦いの経過は、牟岐因幡守（むぎいなばのかみ）や金山長信を通じて、飯盛山城の三好長慶に報告された。久秀は柳生宗厳に対して二月二日付で感状を発給し、六月十六日付の判物で白土や上笠間の替地として、秋篠分を宛行っている（「柳生文書」）。

二月三日には、丹波から宇津・柳本・薬師寺・長塩氏が西京に攻め込んで放火しており、大和の動きと連動していたようである。丹波勢は三月にも執拗に京都近郊に出没した。丹波の八木城にいた内藤宗勝は宇津氏らを掃討するため出陣し、三月五日付の書状で小林日向守や持明院の戦功を賞した（「小林文書」）。その中で丹波の情勢について、何鹿郡が三好方から離反し、波多野勢が氷上郡の赤井氏と結んで反抗しているが、黒井城（丹波市）は宗勝方が堅固に守っているので安心するよう伝えている。また、宗勝は摂津より池田氏や伊丹氏の援軍を得ると共に、但馬の山名氏の合力も得て対処しようとしていた。

大和や丹波で反三好の動きが活発化していたが、近江の六角承禎は三月二十二日に三好義興より平野酒を贈られるなど友好関係が確認されており、これらの動きには関与していなかったようである。また、三月一日には、摂津富田の普門寺で余生を過ごしていた細川晴元が死去した。

そして、六月になると義興が病に倒れた。長慶の絶大な信頼を受けて、義興の後見人となり、その地位を固め、権勢を振るったのが松永久秀である。実際に久秀は義興と共に文書を発給するなど、その補佐にあたってきた。三十歳以上も年下で孫のような義興は、久秀にとって玉のようにかわいい存在であった。義興が死去し葬礼が終わると、久秀は松永家の家督を投げ捨て、政務から離れようとする。「足利季世記」や「続応仁後記」には、久秀が義輿を毒殺したという風聞を記すが、これは事実とは全く異なっている。

六月二十九日には祇園社で義輿の平癒祈願がおこなわれ、曲直瀬道三による治療も施された（「三宝院文書」）。だが、義輿の病はさらに重くなる一方のため、八月二十日には吉田兼右が祈禱を行い（「兼右卿記」）、正親町天皇は勅筆を下し内侍所で平癒を願う神楽を催した（「御湯殿上日記」）。

二、三年前まで、義輿に反発していた吉田兼右も祈禱に動員され、曲直瀬道三など当代最高の名医が治療にあたった。三好家の家格上昇は既に定着し、三好氏と足利氏の協調の要でもあった義輿の健康問題は、京都において大きな関心事となっていた。

しかし、祈禱も治療もその甲斐なく、八月二十五日に義輿は芥川山城において、二十二歳の若さで死去した。義輿の葬礼は、父長慶が深く帰依し、叔父十河一存の画像に賛を記した大徳寺の大林宗套が中心になって、十一月十五日に催された（「長享年後畿内兵乱記」）。大林宗套は当時南宗寺の住持であったが、大徳寺紫衣衆が諸仏事を勤仕した。葬礼の場には五山の禅僧も参列し「会下衆」として諸仏事を勤仕したことが、「未聞」であり「一時之沙汰」であるとして驚きをもって受け止められた。当時、将軍により住持が任命される五山は事実上の官寺であり、林下の大徳寺や妙心寺の僧侶と同席することはありえなかったからである。義輿の葬礼において、将軍の葬礼を主催する五山が、三好氏が帰依する大徳寺に従わされる状況は、両者が基本的に対立関係にあり、三好氏が将軍を上回る勢威を示したことに、世間は驚愕したのである。

永禄六年（一五六三）十二月二十日、三好長慶が天文十七年（一五四八）以来擁立してきた細川氏綱が淀城で死去した。晴元に続き氏綱も死去したことで、長慶の旧主はすべていなくなった。

後継者義継に見る構想

閏十二月一日には、松永久秀の息子の久通が従五位下右衛門佐に任官し、十四日には久秀より家督が譲られた。

永禄七年一月二十二日、三好孫六郎重存（しげまさ）（後の義継）が上洛し、翌二十三日には三好長逸・松永久通らを率い将軍義輝に対面した（「雑々聞検書」）。義継は長慶の弟十河一存の子と九条稙通の養女の子で、義興が死去した後に長慶の養子となったことが公表された。

当時、長慶の後継者候補には、次弟の安宅冬康と、長弟実休の息子である三好長治・十河存保（そごうまさやす）・安宅神五郎、安宅冬康の息子の安宅神太郎、十河一存の息子の三好義継・松浦光がいた。安宅冬康は他家を継いでいたので除外されたとしても、なぜ長慶は三好姓で息子が三人もいる実休からではなく、息子が一人しか残っていない十河一存から義継を養子に迎えたのであろうか。十河氏は断絶の危機を回避するため、実休の次男存保を養子として迎えねばならなかった。こうした不自然な養子関係が形成された理由はやはり、義継が九条稙通の養女の子だからであろう。朝廷で九条家と関白職を争った近衛家は、将軍義晴・義輝親子と二代にわたって娘を嫁がせていた。こうした足利・近衛派に対抗するためには、義継に三好氏を継がせることで、三好・九条派の関係を一層堅固なものとする必要があった。

前年末に松永氏の家督が久通に譲られたのも、義継が長慶の後継者の地位に就いたことと無関係ではなかろう。松永久秀は三好氏の一族や譜代家臣ではなく、長慶に新たに取り立てられた家臣である。長慶個人への忠誠心が強く、長慶より託された義興の死に落胆していた。そのため、松永氏の譜代家臣化を図るとともに、義継と久通の間に人格的な主従関係を醸成させようとしたのであろう。

永禄四年以降、十河一存や三好実休が死去し、三好氏もまた世代交代の時期を迎えていた。

そうした折、長慶は五月九日に安宅冬康を飯盛山城に呼び寄せ、殺害した。その理由は「逆心悪行」のためとも言い（「言継卿記」）、「人の讒言」のためとも言われる（「細川両家記」）。讒言の主を松永久秀と軍記物はとらえるが、久秀が既に家督を久通に譲っていることからも、久秀に主家を壟断しようとする気はなかった。冬康が義継の家督継承を不満に思っていたか、冬康に野心はなくても義継の地位を盤石にしておくために殺したのだろう。

織田信長の死後に織田氏の家督をめぐって、信長の孫の織田秀信、信長の次男の北畠信意（後の織田信雄）、そして信長の三男の神戸（かんべ）信孝が争い、羽柴秀吉や柴田勝家ら重臣間でも抗争がおこったことを考えると、長慶はこうした争いを未然に防ごうとしたのかもしれない。

六月二十二日には、義継が家督を相続した御礼のため、松永久通や三好長逸、斎藤右衛門大夫、広橋国光、清原枝賢など四〇〇〇の軍勢を率いて上洛して義輝に謁見しており、長慶の後継者としての地位が確認された（「言継卿記」）。

三好義継を長慶の後継者とするのと同時に、この時期、三好方が進めていたのが改元であった。しかし、「御湯殿上日記」の永禄七年（一五六四）三月十六日条には、「かいけん（改元）事よりまつなか（松永久秀）・ひろはし（広橋国光）して申す、いまた御返事なし」とあり、改元の申請は却下されたことがわかる。

改元の申請

前述したように室町・戦国期の改元は天皇と将軍が相談したり、天皇が将軍に通告したりしておこなわれていた。そうした慣習からすると、この時の改元申請は極めて異例と言えよう。永禄六年末から永禄七年初頭におきた貴布祢山相論の裁判において、松永久秀が長慶に裁許を求めているように（「賀茂別雷神社文書」）、久秀の独断専行とは考えられない。当時の武家伝奏が松永久秀の義兄である広橋国光であったため久秀が担当しただけで、この改元申請は三好長慶の意志であろう。この異例の改元申請は失敗に終わったとはいえ、三好氏には将軍足利氏と同等ないし優越するという自意識が芽生えていたことを示すのではないか。

前年の永禄六年三月十九日には、多聞山城を訪れた山科言継が、松永久秀の許へ下向する義輝の娘（この時かぞえで八歳、総持寺殿）に会っているが、義輝の娘を人質と認識している（「言継卿記」）。三好氏が義輝より優位にあることを確認し、強く意識したとしても不思議ではない。

しかし、改元自体は認められず、三好氏の自意識と他者からの認識は乖離していたことも事実である。

伏せられた死

三好長慶は、永禄七年（一五六四）六月に病床に伏した。松永久秀が石成友通へ六月二十二日と二十三日付で送った書状によると（「柳生文書」）、名医の半井驢庵が長慶の治療にあたった様子を友通から聞き、痛ましく心も消えいりそうだと、非常に悲しんでいる。また、長慶の死を秘匿することを確認し、小姓にも殉死しないよう戒めた。

七月四日、長慶はかぞえ歳四十三歳で死去した。「細川両家記」や「足利季世記」などの軍記物によると、五月九日に安宅冬康を殺害したことを悔やんで病気となったのが原因とされる。前述したように、長慶の愁嘆は、松永久秀の讒言に乗せられたためではない。足利将軍と戦うためには、義継を後継者に据えねばならず、義継の地位を安泰にするためには、弟であっても斬らねばならないという政治的判断に苦しんだことが原因であろう。

義輝との新たな対立が深まる一方、三好氏の新当主義継は十五歳にも満たなかった。そのため、長慶の死去は秘匿された。長慶の死は、当時の京都の公家衆の日記には見受けられない。

第四章　三好一族と松永兄弟

1　長慶とその家族

長慶の教養

三好長慶は最も連歌を好んだ戦国武将の一人である。現在判明しているだけでも、天文十一年（一五四二）六月十一日から永禄七年（一五六四）二月二日までの間に、少なくとも三十二回の連歌会に参加した。「天文三好千句」「瀧山千句」「飯盛千句」に参加した連歌師や豪商、茶人、自らの家臣、領国内の有力部将や寺僧・神官だけでなく、近衛稙通や大覚寺義俊、三条西公条などの公家衆とも交わった。また、長慶は近衛家や禁中の歌会にも列した。

さらに長慶は後奈良天皇に宸筆の「古今和歌集」の下賜を、山科言継に「玉葉和歌集」の書写を依頼しているし、自身でも「後撰和歌集」や鴨長明の「四季物語」を書写した。「四季物語」の奥書からは、清少納言、紫式部、紀貫之、在原業平まで研究していたことがわかる。

後世に作成された軍記物「三好別記」に、そうした長慶と連歌に関する逸話が記されている。三好長慶・安宅冬康・谷宗養・里村紹巴が飯盛山城で歌会をしていた折、実休が討死したとの注進状が届いた。長慶はその注進状を一見して懐中に収め、慌てず騒がず連歌会を無事に終えた後、ようやく実休の死を披露し参加者を帰したという。

こうした長慶を、文弱だとか貴族趣味に溺れたと評価する者もいる。しかし、後世に執筆された軍記物を、そのまま事実として評価することはできない。そもそも、戦国時代の武将は北条氏歴代や武田信玄、毛利元就、細川幽斎、蒲生氏郷、伊達政宗などの大名から、前田慶次などの下級武士に至るまで、皆和歌や連歌を好んだ。彼らは文弱であっただろうか。歴戦の勇将であろう。

また、長慶の家臣たち、内藤宗勝は「貞永式目（御成敗式目）」の注釈書（陽明文庫所蔵）を、松永久通は「建武式目」（国立国会図書館上野支部所蔵）を、三好長逸もまた「建武式目」（宮内庁書陵部所蔵松岡本）をそれぞれ清原枝賢に求め、統治の術を学んでいる。

こうした三好一族の武の側面を示す伝来の品として、多くの名刀がある。享保四年（一七一九）、江戸幕府八代将軍の徳川吉宗が本阿弥光忠に作成を命じた「刀剣名物帳」には、将軍御物として、三好長慶の三好正宗・三好江、安宅冬康の安宅志津、三好政長の宗三左文字、松永久秀の不動国行、石成友通の安宅貞宗を挙げている。他にも福岡藩主黒田継高が所有した長慶の岩切海部、郡上藩主井上正任（まさとう）が有した楠正虎の楠左文字、さらに信長御物として三好実休の実休光忠、大阪御物として若江十河正宗が記されている。

まさしく三好氏は文武を究めた名家と言えよう。

長慶の戦ぶりについても、柔弱や保守的といった評価が付いてまわる。将軍義輝を近江朽木に追放した際も追撃して討ち果たさず、仇敵細川晴元も殺さずに摂津富田に隠居料を与える始末だと。しかし、この点についても、戦国時代の戦争の常識を無視した評価であろう。織田信長も尾張守護斯波義銀を追放するが、後に許して縁戚関係を結び織田一門に迎えている。また将軍義昭を河内若江に追放した際も、和睦し還京するよう交渉していた。北条氏康も古河公方足利晴氏を軟禁するに留めたし、徳川家康も今川氏真を一時は家臣として召し抱えた。敵対した旧主家を殺害しないことは、決して柔弱でも保守的でもなく、戦国武将の常識である。

むしろ、連歌会などにおける涼やかな長慶の所作について感銘を受けた細川幽斎は、自らも長慶のように振る舞ったと弟子の松永貞徳に伝え、貞徳も長慶を見習いたいと「戴恩記」に記している。細川幽斎は将軍足利義輝の初名義藤の偏諱を受け「藤孝」と名乗り、その弟義昭の近臣として活躍し、織田信長や豊臣秀吉にも重用され、肥後熊本細川家の祖となった人物である。その幽斎は藤原定家の歌道を受け継ぐ三条西実枝から古今伝授を受けた一流の文化人である。幽斎の言葉が事実かどうかは確かめようがないが、政治的には三好氏と敵対関係にあったことを踏まえると、長慶は敵からも惚れられた名将ということになる。

「戴恩記」には長慶の歌として、次の歌を載せる。

歌連歌　ぬるき物ぞと　いう人の　あづさ弓矢を　取たるもなし

母と妻、息子

長慶の父である三好元長は、長慶がかぞえで十一歳の享禄五年（天文元年、一五三二）六月二十日に、細川晴元に味方した一向一揆に攻められ、堺の顕本寺において自害した。そして、長慶の母は長慶が十八歳の天文八年六月十四日に死去したとされ、法名は「明室保公大姉」であったとされる（「如意寺過去帳」）。同月二十三日には本願寺証如より香奠を受けているので、事実であろう。長慶の母の出自は、之長や長秀の妻と同じくその出自は不明である。

ようやく三好氏に嫁いだ女性の出自が明らかになるのは、長慶の時代になってからである。長慶の一人目の妻は、細川晴元方の丹波守護代であった波多野秀忠の娘で、天文九年に結婚した。しかし、長慶が細川氏綱方に与すると離縁された。二人目の妻は、氏綱を擁した河内守護代の遊佐長教の娘（養女か）で、天文十八年五月十日に本願寺証如より結婚の礼物が贈られているので、この頃までに結婚したようだ。すなわち、長慶の婚姻関係は、自らの政治動向にかなり左右されており、まさしく政略結婚と呼ぶにふさわしい。

長慶が芥川山城を居城として京都支配をはじめると、京都の公家や寺社の使者が芥川山城を訪問するようになるが、長慶の妻である遊佐氏に関する記載はない。早くに死去したか、天文二十年に長教が暗殺されたのを期に実家に帰ったのであろう。

長慶の子供は義興とその弟が確認できる。義興は永禄六年（一五六三）に二十二歳で死去するので、生年は天文十一年となる。おそらく母は波多野氏であろう。義興の名と官途は、「孫次郎」→「義長（永禄二年十二月）」→「筑前守義長（永禄三年一月）」→「筑前守義興（永禄五年六月）」と変化していく。（　）内の年月は、管見の限りの初見で改名時期を必ずしも意味しない。なお、義興の初名とされる「慶興」の名は一次史料では確認できない。次男は弘治元年（一五五五）十二月まで確認できる（「兼右卿記」）。

三好本宗家嫡流の通字は「長」であったが、義興が足利将軍家の通字である「義」を授与されて以後は、「義」が通字となった。義長から義興への改名の契機は、教興寺の戦いの勝利が考えられる。義興の法名は、「瑞応院前筑州大守光岳璉公大禅定門」であった。

義興の妻は「筑前守内室」として、永禄四年三月に将軍義輝が御成した際に簾越しに能を鑑賞しているが、その出自は不明である。

三好実休

三好実休は、三好元長の次男で長慶の長弟にあたる。長慶と同母かどうかは不明である。

実休の名と官途は、「千満丸（天文元年八月）」→「彦次郎之相（天文八年十月）」→「豊前守之相（天文十五年十一月）」→「豊前守之虎（天文二十一年七月）」→「実休（永禄元年八月）」と変化した。また、「物外軒（ぶつがいけん）」とも号した。京都大学総合博物館所蔵の「三好実休画像（模本）」は、京都の知恩寺養源院に伝わった画像を写したもので、賛には法名や実名を「龍音寺殿以徹実休第居士、即三好豊前守之虎源君也」と記す。

実休は三好氏の通字である「長」の字を用いていない。阿波守護細川氏が成之・政之・之持・氏之と「之」を用いることが多いことから、むしろ、実休は阿波守護家との結びつきを重視して、実名を決めたのであろう。

辞書類に見える「之康」や「義賢」は一次史料では確認できない。「之康」の名は「康」と「虎」の文字のくずしが近似していることによる単なる読み誤りであろう。それに対して、「義賢」は実休の実名とは全く関係がない。「義賢」が実休の実名とされるようになった理由は、実休の次男の存保が一時期「義堅」と名乗っていたことが原因と考えられる。「賢」と「堅」は下半分に花押が重なると判別は不可能である。このため、「義堅」が「義賢」と誤読され、さらに親子である実休と存保が混同されたことにより、実休の実名が「義賢」と誤って伝えられ、一部の系図や軍記物に採用されたことで一般に広まってしまったのであろう。そもそも「義」は足利氏の通字であって、将軍義輝と対立している時期に「義賢」と名乗るとは、極めて考えにくい。

実休は、摂津に居城を移した兄長慶に代わって、三好氏の本貫地である阿波を守った。畿内だけでなく播磨や讃岐に転戦し、永禄三年（一五六〇）以降は畠山高政・根来寺に対抗した。

三好氏の勢力圏のうち、実休は勝瑞館を中心に、阿波・讃岐・東伊予・南淡路・南河内の支配を担当し、長慶や義興に次いで相伴衆に就任した。そして、兄長慶とは独自に、吉野川流域に拠点をおく領主を中心とした家臣団を形成する。

特に実休を支えたのが、三好之長の時代から確認される譜代の宿老である篠原一族で、篠原長政（大和守）・長房（右京進→岫雲斎恕朴（しうんさいじょぼく））親子が近侍した。篠原氏は一族も多く、盛家（雅楽助）、実長（弾正忠→自遁）、長秀（玄蕃助）がいた。また、実休付の三好一族としては、三好康長（孫七郎康長→山城守康長→咲岩→山城守康慶）、盛政（備中守）、盛長（民部少輔→民部丞）がいる。主な家臣としては加地盛時（又五郎→六郎兵衛尉）、市原長胤（石見守）、伊沢長綱（因幡入道）、矢野虎村（伯耆守）、吉成信長（出雲守）がいる。

三好実休は、兄長慶や義興、十河一存が臨済宗大徳寺北派の大林宗套や笑嶺宗訢（しょうれいそうきん）に帰依したのと違い、法華宗の頂妙寺第三世の日珖に帰依した。日珖は堺の豪商で会合衆の一人とされ、茶人でもあった油屋常言（あぶらやじょうげん）の子なので、実休が帰依した背景には、信仰だけではなく経済的文化的側面もあったのであろう。日珖は実休の畠山氏攻めに従軍し、実休一家の帰依を受け、阿波や南淡路の武士たちに受法した。永禄四年には高屋城内において畠山氏の館を与えられ、寺内を造営した（「妙国寺文書」）。

日珖画像
（京都市上京区・本法寺所蔵）

いる。

また、日珖は堺で実休より土地を、常言より伽藍を寄進されて妙国寺を建立し、実休の菩提を弔って

文化活動においても、連歌をこよなく愛した長慶とは異なり、実休は茶道をよくした。弘治二年（一五五六）には堺の豪商の天王寺屋津田宗達らを阿波の勝瑞館に招き茶会を開いている。また、千利休の高弟で硬骨漢でも知られる山上宗二から「実休は武士にて数奇者なり」と、武士でただ一人激賞された（「山上宗二記」）。名物茶器の珠光小茄子、実休肩衝、三日月などを収集したが、死後に散逸した。これらの茶器の多くは、織田信長によって再収集されたが本能寺の変で焼失している。

実休の家族

実休は殺害した細川氏之の妻を奪い自分の妻にしたとされるが、氏之の正室は大内義隆の妹で、氏之の死後は周防に帰ったとされる。また、側室とされる小少将は「昔阿波物語」では阿波国板野郡の国人岡本氏の娘となっているが、江戸時代に成立した軍記物であり信憑性にかける。

実休には、長治・存保（まさやす）・神五郎の三人の息子がいたことが確認される。長治の名と官途は、「千鶴丸（永禄二年六月）」→「彦次郎（元亀元年十月）」→「彦次郎長治（元亀四年五月）」と変化した。長治は三好三人衆や本願寺を支援して、松永久秀や織田信長に対抗した。存保の名と官途は、「十河千松（永禄八年三月）」→「十河孫六郎（永禄十一年三月）」→「孫六郎存康（元亀二年正月）」→「三好孫六郎存康（天正二年八月）」→「孫六郎存保（天正十一年二月、天正三年頃には改名か）」→「義堅（天正十一年八月）」→「十川孫六郎（天正十三年八月）」と変化した。

日珖の「己行記」によると、永禄十一年（一五六八）三月五日の実休の七回忌に際して、長治の母と存保の母が別に記されているので、長治と存保は異母兄弟であろう。存保は十河家を継承するが、後に三好姓に戻し、織田信長や長宗我部元親と戦い抜いたものの、羽柴秀吉により阿波から讃岐に転封された。

神五郎（甚五郎）は元亀末年に安宅氏を継承し、天正八年（一五八〇）からは織田信長に属した。羽柴秀吉から警戒され、天正十二年（一五八四）には播磨国明石郡に転封されて水軍としての活動を終えた。慶長四年（一五九九）十一月に片桐貞隆や遊佐三右衛門尉と共に相国寺の警固にあたっているのが、神五郎の終見である（「鹿苑日録」）。

安宅冬康

安宅冬康は、三好元長の三男で長慶の次弟にあたる。長慶と同母かどうかは不明である。冬康の名と官途は、「千々世（天文六年十一月）」→「摂津守鴨冬（天文二十年九月）」→「摂津守冬康（天文二十四年二月）」と変化する。また、「一舟軒（いっしゅうけん）」と号した。冬康は淡路の洲本や由良（洲本市）に本拠地をおく水軍の安宅氏に養子入りした。その契機としては、大永八年（一五二八）におこった安宅次郎三郎の謀反とその鎮圧が考えられる。安宅氏は守護代や郡代など守護支配に関わる職は得ていなかったようだが、「兵庫北関入船納帳」によると、由良は榑や材木の中継地として栄え、その都市としての発展は淡路守護所である養宜（やぎ）（南あわじ市）を圧倒していた。

系図類によると、冬康の子として信康と清康ないし貴康の二人が記されているが、一次史料では神太郎の一人しか確認できず、その実名は「康」の一字のみが記されている（「宮内庁書陵部所蔵新井本東福寺蔵文書」)。

冬康期の家臣として、安宅石見守、庄紀伊守、岩瀬石介、菅若狭守、梶原三河守、住路清兵衛、住路又右衛門、木村新左衛門がいる。神太郎期になると、新たに菅達長(平右衛門尉)、庄久右衛門尉、梶原景久(越前守)が確認される。菅氏や梶原氏は同じ淡路の水軍で、安宅氏は三好氏の力を背景に淡路水軍を統一・編成した。

冬康は、尼崎では本興寺の「法華衆」を取り立て(「天文日記」)、堺では顕本寺に寄宿免除の特権を与え、兵庫津では久遠寺の檀那棰井氏に徳政免除の特権を付与して蔵の営業を免許するなど、大阪湾の港湾都市に教線を拡大した法華宗日隆門流の寺院や信徒を集中的に保護した。

特に兵庫津を代表する豪商棰井氏の保護や、旧淀川と旧大和川に接する榎並(大阪市城東区)への代官設置を踏まえると、淡路水軍を代表する存在として、大阪湾の流通や水運に基盤をおいた活動をしていたことが窺える。

ただし、淡路南部に拠点を置く加地氏は、三好実休や三好長慶、義興に仕えており、野口氏・福良氏・賀集氏は三好実休に軍事動員されている(「己行記」)。つまり、冬康は淡路一国を面的に支配したのではなく、海賊領主のみを編成していたのであろう。冬康の発給文書は淡路には残っていない。永禄五年に実休が久米田の戦いで戦死すると、冬康が岸和田城を守った。

水軍の棟梁のイメージとは異なり、冬康は和歌や茶湯を好み、藤原公任が編集した『三十六歌仙撰』や藤原定家の自撰歌集である『拾遺愚草』などの歌集の借用を申し入れた書状も残る(「堺市博物館所蔵文書」)。

十河一存

十河一存は、三好元長の四男で長慶の三弟にあたる。長慶と同母かどうかは不明である。一存の名と官途は「孫六郎」→「民部大夫(天文十八年七月)」→「民部大夫一存(天文十八年十二月)」と変化する。一存が讃岐の国人で十河城主(高松市)の十河氏に養子入りした経緯は不明である。十河氏は守護代職などに補任されなかったが、「兵庫北関入船納帳」によると、西方守護代である多度津(たどつ)の香川氏や東方守護代である宇多津(うだつ)の安富氏と同様に、関銭免除の特権を持つ国領船の船籍地である方本(かたもと)と庵治(あじ)(高松市)を管理しており、流通拠点を掌握する存在であった。

一存の妻は九条稙通の養女で、「戴恩記」には「聟君の十川殿」と記されている。なお稙通は修験道を信仰したため妻帯せず実子はいない。子である義継の年齢から逆算すると、一存の結婚は三好長慶が細川晴元に勝利した天文十八年(一五四九)の江口の戦いの直後と思われる。当時、長慶が氏綱を擁し、摂津守護代格に過ぎなかったことを踏まえると、稙通の先見の明が窺える。

一存の子には、三好義継と松浦光の二人が確認される。義継の名と官途は「孫六郎(永禄四年五月)」→「孫六郎重存(永禄七年一月)」→「左京大夫義重(永禄八年五月)」→「左京大夫義継(永禄八年七月)」と変化する。松浦光の名は「松浦萬満(永禄四年五月)」→「松浦孫八郎(永禄九年十二月)」→「松浦肥前守光(元亀三年十一月十七日)」と変化する。

一存の主な家臣として、十河了三(三河入道)、十河亀介、十河重久(志摩守)、十河重吉(因幡守)、東条新兵衛、大谷亀介、矢野山城守、三谷喜介、岡重長(七郎兵衛尉)、福家長顕(加賀守)、中西長秀、

窪存重（又衛門→三河守）、窪佐渡守、窪六郎左衛門、飯沼氏がいる。彼らは「家中」と呼ばれていた（「天文日記」）。三谷氏と岡氏はそれぞれ三谷城と岡城（共に高松市）の領主と考えられ、一存は十河一族や周辺の在地領主を家臣として十河家中を形成した。この他に新たに畿内で一存の家臣に加わった者に、松田守興（左衛門尉）がいる。守興は天文十八年の一時期、細川氏綱の奉行人であったが、すぐに一存に属し、天文二十二年閏一月十四日付で一存が大和国人の鷹山弘頼に宛てた書状では、「猶松左申さるべく候」と取次になっていた（「興福院文書」）。また、守興自身が東寺年預御坊に宛てた年未詳七月八日付の書状では、一存に贈られた巻数や樽代に対する礼を述べている（「東寺百合文書」）。

一存の讃岐における活動はほとんど不明で、発給文書は讃岐には残っていない。畿内においては、京都近郊の竹田三ヶ庄や西九条縄（京都市南区）、淀の塩合物過料銭、摂津欠郡の石井民部跡、堺五ヶ庄を押領し知行していた。また、天王寺には十河家中の岡氏の屋敷があり、堺では一存自身が本願寺の堺坊へ寄宿を目論むなど、都市内部への進出を図っていた。

一存は永禄四年（一五六一）に兄長慶から、和泉の松浦氏を継承した次男の松浦光を、松浦盛と共に後見するように命じられ（「九条文書」）、遅くともその前年までには岸和田城に入城していた（「法隆寺文書」）。

天文末年の和泉では、三好長慶・松浦守方に敵対し細川晴元方に属した岸和田兵衛大夫が、浄土真宗の貝塚寺内を取り立てるなど、勢力が強かった。そのため、長慶の勢力を背景に、松浦盛が岸和田氏を継承し（「法隆寺文書」）、松浦家中に包摂することで、十河一存以下、松浦一族の岸和田盛や家臣の寺田弘家らが、岸和田城に在城することになった。これにより、親三好方の松浦氏やかつて反三好方であった岸和田氏など和泉一国の武士全体を統合する拠点として岸和田城が成立した。岸和田城は根来寺など紀伊に備える軍事拠点であり、法隆寺が一存に押領された珍南荘（泉大津市）の返還を求めて交渉する政治拠点ともなった。

なお、十河一存は親三好方の安富氏など讃岐国人を編成しておらず、反三好方の香川氏との戦争にも関与していない。讃岐の広域支配権は一存ではなく、実休が管掌していた。

2　長慶を支えた家臣

阿波以来の家臣

父三好元長が死去した段階の三好氏の重臣には、四国を守る篠原氏や、畿内への出兵に従軍する塩田氏・加地氏・森氏・市原氏らがいた。

阿波国人には東四国を支配した三好実休に仕える者が多い中、塩田氏は唯一、畿内を支配した三好長慶に仕えた。塩田孫九郎（左馬助→左馬頭）は、天文二十三年（一五五四）六月に長慶が裁許をおこなった山城国乙訓郡（長岡京市）の今井用水相論で、三好長逸・斎藤基速・飯尾為清（細川信良奉行人）・茨木長隆（細川信良奉行人）と共に「評定衆」として裁許に臨んだとされる（「正木彰家文書」）。なお、孫九郎とは別人と考えられる塩田一族として、永禄六年（一五六三）に三好氏の奉行人として奈良長高と共に連署奉書を発給する塩田高景（若狭守、菟□）がいる（「土御門家文書」）。

孫九郎も高景も長慶の全盛期にはほとんどその活動が見えない。松永久秀をはじめとする畿内系の国人に押されていたが、久秀が多聞山城主となり、長慶に近侍しなくなってから復権したのであろうか。

加地氏は三好長慶に仕えた者として、丹後と可勝（源右衛門、肥前守）が見える（「天文日記」）が、天文十年代までである。その後しばらく姿は見えないが、加地久勝（権介）が将軍義輝の三好邸御成の際に勤仕しており、奈良長高（一右衛門尉→但馬守、宗保）と共に三好義興付の家臣として復権したようだ（「長享年後畿内兵乱記」）。なお三好実休には加地盛時（又五郎→六郎兵衛尉）がいる。

森氏は長門守が「天文日記」や「言継卿記」に数回見えるが、発給文書はない。市原氏は、源次郎、与吉兵衛、又三郎が長慶の家臣として見えるが、天文二年と三年のみである。

畿内に居城を移した長慶権力の内では、阿波国人の地位は総じて低下していた。

摂津出身の家臣

阿波国人に代わって長慶に登用されるようになったのが、摂津国人である。摂津国人の中でも芥河氏と池田氏は事実上、三好一族であった。しかし、芥河孫十郎は長慶に背いて天文二十二年（一五五三）に没落し、池田長正（兵衛尉→筑後守）は伊丹氏などと共に長慶の戦争において軍勢催促を受けるのみであった。

長慶の権力の執行にあたったのは、細川氏段階では姿が見えない、更に小規模な国人らであった。その代表格が、松永氏と野間氏である。野間氏は摂津国川辺郡野間庄（伊丹市）の出身と考えられる。野間長久（右兵衛尉）は、長慶が越水城主となった翌年の天文九年（一五四〇）二月十五日に、長慶より都賀庄安田分の替地として、上庄内浅見右京亮跡職を宛行われ（「池田家文書」）、家臣として編成された。

野間長久は永禄二年（一五五九）三月には、久代村（川西市）に段銭の催促をおこなうなど下郡支配の実務にあたっていた（「久代村古記録」）。永禄六年末から翌年にかけては河内の弓削庄（八尾市）の公用銭の納入をめぐって相論をおこしている（「法隆寺文書」）。

こうした行政官僚としての役割だけではなく、永禄九年の三好三人衆と松永久秀の内紛時には、瓦林三河守・池田教正（丹後守）・濱越後守・富田氏など川辺郡や武庫郡の領主とともに「越水衆」として三好三人衆に対抗するなど、軍事的にも編成されていた（「細川両家記」）。野間長久は池田長正の一族と想定される教正とは義兄弟の関係にあり、長久の名の「長」は池田長正と共に三好長慶よりの偏諱であろう。

野間長久は三好長慶の死去と共に活動が見えなくなる。代わって、その子の康久（長前、左橘兵衛）が三好義継の奉行人として、永禄十年二月二十九日付で金山信貞（駿河守）と連署状を発給するようになった（「西蓮寺文書」）。後に三好義継が足利義昭に服属し若江城（東大阪市）を居城とすると、野間康久と池田教正に、細川氏綱の家臣であった多羅尾綱知（左近大夫→常陸介）を加えた「若江三人衆」が形成された。若江三人衆は天正元年（一五七三）に三好義継が足利義昭に味方した際に、織田信長に属して義継を討ち、その後も北河内を支配した。しかし、羽柴秀吉が大坂城を築城し、摂津・河内・和泉の領主の所領替えをおこなった際に、河内を追われた。

康久のその後の行方は不明であるが、康久の子の勘介は、関ヶ原の戦いで備前を拝領した小早川秀秋に六〇〇石で仕官し、秀秋が死去すると播磨の池田輝政に四〇〇石で召し抱えられた（「鳥取藩士家譜」九）。その後、野間氏の末裔は、鳥取池田家に仕えた。

野間氏のように譜代家臣化はせず、長慶一代にのみ仕えた国人としては、淀川中流の川港である鳥養（摂津市）を拠点とする鳥養貞長（兵部丞）がいる。貞長の初見は天文十六年（一五四七）閏七月八日付の三好長慶の書状（「早稲田大学図書館所蔵諸家文書」）で、その後は長慶への音信や文書の披露をおこなうだけでなく、故実に詳しい伊勢貞助（貞堯→与一入道牧雲斎常真→加賀守貞助）と調整し文書の作成などをおこなった（「雑々聞検書」「雑々書札」）。天文年間は三好一族の長老である三好長逸と連署状を発給し（「蔵集軒文書」）、永禄四年から六年は長慶方の奉行人として、義興方の奉行人である奈良長高と連署奉書を発給するなど（「一尊院文書」「壬生家文書」「曼殊院文書」「賀茂別雷神社文書」）、三好氏権力を代表する存在であった。

摂津出身かどうか確定できないものも、三好長慶が摂津に本拠地をおいていた段階に頭角を表した者として松山重治（新介、松謙斎宗治）がいる。その出自は「和泉名所図会」では堺、「太閤記」では本願寺の番士とされるなど不明な点が多い。その活動が明らかになるのは、天文末年から弘治年間である。この頃、重治は松永久秀と共に播磨の清水寺と大原野氏の退城にあたっての牢人や預物について交渉しており、その過程では藤田忠正や藤田幸綱などの家臣がいたことが判明する（「播磨清水寺文書」）。

しかし、重治の才能は戦場において発揮され、永禄元年（一五五八）には長慶の命により西岡の国人を指揮し、将軍義輝の軍勢を大いに破った。永禄五年の教興寺の戦いや、永禄六年の多武峰との戦いでも、戦功を立てている。

重治は長慶の下で遊撃隊のように転戦し、その軍事的才能を開花させた。その子の新介は、長慶の葬礼が営まれた河内の真観寺を「聚光院殿（三好長慶）墓所」として保護しており（「真観寺文書」）、長慶を主君とする意識を持ち続けていた。

長慶の死後は松山彦十郎と長く重治を支えてきた松山守勝に分かれて争った。久秀の滅亡後は、新介が織田信長に仕え、天正十年（一五八二）の高野山攻めを担当したが、本能寺の変により中止となった。その後は「紀伊続風土記」によると紀伊の粉河（紀の川市）に住み、その子が藤堂高虎に仕え、鈴木姓に改めたという。

野間氏も鳥養氏も松山氏も細川氏段階では史料にも見えない中小国人であったが、三好氏段階で長慶に登用され、長慶の権力を執行する地位にまで登り詰めた。松永久秀の陰に隠れているが、野間長久・康久親子や鳥養貞長、松山重治もまた、三好長慶家臣団を代表する一人と言えよう。

京都近郊出身の家臣

摂津国人に並んで、長慶家臣団を構成したのは京都近郊に拠点を持つ中小国人であった。彼らは、長慶やその重臣の三好長逸や松永久秀の下で、個々の裁許の取次や検使・申次・上使といった役割を担う一方で、京都をめぐる将軍義輝との戦いで大きな役割を果たした。

淀に拠点を置く藤岡氏は、石清水八幡宮の神人の身分を有する一方で、十五世紀末に摂津下郡の郡代であった薬師寺長盛の「物書」を務めた。淀城は「藤岡城」とも呼ばれ、三好長慶に仕えた藤岡直綱（石見守）は、淀郷率分関の「高荷公事銭」の代官を請け負うなど、淀に権益を有していた。

淀から宇治川をさかのぼり、京都に向かう際に上陸する交通の要所である伏見の法性寺には、酒屋を営む津田氏がいた。津田氏は淀魚市座の代官となるなど淀にも進出し、経長（筑後守）が長慶に仕えた。

東福寺の北側に今村城を構えた今村氏は「今村同名中」という同族組織を形成し、慶満（源介→紀伊守）が三好長慶に、その弟とされる政次（弥七→重介）が波多野秀忠に仕えた。慶満は「禁裏御料所内蔵寮陸路河上四方八口率分役所」を、天文十八年（一五四九）から二十二年にかけて押領し続けた（「言継卿記」）。政次は五条から山科を経て坂本へぬける通路である東山汁谷口の「塩合物高荷等諸商売通路上下馬弁宿問」を支配した（「別本賦引付」）。今村氏は洛中の五条橋から山科を抜けて近江坂本へ向かう街道や、京都と伏見を結ぶ街道に基盤を有していた。

織田信長から上杉謙信に贈られた「洛中洛外図屛風」に描かれた西院城を居城としたのは小泉秀清（源左衛門→山城守）である。秀清と慶満は特に軍事的役割も長慶から期待されていた。

こうした京都近郊の交通路を支配する国人を最初に編成し、短期間ながらも京都で勢威を振るったのが、細川国慶であった。国慶が天文十五年八月十六日付で大山崎惣中に巻数の返礼をした際、その書状には「委細今村源介（慶満）・小泉源左衛門尉（秀清）申すべく候」とあり、取次役となっていた

（「離宮八幡宮文書」）。また、国慶が年未詳九月三十日付で西林院に所領を安堵した際には、津田経長が同日付で副状を発給している（「勧修寺文書」）。

細川氏綱方として活動した国慶は天文十六年十月に戦死するが、この国慶の家臣団を引き継いだのが、天文十七年八月に氏綱方に味方した三好長慶であった。

長慶は政所執事の伊勢貞孝や足利義維の奉行人である斎藤基速（越前守、丈林軒卜数）など行政手腕に長けた人物と結んだり、登用したりしたが、摂津下郡郡代の右筆を務めた藤岡一族の直綱や、飯尾流の名筆である鳥養宗慶と同族の鳥養貞長も、そのような能力を買われたのであろう。松永久秀の家臣の楠正虎も名筆であり、奉行人としても文書を発給した。

長慶は、京都近郊の交通路を握る藤岡・津田・今村・小泉氏を従えることで、速やかに義輝に対処することができたのである。

3　松永兄弟

久秀の評価

三好長慶の家臣として最も有名なのは、松永久秀（弾正忠→弾正少弼→山城守、道意）であろう。戦国期の下剋上の風潮を代表する人物として、必ず挙げられる人物である。

そのように一般的に理解されるようになったのは、江戸時代中期に岡山藩の儒学者である湯浅常山が記した逸話集である「常山紀談」に「信長公松永弾正を恥しめ給ひし事」として、次のように記され

松永久秀画像
（「芳年武者牙類」月岡芳年筆，個人蔵）

たためである。

東照宮（徳川家康）、信長に御対面の時、松永弾正久秀かたへにあり、信長、この老翁は世の人のなしがたき事三ツなしたる者なり、将軍（足利義輝）を弑し奉り、又己が主君の三好を殺し、南都の大仏殿を焚たる松永と申す者なり、と申されしに、松永汗をながして赤面せり、

これに加え、宣教師のフロイスが、自らの著書「日本史」において、「当時天下の最高統治権を掌握し、専制的に支配していたのは松永霜台であった。すなわち、彼はその点、偉大にして稀有の天稟の才能の持ち主であった」（第一部三十七章）、「五畿内においては、彼が命じたこと以外はなにもなされぬ有様であった」（同上）と永禄六年（一五六三）頃の畿内の情勢を記し、久秀を「大和国の領主であるとともにまた三好殿の家臣にあたり、知識、賢明さ、統治能力において秀でた人物で、法華宗の宗徒である。彼は老人で、経験にも富んでいたので、天下すなわち都の君主国においては、彼が絶対命令を下す以外何事も行われぬ有様であった」（第一部五十四章）、「弾正殿は、さして高い身分ではな

いのですが、その知力と手腕によって、自らは家臣であるにもかかわらず、公方様と三好殿をいわば掌握していました。すなわち彼ははなはだ巧妙、裕福、老獪でもありますので、公方様や三好殿は、彼が欲すること以外になにもなし得ない」（第一部五十九章）などと評したことも大きい。

しかし、将軍義輝を殺害したのは、久秀ではなく息子の久通であること（「言継卿記」）、三好長慶の毒殺は後世の軍記物「足利季世記」などに記されているのみで、久秀はむしろ長慶の死を惜しみ悲嘆していること（「柳生文書」）、大仏殿の焼失は東大寺が陣取免除の特権を盛り込んだ禁制を獲得せず、三好三人衆に陣地を提供し明確に久秀に敵対する行動をとったためであることなど、事実が誤認されている。

また、謀反癖のある人物として描かれることも多いが、久秀は自らを取り立てた三好長慶に対して謀反を起こすことはなく、裁許の場においても専横な振る舞いをすることがなかったことは、前述の通りである。

久秀の行動について謀反を繰り返したと評するのは、織田信長との関係を誤解しているためである。足利義昭と織田信長は永禄十年（一五六七）八月に久秀と同盟を結び（「柳生文書」）、翌年畿内へ侵攻した。この時、久秀は三好三人衆を牽制し、三好政生を木津（木津川市）に引き付けるなど、義昭と信長の上洛作戦を側面から支援した。久秀は義昭・信長に降伏したと一般的に理解されることが多いが、正確には信長と共に義昭の幕府を支えたのである。元亀四年（天正元年、一五七三）に信長が義昭の幕府から離脱すると、義昭方として信長と戦い降伏した。この時にはじめて信長に従属することになったのである。

その後、天正五年に久秀は信長から離反するが、天正年間は信長に服属していた畿内近国の波多野秀治、別所長治、荒木村重、明智光秀も離反している。同時期に、信長は一族の北畠具教や徳川信康、尾張以来の重臣の佐久間信盛や林秀貞、美濃の安藤守就、近江の磯野員昌などを次々と粛清していった。久秀の離反の理由を個人的な資質に求めるのは不可能であり、信長権力の構造的な欠陥から解明するべきであろう。そもそも信長は久通の謀反と認識している（「屋代弘賢氏所蔵文書」）。

久秀悪人説は、江戸時代の幕藩体制が安定、すなわち家格が再度固定化し、家臣団が譜代家臣ばかりとなった段階で、久秀のような新規取立ての家臣を脅威、排除すべき存在としてしか認識できなくなる中で、生まれたのではなかろうか。

長慶による抜擢

松永久秀は「多聞院日記」永禄十一年二月十九日条に「当年六十一歳」とあるので、永正五年（一五〇八）生まれであることが判明する。

久秀の初見は、当時「利長」と称した三好長慶の意を奉じて連歌田を西宮の円福寺・西蓮寺・東禅坊の各連衆に寄進した天文九年（一五四〇）六月十七日付の書状である（「岡本文書」）。この時、長慶は十九歳、久秀は三十三歳であった。

久秀の出身地として最も可能性が高いのが、「陰徳太平記」に記されている摂津国島上郡五百住（よすみ）（高槻市）である。久秀は天文五年（一五三六）に京都の法華宗寺院が六角氏や延暦寺に焼き討ちにされた天文法華の乱で堺に避難した本国寺日助を援助し、日助が天文九年三月十日に三光天子を造立した際に願主となった（「本圀寺年譜」）。同族の松永孫六は丹波の八上城主となったが、その際に本国寺末で五百住にあった妙福寺を「八上山中」に移築したとする（「宝乗山妙福寺縁起」）。この妙福寺は、慶長十六年（一六一一）に八上城が廃城となり篠山城が築城されると、その城下町に移った。本尊の日蓮聖人坐像には「永禄五年壬戌七月吉日、彩色施主　松永孫六郎敬白、開眼導師法印　権大僧都日洞敬白」とあり、松永孫六による移築という縁起を裏付けている。松永氏と法華宗の本国寺、摂津の島上郡五百住との深い関係が窺える。

久秀は、長慶が「範長」と名乗り、天文九年十二月二十七日付で、兵庫津の棰井甚左衛門尉に対して買得地を安堵した判物を発給した際にも、同日付で副状を発給した（「棰井家文書」）。また天文十年代初頭には棰井氏に対して、三好祐長（左衛門尉）も長慶の副状を発給していたが、久秀と祐長が連署状を発給することもあった。久秀が本格的に文書を発給し、阿波以来の家臣団に代わって諸勢力より礼の対象となるのは、天文十八年の江口の戦い以後であった。長慶が晴元に代わり京都を支配するようになると、公家や寺社が長慶に権益の保護や相論の裁許を求める際には、ほとんどが松永久秀か三好長逸を介しておこなわれるようになっていった。久秀が長逸と異なるのは、久秀が滝山城（神戸市中央区）・信貴山城（奈良県生駒郡平群町）・多聞山城（奈良市）の城主になり、摂津下郡や大和など一定の広域支配権を付与されたことである。

前述した通り、久秀が長慶権力を壟断したり、そうした志向を持ったりすることはなかった。むしろ、久秀の権勢を示すのは、三好長慶・三好長逸・三好義興に次いで従四位下に叙任し、長慶・義興

松永久秀作成「玉椿」
（京都市左京区・野村美術館所蔵）

と共に桐紋を拝領するなど、主家と同格に遇されたことである。

久秀は三好実休と同様に茶の数奇としても知られた。大名物である九十九茄子（静嘉堂文庫美術館所蔵）の茶壺や平蜘蛛の茶釜を収集するだけでなく、「玉椿」（野村美術館所蔵）と名付けられた茶杓を、天正三年一月二十二日に自ら作成したと伝えられる。

また、久秀が築城した多聞山城は、その豪壮華麗さでアルメイダや吉田兼右を魅了した。アルメイダは多聞山城を訪問した際、久秀の重臣のキリシタンから「日本中で最良最美の城の一つだから、多聞という城をすべてお目にかけたい」という申し出を受けた（『フロイス日本史』）。多聞山城は久秀が築城に際して家臣団に、城内に家屋を建てるように誘い敷地を分割していた。多聞山城の外観は白壁と黒瓦に統一され、内装は全て杉を使用し、その芳香は「見物に入って来た人々」を喜ばせたという。また、廊下の壁（襖絵か）は、「日本とシナの古い歴史物語を描いたもので飾られ」、柱には塗金や浮彫にされた彫刻が施されていたとアルメイダは書いている。

久秀はこうした多聞山城内の装飾について、年未詳（永禄五年か）十月二十八日付書状の中で、京都の太阿弥に会所や主殿の引手の造作を命じたり、絵師の狩野氏を派遣し絵を描かせたりしている（「柳生文書」）。さらには「落天井」「ちかいたな（違い棚）」「くりの座敷」など、茶室をはじめとする部屋の造作についても指示する一方で、軍事的施設として、井戸の掘削や瓦を葺くことも命じている。多聞山城は久秀の数奇がかなり反映された造りであったようだ。アルメイダは、多聞山城は京都と比較すると全てに優れており、「日本中から多数の殿たちがこれを見物に来る」と締めくくっている。

ただ、久秀の大和支配は決して盤石であった訳ではなく、永禄六年には長慶は松山重治や安宅冬康を松永久秀の援軍として大和へ派遣した。

そうした状況を踏まえると、久秀が長慶に対して専横な振る舞いや謀反を企てられる訳もなく、久秀を下剋上の代表者にみなすかのような多くの逸話は俗説に過ぎないことが明らかである。久秀は長慶の忠実な家臣であり、長慶あっての久秀の権勢であったとしか評価できないであろう。

久秀の家族

久秀の父親は全く不明であるが、母親は動向が確認できる。久秀が既に長慶の重臣として腕を振るっていた弘治二年（一五五六）、東寺は久秀を介して長慶に相論の裁許を求めていた。その中で東寺は相論を円滑に進めるため、様々な指南をおこなう安井宗運と契約していた。宗運は三月五日付の書状で久秀の母親が病で長慶も気にかけていることや堺で療養していることを知ると、薬を調進するため下向し、容態は快方に向かっていると東寺に伝えた（「東寺百合文書」）。

この後も久秀の母親は堺に居住していたが、永禄十一年（一五六八）二月十五日に八十四歳という長寿を全うした（「多聞院日記」）。久秀は永禄十三年に母親の三回忌のため、堺で千部経を催した。なお、母親の出自自体は不明である。

久秀の妻は少なくとも二人はいたことが確認される。一人は「言継卿記」天文二十二年（一五五三）九月四日条に見える「松永女房」で、今村慶満に押領された率分関の返還を訴える山科言継から、久秀への取次を頼まれている。

もう一人は武家伝奏で近衛家の家司でもあった広橋国光の妹の保子である（「言継卿記」「尊卑分脈」「日野一流系図」）。保子は関白一条兼冬に嫁いだが、天文二十三年に兼冬が死去すると久秀に嫁いだ。

彼女たちは久秀とともに芥川山城に居住した（「北野社家日記」弘治三年五月二十日条など）が、保子は永禄七年三月十九日に死去し、四月には奈良で芸能が停止されていることから（「享禄天文之記」）、後には多聞山城で過ごしたのであろう。保子は久秀の主君である三好長慶や義興が深く帰依した大林宗套より「仙渓」の号を授与され、「尽七日香語」（「大林宗套語録」）を、笑嶺宗訢によって「奠湯」（「笑嶺宗訢語録」）がおこなわれる形で、葬礼が営まれた。そして、長慶が亡父元長のために建立した堺の南宗寺の裏に、追善のため久秀によって勝善院が建立された（「大林宗套塔銘」）。久秀は妻の保子を主家並の待遇で弔っており、妻への深い愛情が読み取れよう。

ところで、元亀元年（一五七〇）から翌年にかけておこった興福寺大乗院門跡の所領をめぐる相論の中で、関白二条晴良の妻は「松もし女中」（「尋憲記」）では他に「城州内方」「城州女房」「久秀女中」とも記載）に、相論の調停にあたっている久秀に謝意を述べる書状を送っている。この「松もし女中」が先に見た「松永女房」であるのか、あるいは全く別の女性かは不明であるが、公家社会に顔が利き、久秀に対しても政治的影響力を持つ女性であったことがわかる。

久秀の子として確認できるのは、久通のみである。久通は永禄六年閏十二月に家督を譲られ、仮名を彦六と名乗っていたが、従五位下右衛門佐に任官し、実名を久通と名乗った。永禄八年五月に将軍義輝より偏諱を受けて義久と改名したが（『言継卿記』）、義輝を討つと久通に戻した。天正三年（一五七五）には、かつて人質であった大和国人の十市遠勝の娘おなへを妻とした。

久秀のブレーン

松永久秀個人にいくら能力があっても、一人で膨大な政務を処理することはできない。しかし、五百住の中小国人に過ぎない久秀には、手足となってくれる譜代家臣などおらず、新たに家臣を取り立て、作り上げていく必要があった。

久秀が滝山城主の時代から見える家臣が、竹内秀勝（加兵衛尉→下総守）である。秀勝は公家の久我家の家司で久我荘預所でもあり、官位も正三位に昇った竹内季治の弟であった。後に久秀の娘は季治の子長治に嫁いでいる。秀勝もまた京都近郊荘園を経営する実務能力や公家社会への人脈が、久秀に期待されていたであろう。

もう一人、滝山城主時代から久秀に近侍した人物に楠正虎（河内守、道二→長諳）がいる。正虎は楠木正成の末裔と称し、飯尾流の能筆家であったことから、天正年間には織田信長や豊臣秀吉の右筆となり、後陽成天皇には習字の手本を献上した。正虎は永禄二年に久秀による正親町天皇への奏上などにより、正成以来の朝敵という汚名を免ぜられた。

久秀が多聞山城に移ると、新たに多くの人材が久秀の下に集った。フロイスは「位階や門閥においては彼を凌駕する多くの高貴な人たちが彼に奉仕していた」と記し、「学問および交霊術において著名であり、偉大な剣術家で、書状をしたためたり、添削することにかけて有能であり、日本の学問の程度に応じた天文学にはなはだ通暁していた」結城忠正（山城守、進斎、アンリケ）や、「和漢の諸学に秀でていたので、内裏は彼を自らの師に選んだほどであった」清原枝賢の名を挙げている（「フロイス日本史」）。

結城忠正は元々、幕府の奉公衆であったが、義輝が長慶に京都を追放された頃から、親三好派の政所執事の伊勢貞孝の使者として三好氏と交渉したり、長慶支配下の京都で室町頭南半町より禁裏修理用脚を徴収したりするなどしていた。久秀との関係では、しばしば朝廷との取次となったり、後には織田信長との交渉を担ったりしている（「柳生文書」）。

清原枝賢は、儒教の教典を講究する明経道を家学とする明経博士であった。また、名儒として有名な祖父の宣賢は神道家の吉田兼倶の実子であり、宣賢には、枝賢の父業賢、吉田家を継いだ兼右、細川幽斎の母である智慶院などの子供がいた。このため、枝賢は儒教だけではなく、神道や国文学、漢詩、更には幕府法にも通じており、深い知識があった。そこで久秀は滝山城や芥川山城に枝賢を招き、「中庸」や「古文孝経」などの講義を受けていた。

多聞山城に集住した久秀の側近同士の交流を物語る史料に、慶應義塾大学図書館所蔵「天文版論語」がある。「天文版論語」とは、天文二年（一五三三）に堺の豪商である野遠屋阿佐井野氏が、京都に住む清原宣賢に出版を勧め刊行された印刷物である。その版木は南宗寺の所蔵となり、大正年間まで使用されたが、第二次世界大戦により焼失したとされる。中でも慶應義塾大学図書館に所蔵される「天文版論語」は、清原枝賢によって記された巻末識語によって伝来過程が明らかになる。すなわち、枝賢が註を付して楠氏に講じたこと、楠氏は枝賢にとって兄弟とも言うべき親密な関係にあること、後に楠正種が妙覚寺の日奥に譲ったことがわかる。楠正虎は「建武式目」の写本を作成するほどの教養人であるので、その一族である正種も枝賢と深い交友関係を結んだのであろう。「天文版論語」が堺で刊行された印刷物であることを踏まえると、久秀の他の側近たちも枝賢から講義を受け、「天文版論語」を所有していたのではなかろうか。

武の側面における交流を示す史料としては、「柳生連也（厳包）自筆相伝書」がある。柳生厳包は新陰流の剣術を完成させ、尾張藩主徳川義直（家康の九男）に伝授した人物で、厳包の子孫は尾張藩兵法指南役となる。この史料には、厳包の父柳生利厳はその祖父宗厳から口伝されたこととして、結城忠正から「シュリ・シュリケン」を学んだが、これは上泉信綱から学んだ太刀使いにはなかったものであると書かれている。忠正はフロイスが評した通り、「偉大な剣術家」でもあったのだ。柳生新陰流が形成される背景には、松永久秀に仕えた結城忠正と柳生宗厳の交流があった。

このような久秀の側近は、久秀の主君三好長慶と将軍足利義輝の戦いにも大きな影響を与えていた。義輝の権威を失墜させた永禄改元にあたって、三好方へ朝廷からの返書を届けたのは清原枝賢であったし、「太平記」において足利氏を七度生まれ変わって討つことを誓った楠木正成の名誉を回復したのが楠正虎である。失敗したが永禄七年に三好方の改元の意向を朝廷に取り次いだのは、久秀の義兄広橋国光である。そして、長慶の死後に三好義継と松永久通が将軍義輝を討った際には、清原枝賢が久通の軍勢に従軍している。枝賢が久通に軍事的奉公をするとは考えられないので、儒学に基づく易姓革命の思想で、義輝の殺害を正当化しようとしたのであろう。

久秀の側近は三好氏が足利氏を相対化していく動向を踏まえ、「倒幕」の思想的背景を調えていった。彼らは久秀だけでなく、久秀を介して長慶の頭脳としての役割を果したからこそ、久秀は長慶に重用され、権勢を振るいえたのであろう。

久秀の家臣

松永久秀の家臣として文書を発給や受給し、久秀権力の執行にあたった中には、次のような者がいる。

まず、久秀が滝山城主の時代には、先に挙げた竹内秀勝や楠正虎の他に、赤木兵部丞、赤塚家清（弥三郎、山城守）、四手井家保（左衛門尉、伊賀守、美作守）、重見道隆（宗雲、摠雲）、中村高続（美濃守）がいる。文書は発給しなかったが、本庄加賀守は自治都市平野（大阪市平野区）の代官となり、妙蔵寺、本庄孫三郎、加成通綱（孫三郎）は滝山城に居住し、久秀への取次をおこなった。

次に久秀が多聞山城主の時代の家臣には、水尾賢能（和泉守）、大喜多清（兵庫助）、喜多重政（土佐守）、瓦林秀重（左馬允）、勝雲斎周椿（しょううんさいしゅうちん）、塩治慶定（壱岐守）、半竹軒、中坊藤松（英祐→秀祐、飛驒守）、渡辺重（出雲守）、河合元継（与右衛門尉）、河那部高安（主水佑→伊豆守秀安）、松田一兵衛尉、海老名家秀（石見守）、松岡秀孝（左近丞）がいる。

また、滝山城の在番衆として、喜多定行（久右衛門尉）、松永秀□（彦一）、柴石方吉（豊後守）、戸伏頼在（備後守）、松山広勝がいた。信貴山城の在番衆には、山口秀勝、岡勝家（大介）、宮部与介、加藤某、鳴森吉久（与三兵衛尉）、山崎久家がいた。

なお、長慶の死後の永禄末年から元亀年間には、四手井家武（下野守）、好岡大炊頭、日野紀伊守、林通勝（若狭守）、津越満任（伯耆守）、佐喜宮道長（肥前守か）、横□勝長（勘左衛門か）、金□秀政（甲斐守）、立入弘□（勘介）、奥田勘兵衛、佐□辰親（但馬守）、入江志摩守が見られる。

彼らの出自や基盤をまとめておこう。

山城国―乙訓郡久我庄（竹内氏）、乙訓郡小塩荘（四手井氏）、葛野郡松尾（大喜多氏）、紀伊郡深草郷（赤塚氏）、紀伊郡竹田（奥田氏）、宇治郡木幡（赤塚氏）、宇治郡石田・小栗栖（赤塚氏、四手井氏）、宇治郡厨子奥村（四手井氏、海老名氏）、宇治郡東野村（海老名氏）、宇治郡醍醐惣庄（重見氏）、綴喜郡宇治田原（山口氏）、相楽郡加茂郷か（津越氏）
摂津国―西成郡渡辺（渡辺氏）、武庫郡瓦林（瓦林氏）、島上郡高槻（入江氏）、島下郡水尾（水尾氏）、島下郡戸伏（戸伏氏）
大和国―山辺郡か（津越氏）、添上郡（佐喜宮氏）、不明（喜多氏、中坊氏）
伊勢国―飯高郡大平生庄（好岡氏）

久秀の家臣団の出身地は、首都京都の近郊、特に京都から伏見を経て奈良へ至る街道筋や山科に集中していた。逆に三好氏の本国であった阿波を出身とする家臣がいない。これは、久秀自身が三好氏の譜代家臣ではなく、長慶が京都や越水を拠点に活動した頃に登用されたためであろう。また、久秀の出身地の島上郡五百住周辺には、入江氏以外に登用された者がおらず、久秀の妻の実家である公家の広橋家からの登用も確認できない。

登用の契機は主に三つある。一つ目は、主君の三好長慶の家臣が、後に久秀の家臣になる事例である。竹内秀勝は長慶の家臣で沢上江（かすがえ）（大阪市都島区）の代官であったが、兄の季治が久我家と長慶の双方に仕えていた所縁により、長慶に仕えたのであろう。相論裁許の際に長慶の上使を務めた中村高続や、長慶の連歌会に何度も出席した半竹軒も、後に久秀の家臣となっている。塩治慶定も「慶」の字から、元は長慶の家臣であった可能性がある。また、竹内氏と同様に、加成氏は友綱と光長が長慶に、通綱は久秀に仕えており、瓦林氏も長房が三好義継に、秀重が久秀にと、一族で長慶と久秀の双方に仕えている。久秀の家臣団は、長慶の家臣団と密接に関係しながら形成されてきたのである。

二つ目は、松永氏自身の所領から、村落上層を登用する事例である。山科七郷は久秀の弟である内藤宗勝の知行となったが、山科の村々に基盤を置く四手井氏や海老名氏が、久秀に登用されている。彼らが宗勝に仕えた形跡がなく、山科は早い段階で宗勝から久秀に譲られたのであろう。山科の四手井家保と深草の赤塚家清は、久秀より山科の内に知行を宛行われていた。また、四手井家保、海老名家秀、赤塚家清は、それぞれ山科から深草にかけて所領も近く、「家」をそれぞれ実名に用いていることから、同じ村落上層として縁戚関係に基づく一揆を形成していたのであろう。

三つ目は、大和において、元々筒井派であった国人を登用する事例である。大和では国人を二分する筒井氏と越智氏の対立関係が存在していたが、久秀に積極的に味方し登用されたのは、越智派の国人よりもむしろ、喜多重政や中坊秀祐など、そもそもは筒井派を構成していた国人であった。

久秀家臣団のうち、特に京都近郊に拠点を置く者は、竹内氏は久我荘、四手井氏は小塩荘と荘園代官を務め、竹内秀勝は久我家、楠正虎は山科家、山口氏は葉室家と公家社会とも関係を持っており、実務能力を有していた。また、赤木氏は細川晴国の奉行人を務め、赤塚氏や海老名氏、松田氏、山口氏などは幕臣を出した一族であった。四手井氏、海老名氏、赤塚氏は一揆を形成するなど、地域社会の中にも基盤を有していた。こうした要素が、久秀が彼らを登用した背景にあった。

多様な出身地、出自から構成される家臣団を、統一的に編成しようとする試みも見える。それは久秀による偏諱の授与である。河那部高安が秀安と改名していることが最も明確な事例であるが、久秀の「秀」を実名に用いる家臣団は、金□秀正、瓦林秀重、竹内秀勝、中坊秀祐、松岡秀孝、山口秀勝など多い。

弟の長頼＝内藤宗勝

松永久秀の弟の長頼は、丹波守護代家である内藤家を事実上継承し、内藤宗勝と名乗った。その名は「松永甚介長頼（天文十八年十月）」→「松永宗勝（弘治二年六月）」→「松永蓬雲軒宗勝（永禄元年六月）」→「内藤蓬雲軒宗勝（永禄二年六月）」→「内藤備前守宗勝（永禄五年八月）」と変遷した。

丹波は代々、細川京兆家が守護職を、船井郡八木城に本拠をおく内藤氏が守護代職を世襲する国であった。しかし、大永六年（一五二六）に多紀郡八上城の波多野元清・秀忠親子が細川高国から離反し、細川晴元と結んで勢力を伸ばしていった。こうした流れが変わったのが天文十五年（一五四六）で、内藤国貞が細川氏綱と結ぶ一方、この頃に波多野秀忠が死去し元秀に代替わりした。その後、三好長慶が晴元から離反し氏綱を擁したことで、長慶と国貞は同盟関係となり、松永長頼が国貞の娘婿となったのである。

天文二十二年（一五五三）九月、松永久秀・長頼兄弟が波多野氏を攻撃したが敗北し、内藤国貞が戦死するという事態が発生した。そこで、長頼と国貞の娘の子である千勝（備前守貞勝）が内藤家の家督を継ぎ、長頼が八木城に在城し、その後見となった。

長頼改め宗勝は弘治二年六月二十七日には船井郡の北野社領の代官職を獲得し（「北野社家日記」）、翌年には丹波口郡（丹波の東半分、桑田郡、船井郡、多紀郡）から丹波奥郡（丹波の西半分、氷上郡、天田郡、何鹿郡）に進出し、一月二十六日付で安国寺（綾部市）に禁制を発給した。宗勝は永禄二年（一五五九）には波多野秀親や次郎を服属させ、この頃に松永孫六を八上城に入れた。和泉と同様に、丹波でも晴元方に属した波多野氏を包摂し、その居城を支配下に治めることに成功した。

さらに、永禄三年には若狭へ侵攻し、九月には丹後の金剛心院（宮津市）に木札の禁制を発給している。日本海方面への進出に力を尽くしたが、翌年には越前の朝倉氏の援軍を得た若狭武田氏に敗れ、丹波に撤兵した。

長慶は多紀郡の大芋一族中に「宗勝に対して馳走」することを命じており（「丹波志所収大芋庄福井村藤井三左衛門家所蔵文書」）、内藤宗勝の丹波国人に対する軍事指揮権を保障した。

4　三好三人衆

長慶を支えた長老・長逸

三好長逸は松永久秀と並ぶ双璧として三好長慶を支えた。父親は、従来「細川両家記」の傍注などから、三好之長の四男長則の子とされてきた。しかし、京都大学総合博物館所蔵の「三好長光画像（模本）」では三好氏の家紋である三階菱に釘抜の肩衣を着し、三好長逸の賛が記されている（「為孝子長逸朝臣賛」）ことから、長逸は之長の三男長光の子であったと考えられる。なお、「長逸」は「言継卿記」永禄九年（一五六六）十一月十一日条の振り仮名から「ながやす」と読むことがわかる。また「兼右卿記」天文二十年（一五五一）十一月二十日条から、生年は永正十三年（一五一六）である。名と官途は、「日向守長縁（天文十九年一月）」→「日向守長逸（弘治二年五月）」→「宗功（永禄十二年一月）」→「北斎宗功（元亀元年六月）」と変化する。

長逸の母親は「玉屋妙珍大膳定尼」で天文十九年十月六日に死去した（「如意寺過去帳」）。息子には天文二十年（一五五一）九月に死去した長虎と、天正元年（一五七三）まで生きた生長がいる。

三好長逸は、畿内で長慶を支えた三好一族の長老であった。長慶は十八歳までに両親を亡くしており、三好連盛は天文八年（一五三九）に失脚し、三好政長とは敵対関係にあった。また縁戚のはずの芥河孫十郎は謀反を繰り返すなど、長慶にとって頼れる一族は長逸しかいなかったのである。長逸もまた長慶に政務や相論を取り次ぐだけでなく、播磨攻めなどを指揮した。

長逸の地位を示す一つの指標として、三好方で従四位下を与えられた時期を「歴名土代」で確認すると、三好長慶（天文二十三年三月）、三好長逸（永禄三年九月十五日）、三好義興（永禄四年一月二十八日）、松永久秀（永禄四年二月四日）となる。つまり長逸は長慶に次いで二番目、久秀より先に従四位下になっており、その地位は久秀にひけを取るものではなかった。

三好長逸の活動範囲も長慶直轄の山城や摂津だけに留まらない。丹波の川勝氏に所領を安堵したり（「記録御用所本古文書所収川勝家文書」）、河内の道明寺（藤井寺市）の寺領安堵に関して久秀から相談を受けたり（「道明寺天満宮文書」）、大和の向井氏らに御室領三碓（みつがらす）庄（奈良市）の年貢進納を命じるなど（「仁和寺文書」）、文書の発給は畿内の三好氏領国全域に及んでいた。三好氏は評定衆のような合議機関は持たなかったが、阿波の在地領主連合の性格を払拭した後、全ての裁許や訴訟の取次を管掌する松永久秀と三好長逸が、長慶権力全般を運営する体制をつくりあげていった。

そのため、相論裁許の際に長逸自身への取次をおこなったり、文書を発給したりする家臣団が形成される。家臣として明らかな者に、坂東信秀（後に季秀→季頼、大炊助）、若槻光保（隠岐守）、竹鼻清範（対馬守）、江戸備中守がいる。若槻光保は細川高国・氏綱系に仕えた若槻氏の一族であろう。竹鼻氏は上賀茂社家町に竹ヶ鼻町の地名があるので、賀茂別雷神社に関わる相論を契機に家臣化した可能性が高い。

長逸は三好義継が足利義輝を討った二日後の永禄八年（一五六五）五月二十一日に参内し、正親町天皇より小御所の庭で酒を下賜されるなど（「言継卿記」）、長慶死後も三好氏を代表する地位にあった。また、三好三人衆で唯一キリスト教に理解を示し、フロイスからは「生来善良な人であり教会の友人」と評された。

三好政生＝釣閑斎宗渭

三好政生は長慶の死後、三好長逸と共に三好三人衆を構成した人物である。政生の名と官途は、「右衛門大輔政勝（天文十七年三月）」→「右衛門大輔政生」→「散位政生（弘治二年八月）」→「下野守政生（永禄元年六月）」→「下野入道宗渭（永禄八年三月）」→「釣閑斎宗渭（永禄八年十月）」と変化する。政生の実名は「細川両家記」の記載より「政康」と考えられてきたが、管見の限り「政康」と記された一次史料はなく、数ある系図のうちでも「系図纂要」しか採用していない。「政康」は「細川両家記」の誤植から一般的に認識されるようになったといえる。

政生の祖父は三好之長の弟長尚（越後守）で、長尚には長久（新五郎）、長家（左衛門佐）、政長（神五郎、半隠軒宗三）の三人の兄弟がいた。之長の時代には、長尚は長久・長家と共に兄をよく補佐していた。しかし、元長・長慶親子の時代になると、政生の父である政長と共に細川晴元の側近や取次となって、元長や長慶に対抗して権勢を振るった。政生の弟には一任斎為三（いっとうさいいさ）（「狩野亭吉氏蒐集文書」）がおり、妹は摂津国人の池田信正に嫁いでいる。

政生は父政長が長慶に討たれた江口の戦い以後、丹波を拠点に香西元成と共に反長慶の旗頭として、度々洛北を脅かした。しかし、永禄元年（一五五八）九月になると突如、長慶の家臣の石成友通と行動を共にしており（「兼右卿記」）、長慶に服属した。このことが転機となり、何度も長慶方の攻撃を退けてきた波多野氏の八上城が翌年落城した。

永禄三年の畠山氏との戦いでは、長慶方の部将として従い、七月七日付で河州石川郡富田林道場に禁制を発給した（「興正寺文書」）。政生は長慶存命中、ほとんど文書を発給していないが、長慶の死後に三好三人衆が結成されると、長逸や友通と連署状を発給するようになった。この頃には宗渭と称している。長慶の死が出家の契機となったのであろう。足利義昭・織田信長の畿内進攻にあたっては、信長と松永久秀の連携を遮断するため、木津（木津川市）を守った。そして、永禄十二年（一五六九）五月三日に阿波で死去し（「二条宴乗記」）、その跡は弟の為三が継いだ。

為三は元亀争乱の中で足利義昭・織田信長に降り、豊臣秀吉、次いで徳川秀忠に仕えた。関ヶ原の戦いに際しては、秀忠と共に信州真田攻めに加わっている（「記録御用所本古文書所収三好家文書」）。なお、政生と為三の兄弟は講談「真田十勇士」の「三好清海・為三兄弟」のモデルとされているが、大坂の陣の頃には、政生は既に死去し、為三やその子因幡守は徳川秀忠の家臣となっていた。

政生の父政長は名物茶器を収集し「大名茶湯」を志向したが、死後、その名物茶器は政生に引き継がれず散逸してしまった。しかし、政生は茶湯に対する精神を継承し、「侘数奇」を志向していく。その過程で、千利休と茶器の目利きや口切の茶事などについて書状を交わし、交流を深めていった。また、刀剣の目利者としても名を残している。

石成友通

三好三人衆のうち、唯一三好一族ではないのは、石成友通である。その出自は不明な点が多いが、三好氏と石成氏との関連を窺わせる次の史料がある。

狛分の内正覚院分の儀、先年の如く岩成方に仰せ付けられ候の間、急度入部あるべきの由候の条、其御心得をなされ、寺家中に御披露あるべく候、御案内のため申し入れ候、恐々謹言、

塩田若狭守

十二月十日　　胤光（花押）

東寺

年預

御同宿中

（「東寺百合文書」）

発給者の塩田胤光とは三好長慶の父元長の重臣で、発給は享禄年間（一五二八～一五三二）と考えられる。山城国において狛分のうち正覚院分を、元長が石成氏に与え、その石成氏の入部を塩田胤光が東寺に通知している。「下司岩成」が西九条（京都市南区）を押領したことが、永正十三年（一五一六）五月十八日付の室町幕府奉行人連署奉書から判明するので（「東寺百合文書」）、石成氏は三好氏が阿波から連れてきたのではなく、畿内で東寺の荘園代官を務めていたようだ。

石成友通は、友通自身の発給文書では「石成」、他者が友通のことを記す場合は「岩成」と記されることが多い。名と官途の変遷は、「主税助友通（天文十九年十二月）」→「主税助長信（元亀元年六月）」である。長慶の家臣として石成友通が現れるのは、天文十九年（一五五〇）年十二月五日に北野社の大工職の相論において、弁慶次郎左衛門について照会を受け回答しているのが初見である（「佛教大学図書館所蔵文書」）。天文二十年十一月二十一日には津田宗達の茶会に出席した（「天王寺屋津田宗達茶湯日記自会記」）。友通は長慶への取次をおこない（「北野天満宮所蔵天文二十二年目代秀世諸色帳」）、松永久秀や藤岡直綱らと共に芥川山城に詰めていた（「北野社家日記」）。また寺町通以・米村治清・北瓦長盛とともに、三島江・柱本（高槻市）の堤に関する連署状を発給するなど、奉行衆として活動した（「葉間家文書」）。

永禄元年（一五五八）より一軍を率いて足利義輝と戦うなど、軍事的な役割も担うようになり、永禄二年の大和攻め、永禄五年の教興寺の戦いでも戦功を立てた。永禄年間には、長慶の許を離れ多聞山城に移った松永久秀に代わり三好義興に近侍し、両者の間を取り次いだ（「柳生文書」）。永禄九年には勝龍寺城（長岡京市）に入り、西岡地域（長岡京市、向日市、京都市西京区）の支配にあたった。

三好三人衆の成立は長慶の死後であり、基本的な役割は若年の三好義継の補佐であった。それ故に多聞山城主として義継に近侍できない場合がある松永久通は外れたのであろう。では、どうして三好長逸、三好宗渭（政生）、石成友通が選ばれたのか。長逸は長慶の下で松永久秀と共に政務を担った一族の長老である。また、石成友通は松永久秀と同様に、畿内で新たに長慶に取り立てられた家臣団の代表格である。三好宗渭は永禄元年以降に長慶に服属した旧細川晴元の家臣団を代表している。すなわち、三好三人衆は長慶家臣団の構成が反映された結果と言える。

長慶家臣団の特徴

以上のようにみてくると、長慶家臣団の特徴は松永久秀と石成友通であろう。彼らは細川氏段階ではほとんど活動が見えない中小国人であったが、三好長慶に取り立てられ、行政官僚として頭角を表すと、やがて一軍を任されて戦功を立て、さらに一定の広域支配や政策の決定に携わっていった。長慶権力内における人材登用の一つのあり方を示すといえよう。

久秀や友通がいかに有能な人材であっても、当初はその腕を振るうことに周囲の人々が納得できる身分や家格を持たず、実力行使に及べるだけの自前の家臣や城・領地もなかった。しかし、長慶は阿波以来の譜代家臣だけで家臣団上層を形成することなく、彼らを積極的に登用していった。その際、阿波譜代の家を継がせたり、姓を改めさせたりすることはなかった。

他の戦国大名、例えば上杉景勝は、樋口兼続を登用していくに際して、直江家という上杉家重臣の家格や家臣団・城・領地を備える家を継承させた。北条氏綱も、櫛間綱成に北条姓や偏諱を与えた。徳川家康の家臣団でも三河譜代が重視された。三河譜代並に出世した井伊直政は、遠江の井伊谷に独自の家臣団と領地を持つ領主であった。金山開発などに才能を発揮した大久保長安は元々大蔵姓であったが、三河譜代の大久保忠隣の与力となり大久保姓を名乗っている。戦国時代であっても、家臣団内部には顕然とした家格が存在していたのだ。

様々な人材を登用した織田信長は、天正三年（一五七五）七月三日に一斉に家臣たちの官位を進め、特に明智光秀に惟任姓、梁田広正に別喜姓、丹羽長秀に惟住姓、塙直政に原田姓を賜った。これも、彼らの出世が従来の織田家臣団の家格秩序と齟齬をきたすことになったため、九州の名族の姓を新たな秩序として導入したといえよう。羽柴秀吉もまた木下姓のまま出世していくことはできなかった。

こうした例を踏まえると、長慶の家臣団登用のあり方がいかに異例であったかわかる。長慶は足利将軍家を頂点におく家格秩序を常識とする全国の大名や公家の反発と戦いながら、三好家自体の家格上昇を図ると共に、三好本宗家の家臣団編成にあたっても、従来の家格秩序にとらわれることなく、久秀や友通らを新たに採用し登用していったのである。

第五章　領国の統治

1　村落の支配

三好氏の検地

天文十八年（一五四九）の江口の戦いで、細川晴元や三好政長を破った三好長慶は、摂津欠郡の支配を開始する。その際、渡辺・難波・津村（大阪市）を領した渡辺氏を家臣化していく。

渡辺千満方本知の龍安寺分の事、早々に指出を調進すべし、もし遅々においては曲事たるべく候、委細千満代が申し付け候、謹言、

（天文十九年）後五月廿一日　　三好長慶

渡辺所々散在名主百姓中

（「渡辺文書」）

長慶は、渡辺庄の名主百姓中に渡辺千満が知行する龍安寺領の指出を、早急に提出するよう命じた。長慶は指出検地による土地の掌握をおこなうとともに、渡辺氏にこれを安堵することで、渡辺氏を家臣団に編成することを目指したのであろう。

また、山城では伊勢氏が知行する東寺領に関して、十河一存が指出を命じているので、十河重吉が高田為房に執行するよう伝えている（「東寺百合文書」）。なんらかの相論があり、その裁許のため提出を求めたのであろう。

永禄五年（一五六二）八月十日には、勧修寺郷惣代密乗院分と西林院分の指出帳案がそれぞれ作成された（「勧修寺文書」）。これは松永久秀家臣の楠正虎と喜多左衛門尉の奉行中に宛てられたもので、細川氏綱が欠所する旨を久秀に伝えたところ、十一か郷は久秀の持ち分であるので、久秀に賜るべきだと返事し、この指出案が作成された。「門口大　小升　壱斗五升　中新衛門」というように、小字、面積、升の種類、年貢高、耕作人が記されたが、総数は五石程度で、小規模な検地に過ぎなかった

永禄七年一月五日には、三好長慶の奉行人である長松軒淳世から法隆寺年会御坊に宛てた書状が発給された。河内の弓削庄（八尾市）の公用米について松永久秀と野間長久が争っていたので、「在々所々指出等」を徴して調べ、久秀を勝訴とした（「法隆寺文書」）。

また、大和では松永久秀が、筒井郷番条知行分の反銭を一乗院の奉行一﨟に与えるので、庄屋の孫四郎へ「田数指出」を提出するよう命じている（「一乗院文書」）。

このように、三好氏がおこなった検地はほとんどが指出検地で、それぞれ相論を裁許する際の証拠とするために徴したものであった。三好氏は一国規模の一斉検地はおこなっていなかったようだ。ただ、渡辺氏の事例にみるように、家臣団編成にあたって、指出検地をおこなうこともあった。また、一定程度、家臣団の所領を把握していたことを示す史料がある。

御折紙拝見せしめ候、仍って榎並給人方の事、御違乱を止めらるるの由、然るべく存じ候、長慶内証の様体咲止に存じ、御心中とも存ぜず候つれども、各御意を得んがため申し候き、然らば給人方田地の事、其の隠れあるべからず候、さりながら御不審の事候はば、給人衆の帳を御覧あるべく候、尚寿清へ申し渡し候の間、一二あたわず候、恐々謹言、

（天文二十一年）九月十四日　　松弾　久秀（花押）

（菅若狭守）菅若

（「双柏文庫所蔵文書」）

これは、三好長慶が摂津の榎並に配置した給人について、次弟の安宅冬康の家臣から違乱があった

事件に関する史料である。松永久秀は冬康の重臣の菅若狭守に対して、「安宅方が違乱を取り締まってくれて安堵した。長慶も内心困っていたと思う。長慶がどのような解決を考えていたかわからないが、安宅方が長慶の意を察して違乱の停止を命じた。すなわち、長慶方の給人の所領であることは明白となった。しかしながら、さらに田地の帰属について不審な点があれば、『給人衆の帳』をご覧になり確認して欲しい」と記している。

すなわち、長慶は家臣らの知行する所領などを記した帳面を作成し、組織的な家臣団編成を志向していたのである。

今井用水相論

三好氏の村落支配の志向を、村落間で起こった用益相論の中から検討しておこう。

長慶が義輝を近江朽木に追放し、京都および山城支配が本格化し始めたころ、京都近郊の山城国乙訓郡で今井用水をめぐる相論が発生した。この今井用水相論は、三好氏の村落間相論に対する裁許の過程が判明する数少ない事例である（「正木彰家文書」「能勢久嗣家文書」）。

小畑川から取水される今井用水は、右岸の井ノ内村（長岡京市）を貫通し、その南隣の今里村（長岡京市）に至る用水である。川の左岸には、上植野村（向日市）が位置している。天文二十二年（一五五三）、確認できる最初の用水相論がおこった。この時は近隣の西岡の国人である野田光政・八田兼政・調子武吉と、細川信良家臣の茨木長吉の仲裁により六月十五日に落着した。

しかし、翌年五月に相論が再発した。長慶は今すぐ糺明できないので前年の仲裁案で処理するように、氏綱家臣の多羅尾綱知に命じた。長慶の意を受けた西岡の国人や綱知は仲裁にあたったが、双方の村は納得せず、長慶の裁許を求めていた。このため西岡の国人や綱知は、仲裁案が受け入れられないのは自分たちの不手際ではないと両村を非難し、長慶自身から前年の仲裁案を命じるべきだと報告した。報告を受けた長慶は、裁許したいが今年は前年の仲裁案を申し付ける、と「今里郷惣中」に命じている。また、この相論の取次を担当した三好長逸は、長慶の対応を綱知に知らせ、無事に処理するよう命じた。

ところが、こうした仲裁による処理の方針は六月に変更された。十四日に、長慶は今里郷の能勢光頼へ「城山（芥川山城）」への登城を命じたのである。能勢光頼は六月十六日に次のように主張する。

手日記

上野（植）と今里水路の御意につき申し結ぶ条々

一、今里今井の井手床の事、真口の字蕪木と云う、然にかふらき（蕪木）より向日宮参坂を見通し相定め候、洪水によって川の瀬相替えるについては、蕪木より井の内中島の井手三段目下迄、水便を見かけ掘り取り候、蕪木より中島井手の間、井内が支配領たるといえども、用水の儀、今里より一円進退仕り候、先規より筋目かくの如きの次第に候、

一、上上野（植）より今里今井水路の儀、彼在所秋田・長井数代存知の時も申し結ぶ事はこれなき処、去年始めて水路競望の段申し掛けられ候、然る処に国の面々罷り出で申し曖（あつか）われ、無事に相果て候、各今里に対し懇望を申され候、一札これあり、

一、上上(植)野より井内の京道を差し越し、川筋を掘り取り候事、先規よりこれ無きの事に候、御不審においては隣郷へ御尋なさるべく候、其段隠れあるべからず候、

一、今度長慶、一札をもって去年の如く申し噯うべき旨、多羅尾(綱知)方へ仰せ越され候間、去年噯衆相談せられ、種々申され候といえども、上上(植)野承引なく候、然る時は長慶の御一札に一度違背の段は紛れなく候、

一、此の条々猶もって御不審においては、国へ御尋なさるべく候、此方の申し分聊もって曲事にあらざるなく候、

(「正木彰家文書」)

秋田氏・長井氏が上植野を知行していた時には相論になるような違乱はなかったが、上植野は先規を無視して、井内の京道を越えて小畑川より溝を掘り取るという実力行使に出た、と能勢光頼は主張した。そして、長慶が前年の通りと命じ、「噯衆」が仲裁したのに、上植野方がそれを拒否したのは、長慶の命に背く行為であると非難し、今里方の主張に不審な点があれば、「隣郷」や「国」に尋ねるようにと求めている。

こうした当事者からの事情聴取は、上植野方にも同時におこなわれたと思われる。六月十七日に上植野方申次として藤岡直綱、今里方申次として高柳治部丞、それに検使の和久房次が、実況検分のために小畑川へ赴いた。房次はその日のうちに、両郷の絵図や隣郷である「井内百姓」の証言を確認し、

上植野方の違乱が判明したことを長慶に報告した。そして、六月十八日に、長慶は「今里郷惣中」に対して、勝訴の裁許状を下したのである。

要するに、用水相論の原因は、西岡では長享元年（一四八七）に成立した国人連合である「国」による調停機能が崩壊したことにあった。氏綱の家臣による仲裁は、この国人連合を頼りにしていたため、双方の村に受け入れられなかった。その結果、双方の村は氏綱による保障ではなく、長慶による裁許を求めたのであった。

長慶の裁許方針

長慶の裁許にはいくつかの特徴がみられる。一つ目は、後述する芥川用水相論や六甲山地の山論においても同様に、検使の実況検分がおこなわれ、その結果が裁許に直接的な影響を与えたことである。

訴論人についた申次や上使、実況検分をおこなった検使の性格に関しては、東寺寺僧と公文所浄忠の相論において、上使として公文所を担当していた中村高続が更迭され、狩野宣政に交代した際、公文所は宣政に対して不信を表明するが、宣政は事の有り様を究明することが役目であり、疎かにすると長慶に罷免されると返答した事例がある（「東寺百合文書」）。つまり長慶は上使や検使の不正を取り締まり、真相解明を第一とすることで、裁判の公平さを表明した。

二つ目は、裁許の対象が国人から村落共同体へ移行しつつあったことである。長慶が派遣した申次や検使は、「国の面々」と表される西岡の国人たちの意見を聴取せず、井ノ内村の百姓を召出し、その証言を裁許の決定的な証拠とした。また、長慶は前年の仲裁案を指示した書状や裁許状を、「今里郷惣中」宛に発給している。

三好氏は、今里郷だけでなく芥川用水相論の郡家や、摂津国島上郡南部の堤を管理した三ヶ牧や三島江、柱本に対しても「惣中」宛に文書を発給した。それらは京都の荘園領主ではなく、庄屋の家や村の共有文書として、在地において永続的に保管されるようになった。こうした村落共同体宛で在地の村に保管された文書は、西岡では慶長末年や元和初年に江戸幕府の京都所司代が発給するまでない。すなわち、三好氏は意図的に地縁的共同体に文書を発給して支配対象に認定することで、より実効的に村を支配しようとしていた。

三つ目は、三好氏が用水など広域的な用益問題に関心を払い、直接管掌するようになったことである。前述した摂津国島上郡の南部は、淀川・芥川・玉川に囲まれた低湿地帯で水害に悩まされていたため、十五世紀初頭に唐崎・西面・柱本・鳥養から島下郡の吹田にかけて大規模な堤が築かれた。そして、各村にも水害防止のための堤が設けられ、十六世紀初頭には三島江村の奥田氏、柱本村の柱本氏、鳥養村の鳥養氏といった国人らによる堤の共同管理がおこなわれた。ところが、年未詳六月三日付で、「上孫左」なる人物と「三島江・柱本惣中」に対し、長慶の奉行人の寺町通以・米村治清・北瓦長盛・石成友通が発給した連署状によると、寺町らは「堤足の島」について報告を受け、長慶に披露したところ、上使を派遣して有様を申し付けると伝えている（「葉間家文書」）。同じく、鳥養宗慶は、堤を早く修築するようにという長慶の催促を「三ヶ牧惣中」に伝えた（「葉間家文書」）。

このように三好氏は、国人連合が共同管理していた治水問題を、領国支配上の問題として管掌することで、自らを新たな公権力として位置付け、国人に代わって維持の主体となった村落共同体を、支配の対象に位置付けようとした。

今井用水をめぐっては、その後も度々相論がおこった。特に明治十六年（一八八三）の旱魃によっておこった相論は、第一審の京都始審裁判所では今里村が敗訴したが、控訴審の大阪控訴裁判所では今里村が勝訴した。このため、三好長慶の裁許状にはじまり三〇〇年以上引き継がれてきた今井用水関係の資料は、もっとも重要な証拠品として、後年の紛失や火災、または虫食いの災害を慮り、村箱に入れ大切に保管されることになった。長慶の裁許は明治時代まで生き続けたのである。

芥川用水相論

永禄二年（一五五九）、三好長慶の居城である芥川山城の膝元を流れる芥川の用水をめぐり、右岸の郡家村（高槻市）と左岸の真上村（高槻市）の間で相論がおこった。

今度当所と真上申し給う井手床の事、双方指図をもって、訴論に及ぶといえども、互いに証跡なし、真上支え申すは、往古より彼の井手□□無きの旨申す、渕底を究めんがため、検使等を差し遣わす、見さしむの処、年々の井手の跡顕然の上は、当所理運の旨に任せ、絵図の如く井手を構え、水便を専用すべき者也、仍って状件の如し、

永禄弐

五月十九日　　　長慶（花押）

郡家惣中

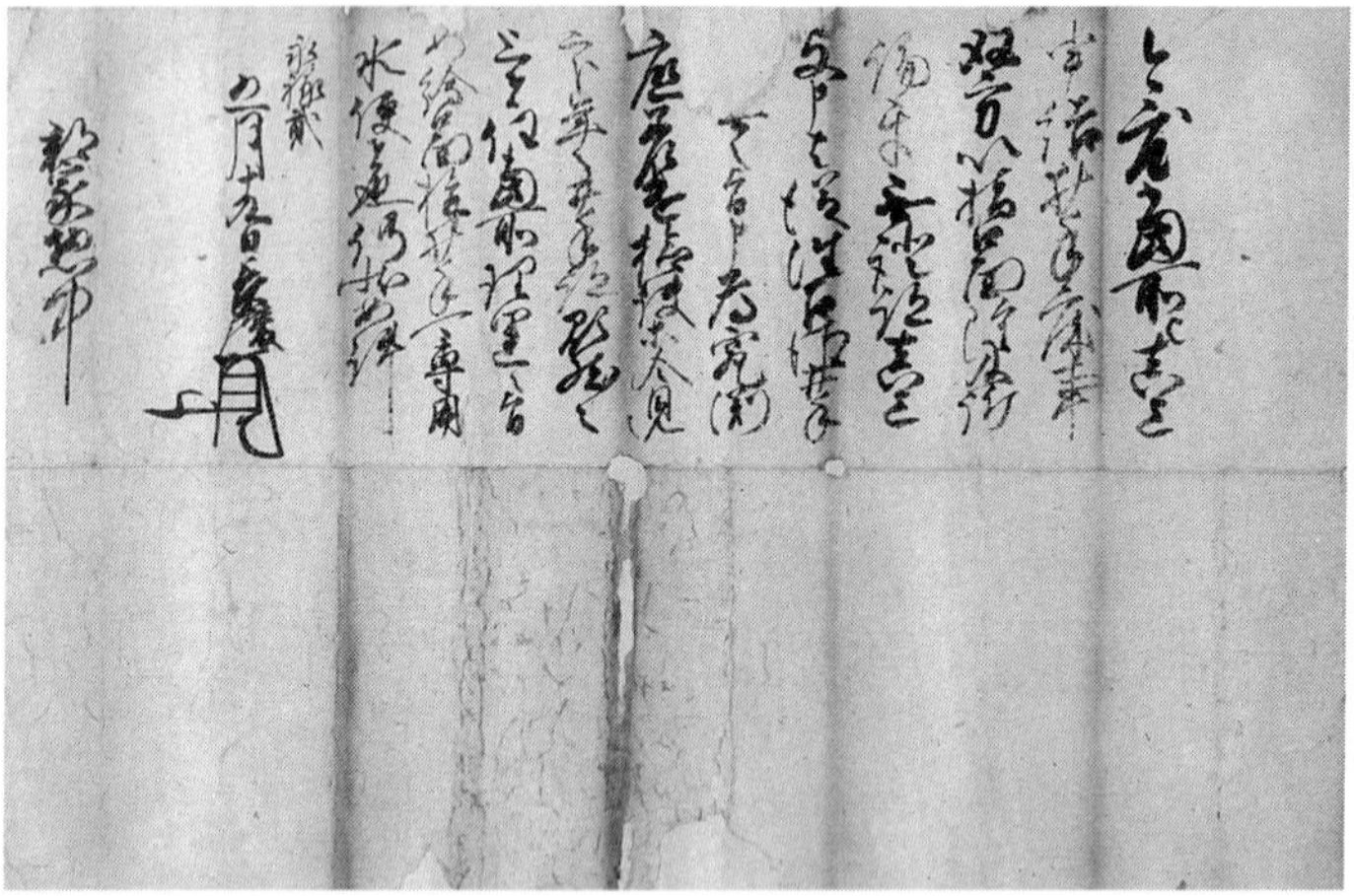

三好長慶裁許状（高槻市・郡家財産区所蔵，高槻市立しろあと歴史館寄託）

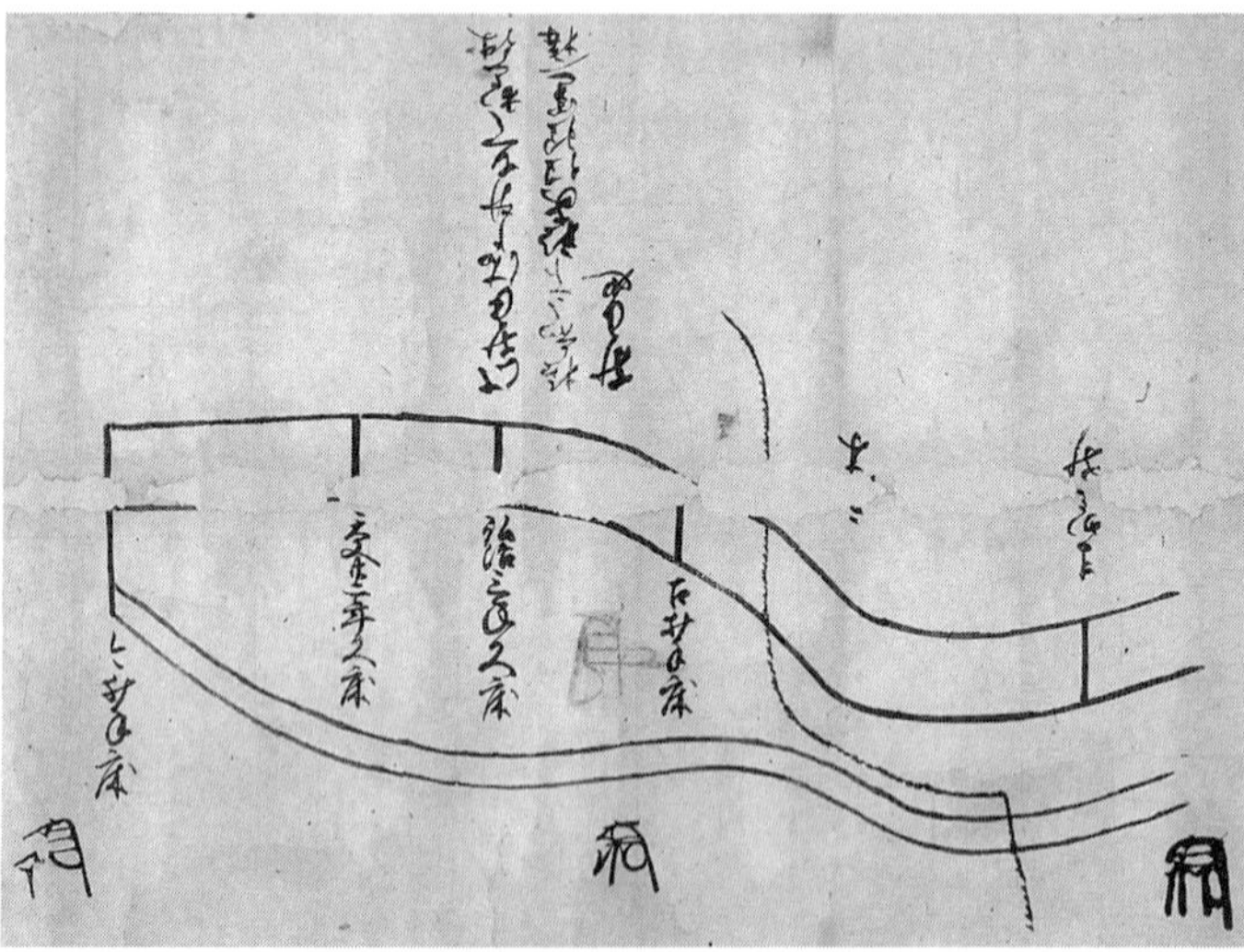

三好長慶裁許井手絵図（高槻市・郡家財産区所蔵，高槻市立しろあと歴史館寄託）

（「郡家財産区所蔵文書」）

長慶は双方の村にそれぞれ芥川にある井手床（井堰）の場所を記した「指図」を提出させたが、お互いに決め手となる証拠がなかった。ただ真上村は、昔から郡家村が主張するような井手床はない、と反論しているので、長慶は検使を現地に派遣し照合させたところ、井手床が存在していたことが明らかになった。そこで長慶は郡家村の主張に道理があると判断し、「絵図」の如く井手を構え用水を支配するよう「郡家惣中」に命じた。

長慶は郡家村を勝訴とする裁許状とともに、郡家方が提出した差図の表に三名の奉行、裏に長慶自身が花押を据え、証拠文書とした。京都近郊では十五世紀末に桂川の用水相論がおこり、その際も村が主導して差図をつくり幕府に訴えたが、関係文書は全て荘園領主である東寺が保管した。これに対して、長慶の裁許状と指図は、郡家村の共有文書として保管されている。ここに村落共同体の成長が読み取れよう。また、この差図が境相論の裁許のために江戸時代に用いられた裁許絵図と同様な働きをしていることが指摘されている。

江戸時代初期の寛文八年（一六六八）、芥川から取水した今井井手をめぐって、郡家村と東五百住村（高槻市）との間で相論がおこった際、郡家村は長慶の裁許状と絵図を根拠に一村支配であることを主張した。長慶の裁許は江戸時代も生き続け、裁許状と絵図はそれぞれ写も作成されている。

このため、江戸時代の郡家村の人々は、村の水利権を保障した三好長慶を神として、芥川山城の山上に小社を建て祀った。江戸時代に描かれた芥川上流の原村（高槻市）の絵図には、「三好長慶社」とされる。この社に収められている二枚の棟札のうち、一枚は文政九年（一八二六）に再建された際のもので、裏面には宝暦七年（一七五七）に一度再建しており、文政九年は二度目の再建であったことが記されている。すなわち、長慶を祀る社はそれ以前から存在していたのだ。もう一枚は昭和三十年（一九五五）に再建された際のもので、表には「三好大権現」、裏には寄進者として郡家水利組合などが記されている。

現在でも、旧暦七月四日に死去した長慶の命日を新暦に合わせた八月四日に、郡家水利組合の役員たちがこの社に参拝している。田の水入れが終わる時期の参拝は、用水を郡家に保障した長慶の裁許への感謝でもあった。なお、芥川山城址は現在、三好山と呼ばれている。

村落が主体的に作成し保管した差図のように、江戸時代に引き継がれた裁許の法理として、武力行使自体を罪科として抑止することがある。永禄二年におこった山城の仙翁寺村（京都市右京区）の用水相論において、松永久秀は用水を違乱した中村・横尾・杉の三氏を召し出す際に、「新たに非分の儀を申し懸け水を留め、剰え百姓を打擲の由、事実においては、御法度を相破られ、言語道断の次第なり」と、用水への非分とは別に、百姓を打擲した罪を糺明する姿勢を示した（「鹿苑院文書」）。翌永禄三年には、仙翁寺村の領主である鹿王院も「一、喧嘩闘争の事、惣別御禁制たる処、御法度を相破り、理不尽に打擲せしめ搦め取る段、如何あるべく候哉」と一条を立て、訴えている。

中世の相論には、常に武力行使によって戦闘が発生する危険性があった。豊臣秀吉は、こうした武力行使を抑止するために、用水への非分に関する民事の問題と、百姓打擲などの武力行使にかかわる刑事の問題とを分けて対処するようになる。しかし、こうした武力行使自体を抑制する法理は、三好長慶によって既に示され始めていたのである。

芦屋庄山相論

天文二十四年（弘治元年、一五五五）から永禄三年（一五六〇）にかけて、摂津下郡にある芦屋庄（芦屋市）と東隣の西宮（西宮市）や西隣の本庄（神戸市東灘区）との間で、山をめぐる相論が発生した。この相論は寛保二年（一七四二）から寛延三年（一七五〇）にかけても再発した。

寛延三年に作成された「山論裁許絵図」の裏書によると、戦国期にこの相論の裁許にあたった三好氏は芦屋庄を勝訴とし、大坂町奉行もそれを先例として芦屋庄の勝ちとした（「芦屋市役所所蔵文書」「西宮市役所所蔵文書」）。それによると、芦屋庄の持山十八町のうち、東の西宮社家郷が十二町を、西の本庄が六町を押領したという。そのうち本庄は、天文二十四年の三好長慶の裁許状と古絵図を論拠とし、山の領有の正当性を主張した。それに対して芦屋庄は、長慶の裁許は芦屋庄の百姓が逃散した中でおこなわれたもので不当であると主張した。そのため、弘治三年（一五五七）に「三好日向守」によって再度裁許がおこなわれ、芦屋庄が勝訴した。芦屋庄と西宮の相論では永禄三年（一五六〇）の「三好日向守」の裁許により芦屋庄が勝利したという。

すなわち、芦屋庄の勝訴に決定的な役割を果たしたのは、「三好日向守」の裁許状で、芦屋庄を構成する二か村のうち打出村の吉田家が弘治三年付の写と永禄三年付の正文を所蔵し、芦屋村の猿丸家がその逆の組み合わせで裁許状を所蔵してきた。そこで唯一現存する正文を次に示す。

以上

今度、芦屋庄拝領の山を、西宮より押領仕るについて、芦屋庄の者共逐電仕り候、それについて松永より、西宮の者押領の山を悉く帰り置かれ、芦屋庄の者共山を前々の如く身体(進退)仕り候へと仰せ付けられ候て給うべきの由、申され候間、皆々罷り直り、相違なく柴草を仕るべく候、右の押領の堺目は、反古に成り申し候、後々においては西宮より謂われざる儀申し候はば、一札をもって申し分くべき者也、

永禄三年　　　　三好日向守

十一月廿一日　　　　長康（花押）

芦屋庄

名衆百姓中

（「吉田雅一氏所蔵文書」）

まず、差出であるが、三好日向守長逸のことを「長康」と記した文書は他にはなく、花押も異なるため、「長康」は長逸ではない。また、本文で使用される「拝領の山」といった表現や意識は戦国時代にはない。また、文末の書止文言も戦国時代の裁許状では、「仍状如件」か「恐々謹言」が一般的

である。すなわち、この文書は江戸時代になってから作成されたものと考えられる。
　この相論に関して、江戸時代の裁許では証拠文書として採用されることはなかったが、戦国時代に発給され、現存するのは次の史料である。

今度、西宮と芦屋庄と山相論の儀について、互いの存分、事多きと雖も、一紙の証跡無きの間、験使差し遣わされ、堺目絵図等作帳披見の処、六甲の社を当社家しんし（進止）の上は、打出の東茶屋の石塔・くにきり小場の通を限り、相違あるべからざる者也、恐々謹言、

三好筑前守
九月　日　長慶

西宮
社家中

（「西宮神社文書」）

　長慶の官途が「筑前守」とあることから永禄二年（一五五九）以前のものである。天文二十四年に本庄を勝訴とした長慶の裁許状と古絵図が発給されたことから、その頃のものであろう。長慶は「験使（検使）」を現地に派遣して、絵図等を検証している。そこで「六甲之社」（広田神社末社の六甲山神社）を西宮社家中が支配していることを確認して、「石塔」（石宝殿か）などを手がかりに、芦屋庄と

ない。

西宮の境目を確定した。文書は最も利益を得る者が証拠として所有するという中世の原則からして、西宮を勝訴とする裁許状であることは間違いない。また、こうした裁許の過程は、山城国乙訓郡の今井用水相論や、摂津国島上郡の芥川用水相論にも共通しており、戦国時代に作成されたとみて間違いない。

すなわち、江戸時代の記録とは全く逆に、戦国時代には長慶が本庄と西宮を勝訴とする裁許を下していたのだ。

おそらく「三好長康裁許状」は、江戸時代に相論が再燃した際、戦国時代の裁許を先例にして大坂町奉行が本庄や西宮を勝訴とする裁許を下すことを恐れた芦屋庄が作成したと考えられる。しかし、なぜ「三好長康」にしたのであろうか。消極的な理由としては、三好長慶とした場合、本庄に残る三好長慶裁許状の正文と見比べた際に見破られる恐れがあったからであろう。積極的な理由としては、あえて三好長逸になぞらえることで、信憑性を高めるためではなかったか。「長康」は実在した長逸と読みは同じであるが、「逸」を「やす」と読むことは一般的にはかなり難しい。それを知っていたということは、摂津西部では三好長逸の裁許状や裁許の伝承があったのではないか。元亀二年（一五七一）四月に、菟原郡の篠原村・山田村・八幡村・高羽村・川原村・太田村（神戸市灘区）が「大土か平山」の利用を定めた掟書には、長逸の家臣の坂東季頼（季秀）が保証人として袖判を据えている（「天城文書」）。長逸であれば相論の再審をおこなっても不思議ではないと考えたのであろう。

豊臣期以降、用益相論において、村々が実力行使で解決することは厳しく禁止された。さらに、いつの時代の裁判でも、先例は裁許に大きな影響を与える。そのため、江戸期に本庄や西宮と相論が始まった時、芦屋庄が自らの用益を確保するため考え出した手段が、三好長逸（「三好長康」）の裁許状を作成することで三好長慶が本庄や西宮を勝訴とした先例を破棄させ、芦屋庄を勝訴とする新たな先例を作り出すことであった。

こうした芦屋庄の山論の過程からも、三好氏が摂津や山城の村に、いかに深く関わってきたかが窺い知れる。

2　東瀬戸内・大阪湾を制す

天文年間の大阪湾

天文年間の初頭になると、単に武家同士ではなく、広範な階層を巻き込んだ戦いがおこった。浄土真宗の山科本願寺を中心に畿内の百姓や新興の都市民に支えられた天文元年（一五三二）の一向一揆と、京都の上層都市民を基盤とする法華一揆である。一向一揆は細川晴元と法華一揆に敗れ、法華一揆は晴元と比叡山延暦寺、六角定頼らによって弾圧され、天文五年（一五三六）には双方とも鎮圧されてしまった。

しかし、この戦いは京都を中心とした畿内の構造に大きな変化をもたらしていく。法華一揆に本山である山科寺内町を焼き討ちにされた本願寺は、明応五年（一四九六）に蓮如が築いた大坂御坊（現在の大阪城）に落ち延びていった。この大坂御坊は「大坂五人衆」と呼ばれた寺院・坊主に支えられていた。五人は大坂に宿所を構えていたが、それぞれの拠点は、定専坊が摂津国西成郡三番（大阪市東淀川区）、光徳寺が河内国大県郡雁多尾畑（柏原市）、光永寺が摂津国住吉郡平野（大阪市平野区）、祐光寺が摂津国東生郡森（大阪市中央区・東成区・城東区）であった（浄恵のみ不明）。これらはいずれも、宝永元年（一七〇四）に付け替えられる前の大和川の流域に位置し、大坂は大阪平野の求心核となっていた。その後、宗主の証如は山科へ戻ることを断念し、大坂を新たな本山と定めたことにより、大坂は北町・北町屋・西町・南町屋・清水町・新屋敷の六町を中心とする、日本最大の浄土真宗寺内町へと大きく発展していく。

戦国時代には本願寺教団に属していた興正寺だが、元々は本願寺とは別に教団を形成していた。その興正寺は天文の一向一揆後の武家との和睦交渉に際して大いに手腕を発揮し、本来は宗主の一族である一家衆として、宗主の証如から遇されることになった。その興正寺は独自の布教戦略として堺商人と結び、瀬戸内海沿岸の讃岐・阿波や周防・長門だけでなく、堺から陸上の街道沿いに大和南部へも教線を拡大した。

京都の二十一本山を焼かれた法華宗は堺に避難したが、多くの本山は天文十一年（一五四二）に後奈良天皇の還京の勅許が出されると、京都へ戻っていった。その中で、東瀬戸内や種子島に教線を伸ばす日隆門流は、京都の本能寺と尼崎の本興寺を両本山と位置付けていたが、本能寺は布教の場、本興寺は僧の修行の場と役割を分担していたため、本能寺の寺内化が先に進んでいた。しかし、ようやく天文十八年（一五四九）に初めて本興寺の門前を対象とした禁制が発給されると、以後元亀年間にかけて、本興寺の門前や寺内に関する武家の発給文書が集中する。こうして天文年間は、尼崎の本興寺寺内町が急速に発展していく、大きな画期となった。

全国の末寺からの参詣や勤仕を集める求心力と、周辺の地域経済の核として武家から都市特権を獲得する経済力や政治力を兼ね備えた本山系の寺内が、天文年間に大阪湾地域で勢力を伸ばしていたのである。

さらに、天文十五年（一五四六）には、「唐船」が堺、渡辺、大坂、兵庫津の各港に寄港し、港湾都市は旺盛な経済活動をおこなっていたことが窺える。また、天文十八年には堺を取り巻く環濠（「堺津堀際」）が初めて確認されるなど（「古簡雑纂」）、都市基盤が整備された。天文年間は寺内以外の都市も含め、大阪湾地域全体が大きな発展を遂げ活況を呈していたのである。

法華宗日隆門流

室町時代には、法華宗は一つの教団としての活動よりも、教義の違いや布教した僧侶毎に形成された門流が主体となって活動することが多く、都市商工業者や交易に従事する在地土豪が有力な信徒となり、強固な外護関係を作っていった。鎌倉時代の日蓮以来、関東南部を中心に布教してきたが、室町時代になると多くの法華宗僧が京都へ進出した。

越中出身の日隆は、西国、特に瀬戸内一帯や太平洋航路への布教に努めた。日隆門流の寺院が建立された場所は、首都の京都（本能寺）をはじめ、材木の集積地であった尼崎（本興寺）、自治都市の堺（顕本寺）、勘合貿易の発着港である兵庫津（久遠寺）など大阪湾から、瀬戸内では淡路の釜口（妙勝寺）、備前の牛窓（本蓮寺）、備後の尾道（妙宣寺）、讃岐の宇多津（本妙寺）、阿波の撫養（安立寺）、そして南

日隆坐像（尼崎市・本興寺所蔵）

海の種子島（本源寺）に至る港町であった。

　室町時代は全国各地の荘園の貢納物が、京都の荘園領主のもとに送られることによって生み出される物や情報の流れが流通の基盤となり、遠隔地流通に携わる商人や土豪を成長させた。このため、法華宗は洛中の酒屋・土倉など都市上層の有徳人層を対象に布教していくと共に、地方の遠隔地流通を担う港町に教線を拡大した。

　東瀬戸内の要港を繋ぐネットワークを有する日隆門流との関係の構築は、畿内と四国にまたがる領国を有する三好氏にとって、重要な課題であった。このため三好氏は、日隆門流との結びつきを強めていく。

当寺の儀、開運（三好元長）位牌所のため寄宿の事、長慶・之虎（実休）が免許せらるの上は、猶冬康（安宅）別して信心の条、聊かも相違あるべからざるもの也、仍って状件の如し、

天文廿四
二月二日　　　　　　安宅摂津守
堺南庄　　　　　　　　　冬康（花押）
顕本寺
（「顕本寺文書」）

顕本寺は三好元長（開運）の最期の場となった由緒により、位牌所として、元長の息子である三好長慶・三好実休・安宅冬康より、軍勢の寄宿免許という特権を獲得する。顕本寺は日隆門流内では「南西国末頭」という地位にあり、堺南庄の人々の結集核である開口神社の西南に隣接する位置に立地していた。長慶兄弟は元長の縁を頼りに日隆門流の中核的な寺院と厚誼を結び、堺の都市内部への進出を目論んだ。

堺の前に国際貿易港として栄えた兵庫津は、応仁の乱で焼かれ衰退したと考えられてきた。しかし、阪神・淡路大震災（一九九五）後の発掘調査によると、鍋や釜など土製煮炊具の出土状況から、応仁の乱のあった十五世紀末ではなく、十六世紀初頭に町は衰退していることがわかってきた。

文明三年（一四七一）に朝鮮の申叔舟（シンスクチュ）が記した「海東諸国紀」には、西日本各地を結ぶ主要なルートである山陰、瀬戸内海、九州東岸、九州西岸と共に、兵庫津―淡路西岸―讃岐、兵庫津―淡路東岸―阿波、和泉・紀伊―淡路という複数の短距離航路が存在していたことが記されている。すなわち、兵庫津には国際貿易港としての側面以外にも、畿内と四国東部を繋ぐ短距離航路の中心としての役割があり、この地域を支配する細川氏や三好氏にとって重要な港であった。

十六世紀中葉の兵庫津では、正直屋の屋号を持つ豪商棰井氏の活動が顕著になる。天文九年（一五四〇）に甚左衛門尉が三好長慶より買得地を安堵されたのが、現在棰井氏に残る一次史料では最も古い記録である。長慶より「御目を懸け」られた甚左衛門尉は、長慶の力を背景に細川氏家臣の庄丹後守からの催促を拒否した。そして、天文二十三年には棰井与三左衛門尉の「蔵」が、安宅冬康より「永代免許」されると徳政免除の特権も受け金融業を始めるなど、三好氏の御用商人として活動していく（「棰井家文書」）。

そもそも、棰井氏は室町時代に日隆に帰依して久遠寺を法華宗に改宗し、その檀那となるなど、日隆門流と強い関係を有していた。その久遠寺僧の快玉は「瀧山千句」や「飯盛千句」に参加するなど、長慶と交友関係を有していた人物である。また久遠寺には、豊後府内へ向かうフロイスなど遠距離航路の船を待つ客を宿泊させるといった活動も見られる。

兵庫津には室町時代中期より岡や浜といった地域呼称があったが、文禄年間には岡方・北浜・南浜という江戸時代へ繋がる三つの地縁的な都市共同体が姿を見せる。三好氏の保護を受け成長した棰井氏は、そのうちの岡方の名主を独占していく。

兵庫津が中央の権門が管理する国際貿易港から在地の豪商が主導する周辺地域の経済的な中心地に性格を変えていく中で、その主導的な役割を果たした棰井氏を、都市特権と信仰の両面から掌握することで、三好氏は兵庫津を支配下におこうとした。

本興寺寺内の成立

戦国期の尼崎は、東を神崎川、西を庄下川、南を大阪湾、北を大物川に囲まれ事実上の島であった狭義の海港尼崎と、大物川の対岸で長洲庄の南端部であった川港大物によって構成される。狭義の尼崎には、西から貴布祢社、本興寺、如来院、大覚寺、市場・別所・風呂辻・辰巳の四町、長遠寺が立地し、大物には長洲との境に中世尼崎城、広徳寺、大物道場（西教寺）があった。そして、これらの寺社門前ごとに独自の都市領域を形成した多核的な都市であった。

十四世紀から十五世紀にかけては、律宗の大覚寺を中心に四町が形成されたが、十六世紀になると、法華宗日隆門流の本興寺や、都市尼崎全体の惣氏神である貴布祢社の門前の町場化が進んでいった。

本興寺門前の都市化が顕著になるのは、天文十八年（一五四九）の江口の戦いの際で、本興寺は西門前を守るために、細川晴元方の諸部将から禁制を獲得した。その住民の構成は、織田信長と三好三人衆方の戦闘が激化した元亀二年（一五七二）十一月二十二日に、東西南北四つの門前の住人が本興寺に奉公を誓って連署した起請文から明らかになる（「本興寺文書」）。住人の出身地を示すと思われる屋号を見ると、狭義の尼崎内の辰巳町、尼崎近郊の別所、水堂、難波、大阪湾岸の灘や、猪名川上流の丹波もみられる。本山本興寺の門前寺内は、門流内の信徒が集うだけではなく、川辺郡南部の地域経済の中心地としても発展を遂げつつあったのである。

こうした本興寺の周辺に、江口の戦いで勝利した三好長慶兄弟の勢力が及んできた。天文二十一年

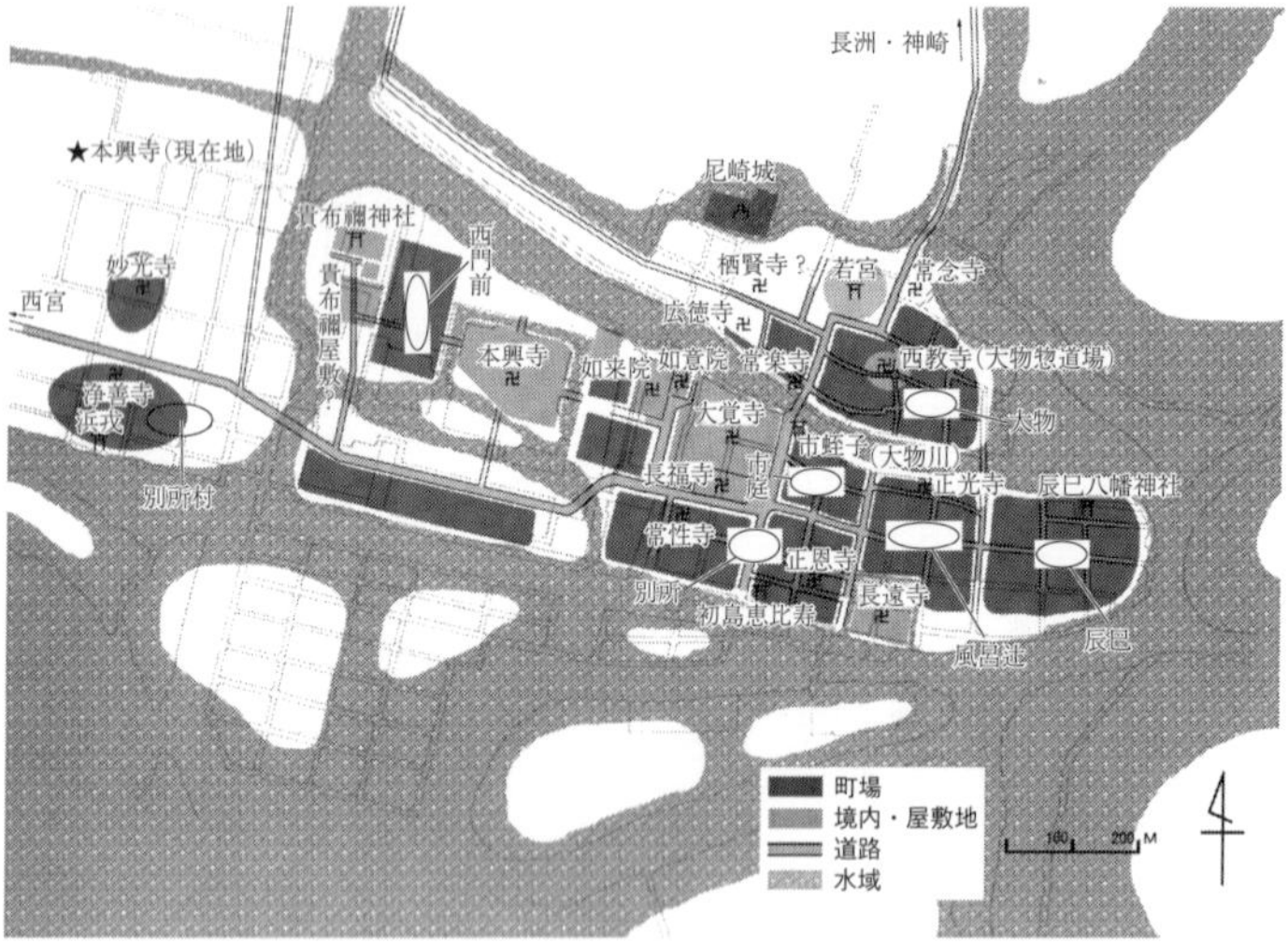

16世紀尼崎の推定復元図（藤本誉博氏作図をもとに改変）

二月六日、浄土真宗の本願寺証如は尼崎の大物長衆より、大物惣道場が破却された一方で、法華宗の信徒が本興寺に結集し、貴布祢社の土地に寺内を構え、相当の家数を立てて、富貴を求める計画を実行に移したという報告を受けている（「天文日記」）。大物長衆はさらに、そうした法華宗信徒の動きの背後に、淡路水軍を統括する安宅冬康の存在を見抜き、冬康が淡路から渡海して来たら法華宗を取り立てるだろうと、深い危機感を抱いている。

本興寺は西門前だけでなく、都市尼崎の精神的紐帯である惣社の貴布祢社の地まで寺内化しようとしていたのだ。大物長衆の危惧はやがて現実のものとなった。弘治二年（一五五六）三月三日、三好長慶は惣社の内に形成された「貴布祢屋敷」を「門前寺内」として本興寺に寄進し、三月付で「本興寺門前寺内貴布祢屋敷」を対象とした禁制を発給したのである。これにより、狼藉の禁止、矢銭・兵糧米・諸課役の免除、徳政・国質・所質の免除などが特権として与えられた。それとともに、「当津衆」が家を建てることが禁じられた。これは、尼崎内の他地区の者が本興寺に断りなく家を建てることを禁じたものであり、本興寺の領主権を認めるものであった。

ただし、長慶の命令があっても、それが尼崎の在地において、そのまま執行された訳ではない。本興寺は都市尼崎全体を統合する地縁的共同体である尼崎惣中と、事実上の土地の売買契約を取り結んだ。

尼崎惣中借銭已下に就き、万迷惑の儀、無心申し候処、代物参万疋御合力に預り候、その返報として、貴布祢の宮屋敷幷びに中間田畠等、永代御知行として進め置く処、実正明白也、但し社内は、東より西へ弐拾弐間二尺、南より北へ拾弐間、此分は往古相替らず、永代尼崎の物也、四至の事、東は土井を限る、南は法光寺岸宮の東の道よりを限る、東南は堀を限る、西北は土井を限ると申し候也、仍って後日の状件の如し、

番所司

宗玖（花押）

弘治二年四月三日

宗幸（花押）

助兵衛尉

家重（花押）

監物丞
長清（花押）

新兵衛尉
長秀（花押）

本興寺
参る

（「本興寺文書」）

署名した番所司宗玖以下の五名は、尼崎惣中の年番か月番の年寄衆と考えられる。彼らは尼崎惣中が借銭によって困窮しているので、本興寺に無心したところ、三万疋の出資を得たので、そのお返しに貴布祢社の宮屋敷と中間田畠を本興寺に譲渡した。本興寺は三好長慶に認められた特権を速やかに執行するため、尼崎惣中と新たな取り決めを定めたのである。そして、尼崎惣中としても、尼崎の惣社である貴布祢社の敷地が、無制限に本興寺の寺内となることを防ぐため、貴布祢社の敷地の範囲を合わせて定めている。

本興寺は惣社の土地の一部を寺内化して所有し、尼崎惣中に対する事実上の経済援助をおこなうなど、その活動は都市尼崎全体の発展を牽引していた。こうした本興寺の動向を三好氏は支援することで、尼崎に対する支配を意図したのである。長慶以前に摂津を支配した細川高国は城を築き尼崎を掌握しようとしたが、中世尼崎城は大物の北端という都市尼崎の周縁に立地し、有効な支配拠点になりえていなかった。このため、長慶は本興寺を介して尼崎惣中に影響を及ぼそうとしたのであろう。寺内の建立などを通じて法華宗寺院を保護し、尼崎惣中の把握を目指す方法は、織田信長とその配下の荒木村重に継承された。信長と村重は法華宗長遠寺の寺内立てを援助する（「長遠寺文書」）が、その過程で村重は「尼崎惣中」を長遠寺普請に動員し、天正二年（一五七四）には定書を発給した。そこでは、都市特権を与えるだけでなく貴布祢社の神事祭例や神職を支配させたのである。信長・村重段階では、長慶が採用した法華宗寺院を通じた尼崎の都市支配がより一層鮮明になっていく。

都市尼崎の中心部に城が築城されるのは、元和三年（一六一七）に戸田氏鉄が五万石の徳川譜代大名として入部してからであった。氏鉄は本興寺を寺町に移転させ、その跡を新たな尼崎城の本丸としたのだが、それまでは、尼崎の発展を牽引したのは本興寺ら宗教勢力であり、その掌握こそが三好氏や織田氏の課題であった。

法華宗日隆門流は東瀬戸内から南海路の港町に教線を展開し、流通ネットワークの一端を構成していた。そこに注目した三好氏は強力な保護を加え、本興寺は尼崎惣中、檀那榧井氏は兵庫津岡方というように惣町となる都市共同体と密接な関係を構築し主導していくようになる。三好氏は城下町化ではなく、こうした宗教勢力と都市共同体の社会関係を把握することにより、東瀬戸内を支配した。

浄土真宗興正寺派

法華宗日隆門流と結んだ三好長慶・安宅冬康に対して、三好実休に接近したのは浄土真宗興正寺派であった。興正寺派は蓮如以降明治時代になるまで本願寺教団に属した。この興正寺派が実休と接近する契機となったのは、永禄二年（一五五九）の讃岐出兵であったようだ。

初め勝法寺と号せしを、天文年中、興正寺証秀上人が再造ありて、野原郷野方(潟)に移せり、永禄年中、三好実休が寺地田園を寄附する由、今御坊川というは其の旧跡なり、実休が泉州岸和田に戦没の後、十河存保が寺を三木郡池戸村四角(覚)寺原にうつせり、

(「讃岐国名勝図会興正寺高松別院条」)

香川氏攻めのため讃岐に入った三好実休は、野原(高松市)の興正寺別院に寺地を寄進し、実休の次男の存保が池戸(高松市)に寺を移したと伝えている。このうち、存保が「野原野潟の寺内」を池戸の四覚寺原へ移して再興することを命じ、課役や諸公事を免除した天正十一年(一五八三)二月十八日付の書状が残っており(「興正寺文書」)、概ね事実であろう。

高松平野を後背地に持つ野原は、この時期、室町時代において讃岐最大の港町で守護所でもあった宇多津に迫る発展をみせていた。そうした新興の港町の一角で、実休は興正寺別院を保護し「野原野潟の寺内」の基となる寺地を寄進した。

このように実休が戦争中に興正寺を保護する姿勢は、永禄三年から始まる畠山氏との戦争でもみられる。河内の富田林には讃岐の野原と同様に、興正寺の別院が存在した。この富田林の興正寺別院は、永禄四年(一五六一)六月に三好実休の軍勢の副将である三好康長から、本山の大坂並に諸公事の免

許が認められた（「杉山家文書所収河州石川郡富田林御坊御禁制書其外諸證據書写」）。

富田林の寺内形成については、周辺の中野・新堂・毛人谷（えびだに）・山中田の四か村による開発伝承があるが、興正寺独自の布教活動に注目すると、堺商人と結んで瀬戸内海沿岸や大和南部へ展開していた。讃岐の野原の例を踏まえると、実休の近くには浄土真宗興正寺派を信仰する堺商人がいたと考えられよう。

すなわち、野原や富田林など新たな町立を志向する在地の商人や土豪層の活動と、三好実休に近侍した興正寺を信仰する堺商人の活動が、実休の戦争を契機に結びつくことで、興正寺は実休権力から特権を獲得して、寺内を形成していったのである。

撫養隠岐後家阿古女

三好氏は、阿波においては板野郡撫養（むや）（鳴門市）に拠点を置く撫養氏を早くに家臣化した。撫養は大毛島などを挟んで、淡路島との間にある鳴門海峡を望む阿波随一の港町であった。特に戦国時代の旧吉野川は木津や撫養に向けて北流していたことから、撫養は播磨灘と紀伊水道の二つの海の結節点であると共に、阿波北部の内陸部を東西に結ぶ吉野川舟運と海運の結節点でもあった。

このため、「多聞院日記」永正三年（一五〇六）二月十九日条に、撫養掃部助が「三好の内の執事」と記されるなど、三好之長の時代には三好氏に服属していた。また、「学侶引付」永正四年（一五〇七）八月二十二日条には、興福寺の集会評定で、撫養修理進が兵庫南関の知行を目論んでいたことが明らかになっている。その末裔と考えられる撫養隠岐守の後家の阿古女は、京都で金融活動をおこなっていた。

一（飯中大）撫養隠岐後家（阿子女）申状　天文十六　十二　廿一
右の子細は、方々の族に対し借し遣わす要脚の事、合わせて百十四貫文幷（米十石目録在、別紙）、（窪與九郎事）徳政の御法に任せ、十分の一を進納の上は、本利共にもって催促を加うべき由、御下知を成し下されば、忝く畏むべき者也、仍

天文十六年十二月日

中山掃部助　四十貫文、あかさわかもん（赤沢掃部）　十貫文、芥河（孫十郎）　三十貫文、りんきょく（いりゑ殿）あん（あいりんのはう）　三貫文、駿河守殿（細川二郎）　十貫文、摂津守殿（細川八郎殿）　十貫文、友成與五郎　六貫文、上京九郎左衛門尉　五貫文、

以上百十四貫文

（「賦引付幷徳政方」）

天文十六年（一五四七）といえば、長慶兄弟は細川晴元方に属して、細川氏綱や遊佐長教と激しく戦っていた時期である。その最中に室町幕府は徳政令を出すことを決定した。そこで、撫養隠岐後家阿子女は、十河一存の家臣と思われる窪與九郎と共に、債権の十分の一を幕府に納める代わりに残りの債権を保護するよう求めた。

撫養氏はどうしてこのような金融業を営めたのであろうか。室町時代の兵庫津に設置された南北両

関のうち東大寺が管理した北関の徴税帳簿である「兵庫北関入船納帳」によると、撫養は阿波で生産された藍の約半分を積み出す港であった。そして、吉野川流域は江戸時代まで続く藍作地帯であり、流域の領主である塩田・森・市原・篠原氏は三好之長・元長・実休の家臣団の中核であった。こうした状況を踏まえると、三好氏が阿波から京都へ進出する経済基盤の一つに、藍という商品作物の販売とそれによって得た利益で金融業をおこなっていたことが考えられる。

阿波では概ね南部の港が材木を積み出すのに対して、平島（阿南市）以北の港は農作物を積み出すという特徴がある。ただ、阿波南部の船も兵庫津や尼崎に直行していたのではなく、阿波北部や淡路島東岸の沿岸を航海したであろうから、撫養を押さえている意味は大きかった。

また、その債権の内容をみると、芥河孫十郎など三好一族だけでなく、細川一族やその家臣の赤沢氏や友成氏、さらには上京の町人に対しても銭を貸し付けていたことが判明する。こうした畿内の武将が活動する資金源を三好方が握っていたのである。芥河孫十郎は前述の通り長慶から離反するが、両者は債権者と債務者の関係にあり、孫十郎が勝つ可能性は極めて低かったと言えよう。

三好氏の水軍

大阪湾や東瀬戸内の要港に展開する商人を檀那や庇護者とする様々な宗教勢力を保護し、支配してきた三好氏であったが、いわゆる水軍も保有していた。

長慶の次弟安宅冬康やその子の神太郎は、由良や洲本、炬口（たけのくち）（洲本市）を拠点とする安宅水軍だけでなく、淡路島東岸の山田原（洲本市）に館を持つ菅氏や、南岸の沼島（ぬしま）（南あわじ市）を根拠地とする梶原氏を含む淡路全体の水軍を統括していく。長慶は日隆門流の尼崎本興寺、堺顕本寺、兵庫津椎井氏を保護したが、冬康も全く同様にこの三者を保護しているのは、水軍としてこの三港の重要性を認識していたからであろう。また、旧淀川と旧大和川の合流点で大坂の北東に位置する大荘園の榎並荘に代官を設置し、長慶と対立することもあったが（「双柏文庫所蔵文書」）、大阪平野内陸部の河川交通への冬康の関心の高さを示すものと言える。

淡路島の中でも鳴門海峡の北岸に位置する三原郡倭文の庄田（南あわじ市）を本拠地とする船越水軍は、阿波を支配する三好長治より徳政免除の特権を得ており（「船越文書」）、安宅氏には編成されていなかったようだ。

阿波随一の要港である撫養を押さえた撫養氏は、隠岐守後家の阿古女以降、姿が見えなくなる。代わって、大毛島の土佐泊城に本拠地を置く森水軍が現れる。森氏の来歴は定かではないが、篠原氏など三好氏に編成された吉野川中流域の領主が勝瑞周辺の吉野川下流のデルタ地帯に集中的に配置されているので、森氏も三好元長に仕えた森長秀の末裔である可能性が高い。なお森水軍は志摩守村春の時に長宗我部元親の侵攻を退け、四国統一を阻止した。

他の四国の水軍としては、元亀二年（一五七一）七月に三好長治と毛利輝元が戦った際、長治は同盟する能島（のしま）水軍の村上武吉を支援するため、阿波から岡田権左衛門を、讃岐から塩飽水軍を派遣している（「萩藩閥閲録所収内藤六郎右衛門文書」）。三好領国以外では、伊予西部を支配した河野氏の重臣で、来島（くるしま）水軍を統括した村上通康と結んでおり、永禄二年（一五五九）に三好実休が香川氏を攻めた折には共同で出兵したりしている（「東京大学史料編纂所所蔵村上文書」）。

このような三好氏の水軍は、羽柴秀吉によって解体されていく。天正十二年（一五八四）、安宅水軍と船越水軍は内陸部である播磨国明石郡押部谷（神戸市西区）に転封された。その後の淡路には、秀吉直臣の脇坂安治や加藤嘉明が配され、彼らが新たな豊臣水軍の担い手となっていく。唯一、菅水軍は転封を免れ、九州・小田原・朝鮮で活躍するが、関ヶ原の戦いで西軍に属したため所領を失った。江戸時代まで水軍として生き延びたのは阿波の森水軍であった。森水軍は長宗我部元親の侵攻を阻止し、秀吉の四国出兵の橋頭保を守り抜いた功績が賞され、加増の上、蜂須賀家政に仕えることになった（「毛利博物館所蔵毛利家旧蔵文書諸家文書」）。こうして森水軍は蜂須賀水軍の主力として重んじられ、後には椿泊（阿南市）に配された。

3　権力と宗教

戦国時代の法華宗

法華宗や浄土真宗など鎌倉時代に生まれた仏教、いわゆる鎌倉新仏教が、比叡山や高野山などの顕密仏教から自立し、多くの信者を獲得して教団としての実態を持ち始めたのは戦国時代である。そのため、「戦国仏教」とも呼ばれる。

法華宗は京都に進出し勢力を拡大した結果、他の宗派だけでなく、京都最大の権門寺院である比叡山延暦寺やそれを庇護する室町幕府との間にも、様々な軋轢を生じさせた。そのため、それまで教義の違いや布教した僧侶によって形成された門流単位で活動し、二十一の本山を有していた京都の法華宗寺院は、門流の枠組みを越えて結集していくようになる。

その最大の契機となったのが、天文元年（一五三二）に畿内各地で蜂起した一向一揆に対抗する形で成立した法華一揆である。この時、「諸法花宗中」「諸法花宗諸寺中」（以上「土御門文書」）、「五ヶ寺法花宗中」（「長福寺文書」）といった結合体が姿を現してくる。しかし、天文五年の天文法華の乱により、法華宗二十一本山は京都を追放されることになる。

二つ目の契機が、天文十一年から十六年にかけておこなわれた洛中還住をめぐる比叡山延暦寺や六角氏との交渉である。実際に京都に還住できたのは二十一のうち十五本山であったが、その代表は「諸寺代」（「本能寺文書」）や「惣代三ヶ寺」と称された本能寺・本国寺・妙顕寺の三か寺であった。この結合体は比叡山との和睦が成立すると、その後の活動は見えなくなる。

三つ目の契機は、永禄四年（一五六一）の六角氏の京都侵攻の時期である。「諸寺代」は八月十七日から二十日にかけて、六角承禎・三雲賢持・六角義弼・蒲生定秀に音信を送り友好関係を保とうとしていた（「頂妙寺所蔵京都十六本山会合用書類」）。

京都の法華宗寺院は、一向一揆や比叡山延暦寺、六角氏などの軍事的危機に対して、「諸寺」と称される結合を何度も経験してきた。しかし、危機が去ると活動が見えなくなることから、臨時的な結合に留まっていた。

永禄の規約

永禄六年（一五六三）、関東南部で法華宗の教義をめぐって対立する勝劣派と一致派の両派の間で相論がおこり、京都の三好氏にその裁許が求められるという事件が発生する。その過程は、元禄三年（一六九〇）以前に書写された岡山県の法泉寺が所蔵する「妙顕寺（一致派日像門流）旧蔵永禄之旧規勝劣一致和睦之次第案文」や「本圀寺文書」に詳しい。

事件は、上総の東金（東金市）の領主である酒井胤敏（たねとし）（勝劣派日什門流妙満寺末）が、平賀（松戸市）の本土寺（一致派日朗門流）の末寺を奪い取ったことに発する。永禄六年六月二十二日、松永久秀は本山である京都の妙満寺に対して、酒井胤敏が本土寺から奪い取った末寺を返還するよう意見し、妙満寺から使者を胤敏に派遣するよう要請した。妙満寺は久秀の命を承諾し、久秀からも使者を派遣するようにと七月二日に返答した。

八月七日には、長慶が、勝劣派の信徒は一味同心して行動することを決定し、本山寺院が連判状を作成して相論の抑止に努めていることを、京都の一致派の代表寺院である本国寺（六条門流）に伝えた（「本圀寺文書」）。おそらく本土寺は、門流は異なるが一致派を代表する本国寺を頼り、長慶に末寺の返還を求めたのであろう。

三好氏は妙満寺と酒井胤敏の直接の本末関係だけでなく、勝劣派という教義上の枠組みも利用して仲裁をおこなった。

しかし、九月九日、酒井胤敏は妙満寺と久秀による末寺の返還要請を拒否した。逆に胤敏は、「私領中」のことにまで介入した久秀を強く非難し、妙満寺に簡単に久秀の要求に屈するのではなく、「強儀の躰」を要求した。このため、妙満寺は胤敏の破門に踏み切った。

こうした状況を受けて、九月十四日に本土寺の日隆は、久秀や妙満寺の対応に面目を施したので、この上は酒井胤敏と義絶した土気（千葉市緑区）の酒井胤治と相談し、「一致勝劣和融」を提案することを、一致派の代表寺院である京都の本国寺と妙顕寺に伝えた。そして、薬草院日扇が使者となり中山本妙寺・真間弘法寺（中山門流）、池上本門寺・比企谷妙本寺（日朗門流）、身延久遠寺（身延門流）など関東の一致派諸門流の同意を取り付けた上で、久秀に和融の口添えを頼んだ。久秀もこれに応じ、十二月二十四日に本土寺へ同意した旨を伝え、日扇は十二月から閏十二月にかけて、「諸寺」や一致派の妙覚寺、久秀家臣の松田市兵衛と交渉を重ねた。

その結果、両派の和睦が本格化し、永禄七年四月には勝劣派日隆門流の有力寺院である本能寺と本興寺が和睦の条文を検討する段階に入った。そして、八月になると三好実休が帰依した日珖（一致派中山門流）が堺より上洛して内談し、二十日に長慶の家臣である今村慶満の京都四条の宿所において、京都の十五本山が一致派と勝劣派の教義の違いを越えて「永禄の規約」を取り結んだ。九月二日には、上鳥羽や西岡鶏冠井の一致派の諸寺院や末寺、檀那の武家や商人が参集し振る舞いがおこなわれた。九月二十一日には、堺南庄の松永久秀の老母の宿所においても、諸寺が参会し御礼をした。

要するに、京都では軍事的危機に対応するため、既に教義上の対立を越えた結合体が成立しており、関東における末寺の奪い取りを容認できる状況ではなかった。妙満寺は酒井胤敏を弁護する気はなく、三好氏や妙満寺、さらには京都の檀那の結合体である「京都諸寺檀方中」の仲裁を胤敏が拒否すると、早々に破門した。こうして京都で醸成されていた和睦の気運を察知した関東の一致派の寺院も、勝劣派との和睦へ意見をまとめていったのである。

京都には本国寺の大檀那である松永久秀という仲裁者が存在していた。同じ永禄六年に京都でおこった本国寺と清水寺の間の山論では、久秀が介入して本国寺が勝訴するという事態がおきていたこともあり、一致派は久秀による調停に大きな期待を寄せていた。

永禄七年八月二十日に締結された「十五本山連署一致勝劣都鄙和睦之条目」（「本能寺文書」）によると、一条目で一味同心して布教に努めること、二条目で教義が統一された上は他門流に対する中傷を禁止すること、三条目で末寺・衆徒・檀那を奪い取ることを禁止することを決定し、京都の十五本山が連署して取り決めた。

かつて明応五年（一四九六）には一致派の妙覚寺と勝劣派の妙蓮寺の間で合戦が起こり、急遽幕府が仲裁に入るということがあったため、第二条が設けられたのであろう。第三条は直接「永禄の規約」の契機となった酒井胤敏が本土寺の末寺を奪い取った事件に対応するものであったが、そもそも、荘園所職を持たず、末寺・衆徒・檀那に経済基盤の多くを依存する法華宗寺院にとって、これは重要な財政問題であった。十六世紀中期は、流動性を持つ師壇関係が固定された寺壇関係へ変化していく時期でもあったのだ。

この「永禄の規約」は、三年に一回の諸寺（諸本山）の会合のはじまりとなったとされ（「両山歴譜」日唱本・日心本）、寛保三年（一七四三）以前に成立した「永禄七年和睦之記録濫觴」（「本能寺文書」）には、「永禄年中松永法理一統の書物等は、其後諸寺の箱に収むか」と、「永禄の規約」に関する文書が「諸寺」の箱に収納されていると伝えている。

現在の「京都十六本山会合用書類」には、永禄四年の六角氏の進攻に対応した書状が最も古い一方、「永禄の規約」に直接関係する史料は保管されていない。しかし、江戸時代では「永禄の規約」は「京都十六本山会合」の成立を示すものとして認識された。すなわち、「永禄の規約」は戦時から平時に移行しても、法華宗寺院の結合体が存続するための条件を整備したものであった。

こうした和睦の場を提供したのは三好氏であり、今村慶満の四条の宿所に十五本山の諸寺の役者が参会し連判した。立会人は竹内季治と今村慶満、小泉秀清であった。竹内季治は本国寺住持の日勝（久我通堅（みちかた）の子）の実家久我家の諸大夫であり、有名な法華宗信徒として知られていた。また、三好氏の裁許にも取次として参画するなど、三好氏権力の一端を担っていた。今村氏は東山に拠点をおき、小泉氏は西院城の城主であった。すなわち、「永禄の規約」は、京都近郊に展開する三好氏の軍事力によって保障された和睦でもあったと言える。

永禄の規約の背景

戦国時代の京都の法華宗には、本法寺には工芸の本阿弥家、妙覚寺には絵師の狩野家や彫金の後藤家、本能寺には茶屋中島家など、特定の檀那が存在していた。また、彼らを始めとする都市上層だけでなく、公家社会にも勢力を広げていた。戦国時代の法華宗寺院の住持の出自を確認すると、妙顕寺には鷹司家・木寺宮・西園寺家、立本寺には九条家、本満寺には近衛家、妙蓮寺には庭田家、本法寺には三条家、本国寺には広橋家・久我家、本能寺には伏見宮など、多くの公家、それも五摂家など高位の貴族や宮家からの入寺が相次いでいた。

法華宗の京都社会への浸透は、やがて法華宗の地位の上昇をもたらした。特に三好氏と結んだ尼崎本興寺は弘治三年（一五五七）に開山日隆への上人号追贈や本興寺を勅願寺とすることを望み、後奈良天皇より許可された（「本興寺文書」）。

しかし、そこに立ちはだかったのが、比叡山延暦寺であった。天文法華の乱以後、比叡山は法華宗の僧は律師を極官とし、僧都や僧正に任命しないように、朝廷に申し入れていた。そのため、日隆門流の日逕（にちけい）は長く大法師に留め置かれたが、永禄四年（一五六一）に正親町天皇は権大僧都へと一気に昇進させた（「本興寺文書」）。

また、永禄六年には、本国寺住持の日勝が門跡成の勅許を得ようと、将軍義輝を通じて朝廷に奏上した。本国寺のこうした望みは、同じ戦国仏教として勢力を拡大してきた浄土真宗の本願寺が、永禄二年に門跡成したことを受けてのことでもあったであろう。しかし、本願寺は比叡山西塔の末寺であったのに対して、法華宗寺院は比叡山による末寺化を拒否していたため、山門三院・大衆の反発にあい、門跡成の勅許は下されてこなかった。

この際、三好氏は本国寺を擁護する対応をとった。松永久秀は武家伝奏の勧修寺晴右と広橋国光に対して、本国寺が門跡成を求める動きを反対派の比叡山に知らせたことを強く非難し、今後は三好方の了解を得ることを確認し、きっと勅許が得られるように馳走せよと、永禄六年閏十二月十四日付で書状を送った（「京都東山御文庫所蔵文書」）。本国寺の門跡成は最終的には失敗に終わるが、法華宗は顕密仏教に対抗する上で、世俗権力である三好氏と結合していく必要があった。

戦国期の法華宗教団は、都市の上層や公家の信仰を得て社会的地位を上昇させていく一方で、内部では各寺院や門流による活動が主体で、外部では常に顕密仏教の比叡山やそれと結ぶ足利将軍、六角氏との対立にさらされていた。そうした状況下で、軍事的危機に対処するための臨時的な結合体を、平時においても門流や教義を越えて恒常的に結集を維持するために整備した条件が「永禄の規約」であり、それは独自に共有の文書と財産を保有する「京都十六本山会合」の出発点となった。

その成立にあたって、三好氏は単なる調停者の位置に留まらなかった。三好氏の家臣が立会人となり、その軍事力によって保障し、京都と堺の両都市の法華宗寺院を参会させたことを踏まえると、「永禄の規約」は三好氏の寺院政策の一環でもあった。

戦国時代の畿内の都市共同体において法華宗寺院やその檀那は主導的地位にあったため、三好氏は間接的統治の回路として都市支配に利用しようとした。また、末寺や檀那を統制することは、本山寺院の経済基盤の保護にもつながり、本山寺院の要望とも一致するところであった。

このように戦国仏教と直接関係を規定し、教団内や寺院内の規約を保障することで、本末関係を自らの支配の枠組みに利用する三好氏の寺社政策は、比叡山を中心とする顕密体制の枠組みから戦国仏教を捉えようとした足利将軍や六角氏の対応からみると大きな転換であった。

長慶は天文二十二年（一五五三）に足利義輝を京都から追放した時、義輝に従った幕臣や公家の所領を没収するが、三好氏に従った者の知行は安堵すると宣言した。その旨を本願寺証如に通知し、証如より領主として加賀へ連絡するよう依頼している。長慶は本願寺の政治的立場を安堵していた。

三好氏が戦国仏教の地位を安堵し顕密仏教に併置させていく点は、織田・豊臣氏の寺社政策とも通ずるところがあった。

飯盛山城とキリスト教

キリスト教宣教師のガスパル・ヴィレラは永禄三年（一五六〇）に京都に入り、足利義輝より允許状を獲得した（『フロイス日本史』）。ヴィレラは三好長慶からも同じ内容の允許状を得て、畿内で布教をはじめた。しかし、法華宗の本国寺の檀那である松永久秀はこの動きに反発し、義輝がキリシタンの追放令を出したなどの虚説を流したという。

永禄六年には比叡山から、キリシタンを京都から追放するよう、三好方へ申入れがあった。そこで、久秀はヴィレラやロレンソを堺から奈良に呼び、側近の清原枝賢や結城忠正に取り調べるよう命じた。実はこのことを企図したのは、久秀が沢城主に任命していた高山飛驒守であった。その結果、思惑とは逆にロレンソに感服した枝賢・忠正アンリケ・飛驒守ダリオは、受洗し改宗することになる。ただし枝賢は後に棄教しており、どこまでキリスト教を理解していたかは不明である。枝賢や忠正は当時日本最高の知識人であり、キリスト教自体よりもヨーロッパの知識や技術に興味があったのであろう。

永禄七年、結城忠正の息子左衛門尉アンタンは奈良から飯盛山城に帰ると同僚にキリスト教を説き、ロレンソやヴィレラを飯盛山城に招待した。ヴィレラは長慶より布教に対する承認と保護を得て、長慶の家臣の七十三名をキリシタンとした。その中には、三箇頼照（さんかよりてる）サンチョ・池田教正シメアン・三木判大夫・結城弥平次ジョルジ・庄林コスメなどがいた。池田教正や三木判大夫は三好義継の家臣としても活動することから、比較的若い世代であっただろう。

飯盛山城の麓と深野池の間の東高野街道沿いには、「麓北市場」（「私心記」）や「野崎惣中」（「雑々書札」）などの村落が存在していた。その上、深野池を取り巻くように、砂（四條畷市）や三箇（大東市）には教会が築かれた。特に三箇の教会は「日本の教会が五畿内地方で有するもっとも堅固な柱の一つ」となった（『フロイス日本史』）。しかも、飯盛山城を守るように西北には結城ジョアンが岡山城、西には三箇サンチョが三箇城、東には田原レイマンが田原城を構えていた。

キリスト教を一つの紐帯として、飯盛山城の麓に事実上の城下集落が散在する空間を作り出すことで深野池を外港化し、畠山氏段階には見られない小規模な領主を取り立て、飯盛山城を中心とした防衛ラインを築き上げた。

飯盛山城にはロレンソやアルメイダが訪問し、多くの家臣の歓迎を受けたが、彼らは畿内において、最も早くキリスト教を受容したキリシタン武士の第一世代であった。この中から、高山飛騨守ダリオの息子である高山右近ジュストや、松永久秀の甥の内藤ジョアン、細川ガラシャの侍女となった清原枝賢の娘マリアといった世代が育つことになる。

そして、ほぼ同時代に作成されたファン・ラングレンの「東アジア図」には、Saquay（堺）と共にImoris（飯盛）やSawa（沢＝高山飛騨守ダリオの居城）、Tochis（十市＝飛騨守ダリオによりキリスト教に改宗した石橋氏の居城）が記され、飯盛山城はキリシタンの集住地、布教拠点としてヨーロッパに知られるようになる。

4　三好領国の構造

三好氏の最大勢力圏は、摂津、山城、河内、和泉、大和、丹波、淡路、阿波、讃岐、伊予東部、播磨東部に及び、近江、若狭、丹後、備前にも攻め込んだ。大阪湾を挟んで近畿と四国にまたがる領国を、三好氏はどのように支配したのか。

三好本宗家

大きな枠組みとしては、近畿と四国に分けられる。芥川山城や飯盛山城を中心とし、三好長慶から義興、義継へと家督が継承されていった「三好本宗家」が、松永兄弟や三好三人衆を家臣として近畿を支配した。それに対して、勝瑞館を中心として、三好実休から長治、存保に家督が受け継がれた「阿波三好家」は、篠原一族や三好康長を家臣として四国を支配した。

「三好本宗家」が支配した近畿も、それぞれ地域分けすることができる。まず摂津上郡・摂津欠郡・河内北部・山城は、本宗家当主によって直轄支配された。排他的な領を形成するような国人は存在せず、交通路に基盤をおく領主や、地縁的に一村規模の領主が結集した西岡衆、南山城の「城州御被官衆御中・諸侍衆御中」（「武家事紀」）、「宇治田原諸侍（衆）御中」（「天理図書館所蔵文書」「馬の博物館所蔵文書」）などが存在した。河内国渋河郡の小郡代に長井孫四郎を補任するなど（「灯心文庫」）、一部では国郡制を利用した支配もおこなっている。

摂津下郡では、天文二十二年（一五五三）以降に、長慶から松永久秀に「下郡一職」という広域支配権が与えられた（「蜷川家文書」）。久秀はこの権限を梃子に、荘園を押領する三好方給人の利益を擁護し、荘園領主からの返還要求を拒否した。ただ、相論の裁許権などは長慶が掌握しているなど、長慶の代官的性格が強く、摂津下郡が久秀の私領となった訳ではない。久秀の私領自体は小平野庄（神戸市兵庫区）など滝山城周辺に留まったようだ（「平野協議会保管古文書」）。

また摂津下郡には、一定程度排他的な領を形成し、軍事的にも独立した国人として、池田氏と伊丹氏が存在していた。池田氏は細川氏の内紛の中で、筑後守と遠江家が家督を争っていたが、三好一族の血を引く筑後守家の長正が当主に就くと、家中の中核として池田四人衆が結成された。池田四人衆は三好氏の軍勢催促を受け、京都・丹波・和泉を転戦した（「大徳寺文書」「小林文書」「池田助一氏所蔵文書」）。三好氏が池田四人衆を介して池田家中を掌握していく中で、遠江守家の動きは全く見えなくなっているので、長正を後見して三好一門池田氏の確立に努めたのであろう。

丹波と和泉は、元々同盟関係であった守護代家の内藤氏と松浦氏を長慶が従属化し後見する形で、一国規模の支配が任された。内藤国貞が戦死すると、国貞の娘と内藤宗勝（松永長頼）の子の千勝が継承し、宗勝が後見にあたった。内藤氏は三好氏の家臣筋に継承され、長慶に従属化した。その一方で、三好氏は丹波の大芋一族中に宗勝への馳走を命じ（「丹波志」）、摂津からは池田氏や伊丹氏（「小林文書」）、山内一族中を丹波に派遣するなど（「比売許曾（ひめこそ）神社文書」）、宗勝を支援した。三好氏の力を背景にした内藤氏は、長く対立関係にあった波多野氏のうち秀親らを屈服させ、八上城を占拠することに成功する。内藤氏の下に丹波一国の領主をまとめあげようとしたのであろう。

また、松浦守が死去すると、長慶の弟十河一存の次男の萬満が松浦家の家督を継承し、長慶や一存が後見した。一存と共に長慶より後見を命じられた松浦盛は、敵対関係にあった岸和田氏を継承し、松浦氏は岸和田城を新たな居城としていく。

内藤氏も松浦氏も、三好氏の力を背景にそれまで激しく敵対していた国人を取り込み、その居城を接収して国内の全領主を編成しようとした。また、内藤宗勝が支配する丹波の土佐将監と、十河一存の重臣窪存重の家臣吉岡氏が相論を起こした際には、長慶は芥川山城で裁許するなど（「土佐文書」）、彼らの上位権力であることを示している。

大和は、基本的には松永久秀にその支配権が与えられた。久秀がそれまで与えられていた下郡一職は長慶に収公されたのであろう。久秀は信貴山城と多聞山城を有したが、信貴山城は松永氏の私領を治める城郭、多聞山城は大和一国を治める公的城郭という性格の違いがあったようだ。

永禄五年（一五六二）になると、久秀は興福寺より寺院内部の目代職改易をめぐる相論について裁許を求められたが（「一乗院文書」）、長慶に取次いだ形跡はなく、久秀が独自に裁許をおこなったと考えられる。翌年には柳生宗厳に判物形式の文書によって所領が宛がわれるなど（「柳生文書」）、大和における権限は、摂津の下郡一職よりもはるかに強化されていた。ただ、永禄二年の大和進攻や同六年の多武峰との戦いでは、長慶から多くの与力や援軍が派遣されており、久秀の大和支配は久秀単独でなし得たものではなかった。久秀はあくまでも長慶権力によってつくられた大名として位置付けられる。

このように、「三好本宗家」の近畿支配は、摂津・山城・河内北部の直接支配と、丹波・和泉・大和の間接支配、播磨東部の別所氏・衣笠氏や若狭西部の逸見氏などその周縁で軍事的に与同する勢力により成り立っていた。

阿波三好家

「阿波三好家」が支配した地域は発給文書が極めて少ないが、領主の従属度合いから、一定の地域分けをすることができよう。

阿波北部から淡路南部は、三好元長以来の篠原・塩田・森・市原・加地氏といった譜代家臣が拠点を置いた地域で、「阿波三好家」にとって直轄地と言える。これらの譜代家臣は畿内で実休とともに文書を発給するなど、「阿波三好家」の権力を執行した。また、彼らの本貫地は吉野川中流域であるが、勝瑞を中心に吉野川下流のデルタ地帯に集中的に配置された。

阿波南部や吉野川上流には、有持・一宮・海部・大西氏などが拠点を置くが、彼らは「阿波三好家」に対して従属度合は高くなく、軍事指揮権に服すのみであった。「三好系図」では元長の妹、「三好別記」「小笠原家三好家系図」では長慶の妹の嫁ぎ先とされる。その真偽は確認できないが、あくまでも家臣ではなく、三好氏の一族衆扱いされる独立性の強い領主であったといえる。伊予東部の宇摩・新居郡を支配した高峠城主（西条市）の石川通清も「澄水記」「予州来由記」では長慶の娘を迎えたとされるので、彼らと同じ範疇に分類できよう。

淡路と讃岐には、それぞれ実休の弟の安宅冬康と十河一存が配置されていた。しかし、彼らが一国全体の領主を編成したり、広域支配にあたったりした形跡はない。実休が讃岐西部の反三好勢力であ

上空からみた勝瑞城館跡（藍住町所蔵）

る香川氏を攻撃し、淡路南部の野口氏・福良氏・賀集氏を軍事動員した（「己行記」）。また、長治が讃岐東部の安富氏に所領を、淡路南部の船越氏に特権を安堵している。「阿波三好氏」は安宅氏や十河氏の所領を除き、淡路と讃岐の広域支配を担当していた。

河内南部は、実休にとっては占領地であり、阿波北部と同様に強い権限を持った。

実休の死後、基本的には篠原長房や実長などが主として阿波に在国し、三好康長を中心に篠原長秀・加地盛時・矢野虎村・吉成信長・三好盛政・三好盛長・市原長胤・伊沢長綱が「惣中」と号して河内の高屋城に在城して支配を分担した。篠原長房が制定した「新加制式」は、

「阿波三好家」の分国法でありその対象範囲は、阿波・讃岐・淡路南部と考えられる。

「阿波三好家」の支配範囲は、阿波北部・河内南部の直接支配と、讃岐東部・淡路南部の間接支配、阿波南部や伊予東部などその周縁で軍事的に与同する勢力により成り立っていた。永禄三年(一五六〇)頃、長慶が日向の鷹を求めた際、三好実休、安宅冬康、大西蔵人入道へ書状を遣わしている(「雑々聞検書」)。それぞれの独立性に応じたものと言えよう。

長慶存命中においては、「阿波三好家」も「三好本宗家」の間接支配の一類型に過ぎなかったが、「阿波三好家」は長慶死後の三好三人衆と松永久秀の内紛に際して存在感を増し、三好三人衆の優勢を決定づけた。元亀年間から天正初年にかけては、反信長陣営の中心となっていく。

畿内の政庁・芥川山城

三好長慶は天文二十二年(一五五三)八月に、将軍足利義輝を近江の朽木に追放し、本格的に京都支配をはじめ、摂津国内では芥川山城に居城を移した。長慶は晴元のように在京を志向しなかった。京都の幕府や朝廷の秩序から自由な立場を取るために、敢えて芥川山城に留まり、天皇家の仏事から村落間の用水に至るまで、畿内における三好領国内の裁許を全て執り行うことによって、長慶は畿内を支配する公権力として認められていった。

この芥川山城は、当時の人々からは「城山」や「芥川」と呼ばれた。朝廷や村落からの訴えは、基本的に松永久秀か三好長逸によって、長慶へ取り次がれた。そのため、芥川山城には、長慶をはじめ、息子の三好義興、松永久秀夫妻、石成友通、藤岡直綱らが暮らしていた(「厳助往年記」「北野社家日記」)。おそらく、彼ら以外にも三好長逸や鳥養貞長、狩野宣政など、裁許の際に申次や検使、上使など実務を担う奉行人も居住したのであろう。また、長慶と同じく連歌を好んだ弟の安宅冬康が訪問することもあった。

文献では城の構造は不明な点も多いが、弘治二年（一五五六）一月一日に、義輿・久秀らの「陣所数字」が火事により焼失したため、久秀は火事の跡地に醍醐寺より「金剛輪院殿御厨子所」を移築するなど、城の再整備をおこなっている（「厳助往年記」）。同時期に久秀の居城であった滝山城（神戸市中央区）には、山下に宿がなく城内の寺院に宿泊したこと、山上では金銭で物を買う場所がないこと、さらには久秀の家臣が居住していたことがわかっている（「東寺百合文書」）。芥川山城も山下に居住空

南上空からみた芥川山城跡
（高槻市教育委員会所蔵）

芥川山城の大手といわれる谷の最深部の石垣
（高槻市教育委員会所蔵）

間や城下町を設けず、山上に長慶親子や家臣が居住したと考えられる。

芥川山城の東隣には、芥川山城より高い帯仕山（おびしやま）がある。長慶はこの帯仕山に付城を築き、芥河孫十郎が籠城した芥川山城を攻略することから、軍事的観点からは難攻不落の名城とは言い難い。むしろ京都から一定の距離にある山城として、政庁機能に特化した城郭であった。

永禄三年（一五六〇）、長慶は河内の飯盛山城に居城を移す。芥川山城は長慶の子義興に継承され、教興寺の戦いに勝利した義興は「くつろきの為」に芥川山城へ帰城している（「大館記」）。義興は「義」の偏諱、「筑前守」任官、長慶に代わる判物の発給により、事実上長慶から家督を継承した。こうして芥川山城は三好氏の新しい当主の居城となった。義興や長慶の死後は、三好三人衆の一人である三好宗渭が芥川山城で山城国小塩庄（長岡京市）の相論を糺明しようとしている（「随心院文書」）。芥川山城は三好氏の本拠地であり、畿内の政庁、裁許の場としての位置付けが変わることはなかった。

そのため、永禄十一年（一五六八）九月、三好三人衆を撃破した足利義昭と織田信長は、洛中には入ることなく摂津へ向かい、芥川山城の攻略を最優先課題とした。そして、十月二日に芥川山城に入城すると、上洛することなく芥川山城において「五畿内隣国皆以て御下知に任せらる」と味方した部将へ畿内の所領を分配した（「信長公記」）。義昭や信長が、入洛することなく、わざわざ芥川山城に十四日間逗留し畿内の支配体制を定めたのは、芥川山城こそが三好氏の本拠地であり、畿内の政庁であると、人々に認識されていたためである。

永禄三年（一五六〇）十一月、三好長慶は畠山氏を破って河内・大和を平定し、芥川山城から飯盛山城に居城を移した。飯盛山城は当時「飯盛城」「飯守」などと呼称されていたが、どうして畠山氏の居城であった高屋城ではなく、飯盛山城を居城としたのであろうか。

飯盛山城の役割

飯盛山城は天文元年（一五三二）頃より、畠山氏の家臣の木沢長政によって本格的に使用され、長政滅亡後は同じく畠山氏の家臣である安見宗房に継承された。長政や宗房は、飯盛山城に隣接する山城南部や大和北部の領主を統合して、主君の畠山氏に匹敵する勢力を誇った。長慶も、こうした地域の領主を統合し、大和に進攻した松永久秀を支援することを意図したのであろう。

また、長慶が家督を譲り、京都方面を担当した三好義興の居城となった芥川山城は淀川をはさんで対岸にあり、いわゆる「大御所」として義興を後見することもできた。飯盛山城の西麓には東高野街道が南北に走っており、京都に出陣するにも、対畠山戦を担当した弟の三好実休が居城とした高屋城に向かうにも至便の地であった。

飯盛山城からは北は比叡山や京都、西は明石海峡や淡路島、南は天王寺や堺を望むことができた。そして、芥川山城では大手の谷筋や出丸の一部にしか用いられていなかった石垣が飯盛山城では城域全体に用いられるようになり、その威容を魅せつけた。

さらに城郭の由緒を考えると、長慶の政治的アピールが隠されていたように思われる。長慶は飯盛山城に入城すると、すぐに新羅社（しんらしゃ）を勧請した（「兼右卿記」）。新羅社は三好氏の祖である新羅三郎源義光が元服した神社であり、飯盛山城を畠山氏の家臣の城から三好氏の祖廟の城へと転換させた。

長慶は管領家で摂津守護でもある細川氏が築いた芥川山城を、畿内を支配する三好本宗家を継いだ息子の義興に譲った。また、同じく管領家で河内守護でもある畠山氏の居城であった高屋城は、河内南部と四国東部を支配する阿波三好家の当主となった弟の実休の居城となった。長慶は細川氏や畠山氏のかつての本城に格下の義興や実休を配することで、三好氏は細川氏や畠山氏を超越する存在であることを示すと共に、自らを三好本宗家から切り離し、義興の三好本宗家と実休の阿波三好家の上に位置付けたのである。

飯盛山城には、芥川山城にはない地理的条件があった。キリスト教宣教師が飯盛山城の三好長慶を訪問した際の記録を残している。「フロイス日本史」には、「この飯盛城の麓には、長さ四、五里の大きい淡水湖（深野池）があり、そこにはおびただしい独木船、その他の小船がある」と記される。アルメイダは、「午後三時に或る川（旧大和川）に到着した。そこは、堺から三里離れた飯盛に向けて乗船する場所であった。同所にはすでに城の重立ったキリシタンの貴人が差し向けた二艘の船が我らを待っていた。（中略）かくして我らは城の麓に至るまで川を遡った。我らは城の上に登るまでには、非常に険しく難儀な道をおよそ半里、歩かねばならなかったが、船を降りると既に駕籠が私を待っていた」と一五六五年十月二十五日付で書簡を送っている（「十六・七世紀イエズス会日本報告書　第Ⅲ期第2巻」）。

飯盛山城の西麓には東高野街道が南北に走っているが、城の麓にまで迫っていた深野池を利用した河川交通も重要な交通路であったことがわかる。川をさかのぼったとする記述から、渡辺津から旧大和川水系の水運を利用したのであろう。旧大和川は大阪平野に入ると分流するが、そのうち玉櫛川が深野池や新開池に注ぎ込みながら、最後は天満や渡辺津を通って大阪湾に流れ込んでいた。深野池には多数の川舟が存在しており、恒常的な河川交通が確立されていたことが窺える。このような大阪湾岸の港湾都市への接続に便利であった点も考慮し、長慶は飯盛山城を自らの居城として選択したのであろう。

アルメイダはまた「山頂（飯盛山城）に到着し、我等は司祭や件の貴人、およびその家族から多大な歓喜と満足をもって迎えられた。翌朝、人々が説教を聴きに来たが（中略）貴人は皆、今や都とその周囲の国々を領する国主の家臣であり、その国主は三好殿と称する。彼は領国中で最も堅固な城の一つである当城に、己の最も信頼する家臣らと一緒に留まっており、また彼らは家族や妻子と共に同所に住んでいる」と記している。飯盛山城も芥川山城と同様に城下町を持たず、家臣やその家族は山城の内に住んでいた。

堺の菩提寺と海外貿易

長慶は芥川山城と飯盛山城という畿内を代表する山城を政庁に特化し、家臣団も山上に集住させ、麓には城下町をつくらなかった。畿内という全国経済の中心を支配する長慶は、中途半端な城下町をつくるよりも、あえて政治と経済の機能を分担することを選択し、三好氏領国の宗教的・経済的機能は堺に担わせた。

堺は戦国時代に高い都市自治を達成し、国際貿易港として栄えた。室町時代には足利将軍家が帰依する相国寺の崇寿院領となり、細川京兆家は堺北庄に香西氏とその配下の本庄（西山）氏を、堺南庄には安富氏とその配下の小坂氏を配置した。天文十八年（一五四九）九月には、和泉守護代の松浦守が堺に籠城し根来寺を撃退するなど（「古簡雑纂」）、和泉守護勢力の拠点にもなった。

また、大永七年（一五二七）には、足利義維・細川晴元・三好元長が渡海し、「堺幕府」の本拠地ともなったが、享禄五年（天文元年、一五三二）には、長慶兄弟の父元長が細川晴元と一向一揆に追い詰められ、法華宗日隆門流の顕本寺で自害した。顕本寺はその由緒により、元長の「位牌所」と定められ（「顕本寺文書」）、弘治二年（一五五六）六月十五日には、元長の二十五回忌の法要として千部経の読経がおこなわれるなど、亡父を弔う重要な寺院となっていた（「細川両家記」「足利季世記」）。

さらに他にも、堺には三好元長に因む寺院がある。弘治二年に長慶が父元長の菩提のために建立を始め、翌年に完成したとされる臨済宗大徳寺北派（大仙院派）の南宗寺である。大徳寺の大仙院を拠点に活動した古岳宗亘（こがくそうこう）は、堺に末寺として南宗庵を有していた。こうした本末関係は、三好元長にも確認・保護されていた（「大仙院文書」）。この南宗庵を前身とし、天文十七年に死去した古岳の弟子の大林宗套を開基に迎えた寺院の建立は、もともと茶人の武野紹鷗によって企図されていたが、紹鷗が弘治元年に没すると、同じく大林に帰依していた長慶の発願により、ようやく建立に至った。

南宗寺には、松永久秀が亡妻の菩提を弔うための勝善院や、天王寺屋津田宗及が父宗達のために大通庵が創建された。この宗及の子の江月宗玩は、南宗寺及び大徳寺の住持へと出世していく。また、南宗寺では、一休宗純以来大徳寺を支援してきた堺の商人が度々参禅して茶会を開くようになり、三好氏だけではなく茶道の千家や豪商の津田家などの供養塔もおかれている。

顕本寺と南宗寺に共通するのは、一つは長慶兄弟の父元長を祀っている点である。長慶兄弟は集住することなく、それぞれ東瀬戸内の各地の支配にあたった。そのため、東瀬戸内の流通の中心である堺に、兄弟の父元長を祀る寺院を整備することで、堺を長慶兄弟や後には重臣松永氏までも含めた三好氏権力全体の精神的な紐帯としたのである。

もう一つは、海外貿易との関係である。顕本寺を西日本の中本山とする法華宗日隆門流の教線は種子島まで及び、戦国時代になると末寺である種子島の本源寺から本山の本能寺へ、鉄砲、唐目の五色糸、琉球の布、屋久島の織物、煙硝などが献上品として送られていた（「本能寺文書」）。こうしたヨーロッパや中国、琉球、タイ、カンボジアなど東南アジアとの交易で得た品々は、細川晴元や豊臣秀吉への礼物としても使用されていた。日隆門流は独自の海外交易ルートを有していたのである。

南宗庵を有した古岳宗亘は、その語録によると、琉球の天王寺や円覚寺の住持となった不材一樗（ふざいいっちょ）と交流を持ち、明との貿易に従事する宗叱（そうしつ）など堺商人の帰依を受けていた。また、古岳の法流を継承した大林宗套は、堺商人の支援を受け本山大徳寺で出世を遂げ、三好長慶や義興の帰依を受け堺に南宗寺を開創した。その後、古岳を派祖とする大徳寺北派（大仙院派）で、琉球と関係を持つ古岳宗亘・春屋宗園・古渓宗陳・玉甫紹琮・沢庵宗彭・江月宗玩は、全て南宗寺住持となっている。また琉球出身で対島津氏外交にも携わった菊隠宗意も、大徳寺北派に学んだ。

長慶による南宗寺創建の目的の一つは、足利将軍に保護されてきた五山が独占してきた日本の対東アジア貿易体制を打破し、大徳寺北派やそれに帰依する堺商人を介した海外貿易を促進するための基盤整備にあったのである。

長慶は父の祭祀を営んだり、領国内の東瀬戸内のことだけを考えていたりしていた訳ではない。法華宗日隆門流と臨済宗大徳寺北派という宗教勢力を介して、ヨーロッパ人の来航や勘合貿易の崩壊によって激動する東アジア世界に対応しようとしていたのである。

ただ、長慶は宗教勢力にのみ依存していた訳ではない。三好氏の家臣も海外貿易に関与していたようだ。文禄二年（一五九三）、豊臣秀吉は長崎の豪商である原田喜右衛門に台湾にあったという高山国に朝貢を促すよう命じた。その際、富田一白は喜右衛門に三好長逸家臣の坂東季秀の子甚八が如在なき人であるので、同行させるよう伝えている（「種村信子氏所蔵文書」）。また慶長元年（一五九六）には、儒学者の藤原惺窩が明国に渡るため、薩摩の山川港（指宿市）の代官三谷氏の屋敷に宿泊したが、三谷氏は京都出身で松永久秀の元家臣であった（「南航日記残簡」）。これらは傍証ながら、三好氏の家臣が海外貿易のノウハウを持っていたことを示す。

そうした成果の一つが、三好軍の軍備に現れる。

禁制　　清水寺

一、当手軍勢甲乙人乱入狼藉の事、
一、山林竹木の剪り採り、幷びに下草・茸を取る事、
一、伽藍に向い鉄放(ママ)を放つ事、付けたり、近郷の輩が竊かに当山に出入する事、

右の条々、堅く停止せしめおわんぬ、山中の儀においては、成就院本願として先々の如く、これを警固あるべし、もし違犯の族に至っては、速やかに厳科に処すべき者也、仍って下知件の如し、

永禄元年九月　日　　筑前守（三好長慶）（花押）

（「清水寺成就院文書」）

三好長慶が京都周辺で足利義輝と戦争を繰り返していた時期に、清水寺成就院より要請を受けて、戦争に伴う違乱行為を取り締まった文書である。注目すべきは、三好軍の足軽らが清水寺の伽藍に向けて、鉄砲を放っている点である。こうした伽藍への発砲を取り締まる禁制は、この後も永禄四年七月に松永久秀、同年八月に三好義興、永禄八年六月に三好義継と松永久通によって発給されていることから、三好軍は末端に至るまで相当の鉄砲を所持していたことが判明する。こうした鉄砲の多くは海外から購入するか、堺で生産されたものであろう。

堺の豪商と外交

堺の豪商を代表する者として、十人の会合衆がよく知られている。文明年間に堺南庄に居住していた季弘大叔（きこうだいしゅく）の日記「蔗軒日録」によると、三宅氏、池永（湯川）氏、和泉屋道栄などが確認され、彼らは材木商や貿易商であった。その後、入れ替わりがあり、戦国時代の構成員と考えられるのが、天正二年（一五七四）三月二日に、織田信長が相国寺で茶会を催すために堺より招いた紅屋宗陽、塩屋宗悦、納屋今井宗久、茜屋宗左、山上宗二、松江隆仙、高三隆世、魚屋千宗易（利休）、油屋伊達常琢、天王寺屋津田宗及の十人である。

このうち、傍点を付した者は三好氏との茶会に臨席したことが確認できる者たちである。また、高三隆世は長慶兄弟が保護した顕本寺の僧侶であり、伊達常琢（じょうたく）は三好実休一家が帰依し妙国寺を建立した日珖の兄である。さらに、一休宗純以来、大徳寺を支援してきた堺の豪商が、好んで自らの名に「宗」の字を用いてきたことを踏まえると、三好氏に保護されてきた臨済宗大徳寺北派と法華宗を信仰する豪商が、天文末年に勘合貿易が途絶した後に新たな海外貿易の担い手となり、会合衆の座を独占していたことが窺える。

こうした茶人だけではなく、等恵や辻玄哉といった堺の連歌師も長慶の連歌会に度々出席した。そうした堺の豪商の中でも、特に三好氏の外交政策に大きな役割を果たしたのが、若狭屋宗可であった。永禄二年（一五五九）、三好実休は伊予の来島村上氏と結び、香川氏を討つために讃岐西部に出兵した。そのため、備前にまで勢力を広げつつあった毛利元就との間で軍事的な緊張が高まっていた。そこで、十一月に三好氏は松永久秀を介して、大友宗麟に九州探題と大内家督を与える足利義輝の御教書を発給させた（「大友家文書録」）。三好氏は九州北部や長門・周防の毛利領へ出兵する大義名分を宗麟に与えることで、備前・讃岐方面での毛利氏との緊張緩和を図ったのだ。この時、宗可は「内々」に大友氏と交渉にあたっており、義輝の使者である久我宗入は茶湯一見のため豊後へ罷下る際に、茶湯の「心事」は宗可に尋ねるよう伝えている。宗可は茶入の大名物である国司茄子（藤田美術館所蔵）を有する茶人でもあった。

宗可は多聞山城における松永久秀の茶会にも度々臨席している（「松屋会記」）。永禄四年正月の茶会に出席して以後、永禄六年正月の多聞山城の茶会では、興福寺の成福院、京都の医者である曲直瀬道三（まなせどうさん）、奈良の豪商の松屋久政、久秀の重臣の竹内秀勝と並んで列席している。永禄八年正月には茶頭を務めるほど久秀と懇意であった。

宗可はまた、三好長慶と伊予の河野通宣との外交でも仲介役となっている。

未だ申し通さず候といえども、拙翁斎談ぜられ候条、啓せしめ候、仍って具足二両（金糸毛）之を進め候、御音信ばかりに候、上辺御用の儀候はば承るべく候、猶（若狭屋）宗可申さるべく候、恐々謹言、

（永禄三年）十月廿九日　　久秀（花押）

（来島通康）村上出雲守殿

進之候

（「東京大学史料編纂所所蔵村上文書」）

それまで外交関係がなかった三好氏と河野氏が交渉をはじめるにあたり、重臣同士の松永久秀と来島村上通康が書状を交わしたが、その仲介をおこなったのも、宗可であった。

若狭屋宗可はおそらく瀬戸内海を商圏とする豪商で、茶湯に通じた文化人として公家や大名と繋がりを持っていたため、三好氏の外交に重用されたのであろう。後に豊臣秀吉と大友宗麟との交渉で仲介役となった千利休の先駆けとも言える存在であった。

三好氏は宗教勢力や豪商など、都市上層を保護するだけではなく、都市全体の支配を目指していく。

（前欠）土手方曲事たるべく候、堅く異見を加えられ、無事肝要の事、尚松永弾正忠申さるべく候、恐々謹言、

七月四日　長慶（花押）

堺南庄中

（「萬代家文書」）

松永久秀の「弾正忠」という官途から、永禄三年（一五六〇）以前のものとわかる。「土手」は「日葡辞書」によると、堤または土塀を意味する。堺は環濠を北・東・南にめぐらせた都市で、「土手」とはこうした環濠に対応した防御施設と堤防を兼ねたものであろう。

この堺の環濠は、堺の都市自治を脅かす大名権力に対抗するためのものと考えがちであるが、天文十八年（一五四九）に根来寺勢が和泉を制圧し「堺津堀際」まで迫った折には（「古簡雑纂」）、松浦守が堺に籠城し撃退するなど、必ずしも大名権力を排除するためのものではなかった。堺の環濠が天正十四年（一五八六）に埋め立てられたのは、前年に根来寺が豊臣秀吉に降伏し、軍事的脅威が除去されたことにより防御施設としての役割を終えたためで、自治の問題ではなかった。

長慶はこうした堺をとりまく土手の整備の不行き届きに対して、「堺南庄中」より意見して「無事」を図るように命じている。長慶の命は「堺南庄中」の惣町に伝えられた後、それぞれの個別町に伝達されるのであろう。

長慶は都市防衛や治水という個別には解決できない都市民全体の問題に対応し、堺の惣町である「堺北庄中」「堺南庄中」という地縁的な都市共同体を支配対象に位置付ける体制を調えていく。戦国時代、畿内の城下町や寺内町の多くが惣構を築き、都市民は領主に対して生命・財産の保護を求めていた。長慶はそうした都市民全体に関わる欲求を吸い上げる公権力として自らを位置付けようとした。

堺における三好氏の拠点としては、堺北庄の外側にあったとされる海船政所が有名であるが、これは宝暦七年（一七五七）に成立した地誌「全堺詳志」に初めて見えるもので、戦国時代の史料では全く確認できない。史料上確認できるのは、かつて堺大樹足利義維が座所としていた四条道場引接寺が長慶の座所に指定され（「開口神社文書」）、三好長逸（「フロイス日本史」）や松永久秀の母（「妙顕寺旧蔵永禄之旧規勝劣一致和睦之次第案文」）の邸宅があったことである。

さらに、「フロイス日本史」の永禄九年（一五六六）の記事によると、「高貴な武士で堺奉行（ゴベルナドール）（Governador）であり、大いなる権能を有するゴノスケ殿（Gonofuquedono）」が、堺に在住していた。このゴノスケとは、三好長慶や義興の家臣である加地権介久勝のことであろう。

加地久勝は三好三人衆と連署して文書を発給していることから（「法隆寺文書」「離宮八幡宮文書」）、三好氏権力の中核を担う重臣が堺奉行として配置されたことは間違いない。

平野と代官

戦国時代に堺と並ぶ高い自治を達成していた都市として、平野（大阪市平野区）がある。堺は摂津と和泉の国境に栄えた都市であったが、平野は摂津と河内の国境に位置する都市であった。永禄十一年（一五六八）に畿内に進攻した織田信長が、堺に対して矢銭二万貫を要求した際には、堺の「会合衆等」は信長に対抗するため、平野の「平野庄年寄御衆中」と都市間同盟を結ぼうとしたことでもよく知られている（「東末吉文書」）。

その平野にも、三好氏の代官が設置された。

平野内中野分の事、申し合い候上は、御知行肝要に候、恐々謹言、

天文廿一年
十二月十九日　松永弾正忠
久秀（花押）

平野甚三郎殿
御宿所
（「隠心帖」）

平野内中野分の事、平野甚三郎方へ申し合い候間、其の意を成され、渡し置かるべき事専一に候、恐々謹言、

十二月十九日　松弾
久秀（花押）

本加（本庄加賀守）
松孫（松永孫六）
（「杭全神社文書」）

松永久秀は「平野殿」と呼ばれた杭全神社神主の坂上氏に中野分を宛行い、自らの家臣の本庄加賀守と松永孫六に、その執行を命じた。松永孫六はこの後、丹波の八上城主となり平野を離れたが、本庄加賀守は平野庄の代官の地位にあった。

しかし、本庄加賀守は平野の都市民と対立し、弘治三年（一五五七）七月十三日には、平野庄の年寄衆である成安善九郎長保や徳成兵部丞家信、土橋七郎左衛門尉正次、他十四名が「本庄加賀守殿嫌申すべくについて、各一味同心仕り候、其のため連判仕候間、聊かも相違あるべからず候者也」と、連判状を作成する事態となった（「含翠堂文庫所蔵文書」）。

本庄加賀守が代官を更迭されたかどうかは不明であるが、織田信長の支配下にあった天正六年（一五七八）五月には、平野の年寄衆が再び連署して信長家臣の蜂屋頼隆の下代官である平井四郎兵衛の更迭を訴えており（「土橋文書」）、代官と年寄衆の対立は長く続いたようだ。

長慶も信長も、堺や平野といった高い自治を達成している都市にこそ奉行や代官を配置したかったのだ。

三好氏にとって、首都京都に攻め上るという軍事的観点からも、東瀬戸内と首都京都を結ぶ経済的観点からも、淀川の通行保障は重要な問題であった。

吹田で淀川から分流する神崎川の河口の港町尼崎・大物の後背地に位置する長洲荘は長尚・長慶・連盛、旧淀川下流の榎並荘は長慶・冬康、中流の河内十七か所は長慶、河内十七か所と深野池の間に位置する河内八か所は之長・元長が代官を請け負った。

このように三好氏は淀川流域の荘園を集中的に支配していったが、地政学的な問題以外にも、榎並荘・河内十七か所・河内八か所は京都に最も近い大庄で、収入自体も大きかった。

また、長慶は、淀川下流から渡辺・難波の領主である渡辺千満、鳥養の鳥養貞長、淀の藤岡直綱、伏見の津田経長、東山汁谷口の今村慶満と、京都に至る淀川水系に拠点を持つ領主の把握に努めていた。

急度申し候、仍って惣郷中船の事、大小によらず御城際に悉く付け置かるべく候、一艘たるといえども相違の儀は、向後曲事に候の段、仰せ付けらるべく候、恐々謹言、

六月七日　　長慶（花押）

（「大阪城天守閣所蔵武将花押鑑」）

宛先が欠損しており不明であるが、長慶は三好方の城の周りに惣郷中の船を残らず集めることを強

く命じている。畿内における三好方の城で海岸ないし河川に隣接して城があり、また惣郷中として大小の多くの船を所有する場所としては、淀が挙げられる。大阪湾と首都京都を結ぶ淀川交通の中心として、淀には戦国期に「淀六郷船方中」「淀過書廻船中」などが成立し、淀大船は関所を通過する際の免税が認められ営業が保障されていた。長慶が淀城への船の動員を強く命じたのは、淀川交通の支配の一環であった。

京都の都市共同体

天文十九年（一五五〇）七月、京都奪還を企てる足利義輝・細川晴元・六角定頼は洛北に進出した。これに対して、長慶は山崎に陣を据え、三好長逸の息子長虎らが義輝方に戦いを挑んだ。この時、義輝方は洛中の百姓より地子銭を徴収しようとしたため、百姓は晴元の軍勢などに「悪口」を加えた。こうした状況下で、長慶は次のような条々を布告した。

条々

一、公方衆の地子銭の儀は、御入洛まで百姓前で相拘うべき事、

一、寺社本所領は、この間ありきたり候の如く納所せしむべき事、

一、当方衆が取り来たる請地ならびに当知行分は、町中として速やかに取り立て、此方へ納むべき事、付けたり上使を出すべき事、

一、牢人衆を許容の輩これあるに於いては、以後たるべきといえども、聞き付け次第成敗せしむべき事、

一、京中へ出入の事、使のほか、貴賤によらず停止せしむの上は、罷り越し、或いは謂われざる儀を申し懸け、或いは狼藉致すに於いては、相支え注進あるべく候、申し付くべく候、恐々謹言、

（天文十九年）七月十日　　三好長慶　在判

上京洛中洛外惣御中

（「室町頭町文書」）

長慶は義輝方への地子銭の納入を禁じる一方で、味方への地子銭は京都の地縁的な共同体である「町中」の力を利用して納入させている。また義輝方の牢人衆をかくまうものは成敗するとした。さらに戦闘地域である京中への立ち入りを禁じ、不当な要求をする者や狼藉をする者などについて、地縁的共同体から報告すれば長慶が取り締まるとする。長慶は、義輝方に味方する行為を禁じ、地縁的共同体を通じた治安の維持を目指して、上京洛中洛外の惣中に一律的に布告したのである。

このように地子銭の納入や牢人隠匿の禁止を一方的に命令するだけでなく、不当な行為を取り締まって保護する条項が一通の法令に盛り込まれた。

長慶は武士の狼藉を抑止し治安維持に努める代わりに、都市共同体に対して納税その他の支配に関する法令の伝達や遵行を求めた。義輝との攻防が続く中で、都市共同体の要求を実現することで支配の正当性を確保し、京都支配の基盤として位置付けたのである。

この頃、京都の地子銭は、町共同体によって徴収され、領主へ納入されるようになっていた。そのため、内藤宗勝と三好長逸は「洛中洛外下京中」に対して、地子銭など諸税の納税を求める長慶の折紙を伝達するよう求めている。こうした三好氏の命令は「上京中」「下京中」の惣町に伝えられ、惣町からそれぞれの個別町へと伝達されていったのである。

また、鳥養貞長は個別町の共同体に相当する「当地百姓中」に対して、「御大工知行御小屋跡并びに三条御小屋跡地子銭」を保留しておくようにと、長慶の命令を伝えることもおこなっている。これらの文書は、都市共同体の共有文書である「室町頭町文書」として、現在まで伝えられている。

さらに、長慶の家臣と京都の町衆が衝突することもあった。

急度申し候、仍って去十六日、立売四町衆、生嶋弥六前において跳ねるの刻、飛礫を打つと号して、謂われなく其の庭において彼の宅以下を破損せしむ由候、如何これあるの儀に候哉、生嶋が事在国致し足弱も留守中、此くの如きの儀迷惑の旨に候、糺明の上をもって、有様たるべきの旨申し分けるべき事、肝要に候、恐々謹言、

七月廿一日　　　　長慶（花押）

当四町中

（「室町頭町文書」）

立売四町衆が長慶の家臣の生嶋弥六の邸宅の前で風流踊を踊っていたところ、弥六の邸宅から飛礫を受けたとして、邸宅を破壊する事件が起こった。戦国時代の常識では、こうした場合、弥六かその主君である長慶が有無を言わさず、武力により報復するところである。しかし、弥六は私的な報復(喧嘩、自力救済)を慎み、自分や妻子は京都を留守にしており、町衆の言い分は迷惑と、長慶の法廷に訴えた。そこで長慶は立売四町中に事件の糺明と報告を求めた。

その後、町共同体が生嶋邸を破壊した犯人を自ら処罰し、弥六に損害賠償をおこなうなど自浄能力を発揮したのか、それとも町共同体の代表者が芥川山城に赴いて報告をおこない、長慶によって犯人が処罰されたのかは不明である。しかし、長慶は治安維持においても、町共同体の自律性を認め、一定の責任を負わせていた。

戦国時代になると、自治的自律的な村や町が畿内各地に成立し、地縁的な共同体によって運営されるようになっていった。そして、村や町の成り立ちを支える様々な文書を、荘園領主の手を借りず、自ら保管し守り抜いていった。こうした村や町は江戸時代を乗り越え、近代に至るまで社会の基礎的な単位となった。長慶はこうした村や町の共同体を支配単位として位置付けた。そして、こうした共同体に外側から接するだけでなく、村や町の上層部に信仰された戦国仏教を保護することで、内側からの掌握にも努めたのである。

第六章　後継者たちの苦悩

1　足利義輝を討つ

織田信長・豊臣秀吉に仕えた太田牛一(うしかず)が編纂した「信長公記」の巻一は、次のように始まる。

義輝の討死

先公方光源院義照(輝)御生害、同舎弟鹿苑院殿、其外諸侯の衆歴歴討死の事、其濫觴は三好修理大夫(長慶)、天下執権たるに依って、内々三好に遺恨思食さるべしと兼て存知、御謀反を企てらるゝの由申掠め、事を左右に寄せ、永禄八年五月十九日に清水参詣と号し、早朝より人数をよせ、則ち諸勢殿中へ乱入、

三好義継画像模本
（土佐光吉筆，京都市立芸術大学芸術資料館所蔵）

永禄八年（一五六五）に三好義継が「御謀反」を企てた将軍義輝を討ったが、太田牛一は長慶の死去を知らなかったようで、長慶が義輝を殺害したと記している。元和年間に作成とされる「北条五代記」においても、義輝を討ったのは長慶と記しており、地方では、長慶の死の秘匿は成功していたようだ。

しかし、京都では長慶の死を隠し通すことはできなかったのではなかろうか。法勝寺における伝戒の執行と寺内寮舎の壊取を停止することを、三好方が浄福寺に安堵した際、三好義継（重存）の下知を奉じて、三月一日に長松軒淳世が、四日に某元清と奈良長高が、七日に三好長逸と三好政生（宗渭）が、四月二十九日に松永久通がそれぞれ文書を発給している（「浄福寺文書」）。長慶存命期にはなかった状況であり、京都の人々はなんらかの異変を感じとったであろう。

五月一日、義継は和久基房・和久是房・寺町某・三好長逸・松永久通を率いて上洛し、義輝に出仕した（「雑々聞検書」「言継卿記」）。この時、義継の官途は内々には「匠作（修理大夫）」で調整されていたが、結局は左京大夫となった。また、義輝より偏諱を受けて、義継は名を「重存」から「義重」に、久通は「義久」へと改めた。

五月十八日、義継は一万余りの軍勢を率いて再び上洛した（「言継卿記」）。長逸は知恩寺に、義継は革堂に、久通は相国寺常徳院の内の大森寿観の宿に入った。それほど緊迫した雰囲気はなかったようで、山科言継と勧修寺晴右はそれぞれの陣所に赴き、義継の奏者の金山長信や、久通の奏者の海老名家秀・清原枝賢・伊丹玄哉に礼物を届けている。

六角氏などの敵もいない状況下で義継が一万余りの大軍を率いて京都に進駐しても、義輝はなんら警戒することもなく、危機感が欠如したままであった。

そして、翌十九日の辰の刻（午前八時頃）、義継らは義輝の御所を攻撃し、午の初刻までに義輝を討ち取った。討死したのは義輝とその弟鹿苑寺周暠、母の慶寿院と奉公衆たちであった。義輝所有の「小袖の唐櫃・御幡・御護等櫃三」は伊勢貞助が朝廷へ預けた。二十日には久我家や高辻家、近衛家も討たれると噂が流れたが、二十一日に三好長逸が参内し正親町天皇より小御所の庭で酒を下賜されると騒ぎも収まり、二十二日には奉公衆や奉行衆が、義継や久通の許に御礼に赴くことになった。言継が十九日に「先代未聞」と評した事件も、三日ほどで朝廷や幕臣から追認されることになったのである。後に、正親町天皇は将軍家の象徴たる小袖の唐櫃を三好方に下賜し、三好将軍を容認した。

なぜ義輝を討ったのか

三好義継らが義輝を討った要因は何であろうか。山科言継は阿波にいた足利義栄（よしひで）を擁立するためと考えた。しかし、義栄が阿波三好家の篠原長房に擁立されて畿内に渡海するのは、義輝が討死して一年半後の永禄九年九月であり、義継が義栄擁立を当初から考えていたとは考えにくい。また、三好氏は元長の時代に義栄の父義維を擁立したが、義維・義栄親子は義輝に代わりうる存在であったのだろうか。現在のところ、義維の御内書は三通、義栄の御内書は三通しか確認されておらず、諸大名から将軍家としてほとんど認識されていない。また、次の足利義昭の書状を見てみよう。

今度公方様（足利義輝）御儀、題目是非に及ばず候、其れに就き、進退の儀気遣い候処、霜台（松永久秀）誓紙を以って別儀あるべからず由候間安堵せしめ候、弥疎略なきにおいては、別して祝着たるべく候、尚委細は竹下（竹内秀勝）へ申し候、憑み存ずほか他なく候、恐々謹言、

（永禄八年）五月廿二日　（花押）

松永右衛門佐（久通）殿

（「円満院文書」）

当時義昭は興福寺一乗院に入寺し、覚慶と称していた。義昭は京都で兄義輝が討たれ、我が身を案じていたところ、大和にいた松永久秀から義昭を殺害する気はないとの誓紙を受け取り、安心している。事の詳細は久秀の重臣である竹内秀勝より聞いてほしい、久通を偏に頼むほかないと述べている。松永久秀は将軍義輝殺害の首謀者どころか、大和に在国し義昭の保護を図っていた。むしろ息子の久通が義輝を討つのに積極的であったと言えよう。久秀は久通が義輝を討つこと自体には反対した様子

もないので、義輝に代わって義昭を擁立し、傀儡化することを考えていたのではなかろうか。

こうした状況から、義輝を討つことを計画したのは、実際に軍勢を動かした三好義継や松永久通、三好長逸であろう。彼らは、教興寺の戦いによって、真の敵は義輝であることを知った。義輝の娘（総持寺殿）を人質として徴し、朝廷に改元を申請するなど、三好方と義輝の緊張が高まる中で長慶は死去した。その後継者となった義継は、まだ十五歳にも満たない若者であった。「信長公記」にあるように、義輝が勢力回復を目指し「天下執権たる」三好氏に「御謀反を企て」たため、義継が先手を打ったとしてもおかしくない。

義継は義輝を討った後、どのような構想を持っていたのであろうか。様々な栄典の授与により将軍並の自意識を持つようになった三好本宗家を継ぎ、近衛家と関白をめぐって朝廷を二分する勢力を誇った九条家を母に持つ義継は、当時の日本で最高級の貴種と言えよう。その義継が、義輝を討った後に「義重」から「義継」と改名し、久通に偏諱を解消させたのは、足利氏の擁立を放棄し、義継自らが「義」を通字とする足利将軍家の地位を継ぐという主張のように見える。

永禄年間の三好氏は、急激な勢いで家格が上昇していた。戦国期の位階は五位が守護家、すなわち将軍直臣で、四位が相伴衆に相当するとされていた。そうした中で、長慶存命時に、長慶・義興・長逸・久秀の四名が従四位下に上り、長慶・義興・実休が相伴衆であった。さらに相伴衆を上回る新たな栄典として桐紋を拝領したのが、長慶・義興・久秀の三名であった。

将軍義輝が従四位下で、阿波の義維と義栄が従五位下に過ぎなかったことを踏まえれば、三好氏は権勢を極めたと言えよう。その一方で、一つの大名家において、当主も一族も家臣も同格化してしまった。そうなると、特に若年の義継は埋没の危機を迎えてしまう。義継が三好家を率いていくためには、一族や家臣を越える地位に就かねばならなかった。

養父である長慶世代の苦労を知らず、栄誉を極めた姿しかない知らない貴公子の義継にとって、義輝を討つことはたやすいことであった。

公家の記録にも義輝への同情や義継に対する批判はほとんどなく、淡々とした記述に終始している。奉公衆の反発もなく、六月九日に執行された義輝の葬礼では相国寺を除き五山十札諸宗の諷経もなかった。京都は長慶段階で義輝が五年間にわたって不在にしていた状況を既に経験しており、将軍の影響力自体が失われつつあったのであろう。

2 長慶の葬礼

内紛と和平

義輝の討死に機敏に反応したのは、紀伊に没落していた畠山政頼であった。畠山氏の重臣の安見宗房は永禄八年(一五六五)六月二十四日付で、上杉謙信の重臣の河田長親と直江景綱に宛て、義輝は「天下諸侍御主」であり討たれたことは無念であるので、謙信に挙兵を促し、大覚寺義俊が朝倉義景・武田義統・織田信長を調略していることを伝えた(「河田文書」)。

そして、七月二十八日、朝倉義景の調略により、足利義昭は大和を脱出し甲賀和田城に逃れた。直後の八月二日には、丹波奥郡で内藤宗勝が荻野直正に敗れて討ち死にした。義継包囲網が形成されつつある中で、この二つの大きな失策を犯したことにより、松永久秀の地位は義継権力の中で大きく低下したようだ。十二月十六日、三好三人衆は飯盛山城を占拠して、義継の側近である長松軒淳世と金山長信を斬り、松永久秀との断交を迫った（「多聞院日記」）。

これにより、三好本宗家は三好三人衆と松永久秀・久通親子の戦いに突入していく。久秀は畠山氏と結び、三好三人衆は阿波三好家と同盟した。戦いは永禄九年（一五六六）六月に阿波より篠原長房が摂津に渡海すると三好義継・三好三人衆・阿波三好家連合軍が圧倒的優勢となり、松永方の滝山城・越水城・西院城・勝龍寺城・淀城が開城し、畠山氏との和睦交渉が進んでいった。

葬礼に見る義継の決意

畿内の平和を回復した三好義継と三好三人衆は、長慶の三回忌を前にした永禄九年六月二十四日に、河内の真観寺（八尾市）で長慶の葬礼を営んだ。

葬礼は大徳寺の笑嶺宗訢が最も重要な導師と秉炬（ひんこ）を、天龍寺の策彦周良は奠茶を、東福寺の献甫禾上は奠湯を、大徳寺の長老らがその他の仏事を担当し、相国寺の蔭凉軒らが参列した。龍安寺からは経木代として出銭がなされた。義継や長逸が参列し、義継は感涙し多くの諸士も涙を流したという（「鹿苑日録」）。

長慶の葬礼はいくつかの点で極めて「異例」なものであった。長慶が深く帰依した大林宗套が存命中にもかかわらず、その法嗣の笑嶺宗訢が導師を勤めたこと、三好氏とは縁もゆかりもない南禅寺派の真観寺でおこなわれたこと、将軍義輝の葬儀を欠席した五山の長老がこぞって参列し仏事を勤めた

笑嶺宗訢坐像
（京都市北区・大徳寺聚光院所蔵）

ことである。

これらの点にこそ、長慶の葬礼を執り行った義継の真の目的があった。

室町時代において、京都五山は歴代足利将軍の篤い保護を受け、天正年間に至っても将軍が住持の任免権を掌握する事実上の「官寺」として禅宗世界に君臨した。五山の禅僧はそうした「官寺」としての格式を誇り、仏事において、大徳寺や妙心寺など林下の禅僧とは席を同じくすることはなかった。特に紫衣の着用は、原則として南禅寺と天龍寺のみと主張する五山は、南禅寺並の寺格を主張し、天皇より任命された住持が紫衣を着用する大徳寺と対立関係にあった。

また、五山は将軍の葬礼を管掌し、荘厳化する役割を担った。このため、将軍の葬礼の様式は、やがて全国の守護や国人に模倣・受容され、高位の武家は生前の信仰にかかわらず、禅宗様で略式化された葬礼を営むことになった。すなわち、五山が武家社会の上層部における共通の秩序となっていたのである。

こうした足利将軍家の下に形成された武家の宗教秩序に、義継は挑戦しようとしたのだ。笑嶺宗訢を導師に選んだのには、彼の経歴がある。笑嶺宗訢は、真観寺住持で南禅寺の公帖を持つ靖叔徳林と、長慶が帰依した大林宗套の双方に師事したことがあった。すなわち、笑嶺宗訢を導師とし真観寺で執りおこなうことで、五山が大徳寺との同席を拒否できない状況を作り出そうとしたのだ。

義継は、五山と大徳寺の対立関係を克服し、三好本宗家が深く帰依した大徳寺が五山を従える形に禅宗世界を改編しようとした。それは、足利将軍の下につくられた武家の宗教秩序を変革し、三好氏が新たな秩序に君臨しようとするものであった。

三好氏の宗廟・聚光院

長慶の葬礼がおこなわれた真観寺はこの後、三好氏家臣により長慶（聚光院殿）の墓所と認識され、保護が加えられていく。たとえば、生嶋秀実は「聚光院殿御茶湯料」として田地を寄進し、金山信貞は義継の命により「聚光院殿御灯明料和久与介入道安栄寄進申す田地」の徳政を免除し、松山新介も「聚光院殿墓所」につき陣取や竹木伐採を禁じた（「真観寺文書」）。

長慶の葬礼がおこなわれた十日後、長慶の三回忌が三好義継により堺の南宗寺でおこなわれた。この場で大林宗套は長慶を「六韜三略兵書」に通じ「万葉古今歌道」を究め、諸人は長慶を「北斗」や「泰山」を仰ぎ見るように尊敬したと評した（「大林宗套語録所収大祥忌香語」）。さらに、笑嶺宗訢が次の賛を記した三好長慶の画像が掲げられた。

> 聚光院殿前匠作眠室進公大禅定門の肖像、参徹す南宗禅話柄、平常の作略は龐・斐に類す、一剣を

按成して天下を定め、今日の威風は掌を歴て来る、
永禄歳舎(ほしはやどる)丙寅夷則初四日
前龍宝咲嶺叟宗訢（朱鼎印）（朱方印）

（「大徳寺聚光院所蔵三好長慶画像」）

長慶は堺の南宗寺で禅の修行を積み、日常の振る舞いは中国の龐居士や斐居士に匹敵するほどであり、また一剣を振るって天下を平定し、現在の三好氏の威勢を築き上げたと称賛された。

すなわち、義継は三好三人衆と松永・畠山方の和睦を成し、「天下」を定めた長慶の後継者であることを誇示した。そして、この時期、義継は長慶の院号に因む塔頭「聚光院」を、笑嶺宗訢を開山とし大徳寺に建立した。花の御所の東側にある相国寺には歴代足利将軍の院号に因む塔頭が建立されているが、義継もそうした将軍と禅寺の関係を踏襲した上で、五山より上位の南禅寺並を主張する大徳寺に塔頭を創建することを選んだ。かつて細川氏は妙心寺に院号に因む塔頭を創建したが、戦国期の妙心寺は大徳寺と同格になるのが課題であり、将軍や天皇に対峙するのは大徳寺と認識されていたことが、義継が大徳寺を選択した背景にあったのであろう。

三好義継は長慶の葬礼や三回忌を利用し、三好本宗家の統一を喧伝し、「天下」を定めた長慶の継承者であることを示した。そして、三好氏が保護し、天皇が住持を任命する大徳寺が、足利将軍に庇護されてきた五山を従えるという新たな宗教秩序を作り出すことで、足利家を頂点とする武家社会の

秩序を克服する決意を示した。

長慶は死して尚、足利将軍によってつくられた武家の秩序、常識と戦い続けたのである。

参考文献

著書・論文

秋永政孝『戦国三好党　日本の武将38　三好長慶』（人物往来社、一九六八年）
天野忠幸「三好政権と東瀬戸内」（地方史研究協議会編『歴史に見る四国』雄山閣、二〇〇八年）
天野忠幸「三好氏と武家の権力秩序」（『歴史科学』一九八、二〇〇九年）
天野忠幸『戦国期三好政権の研究』（清文堂出版、二〇一〇年）
天野忠幸「三好氏と戦国期法華宗教団――永禄の規約をめぐって」（『市大日本史』一三、二〇一〇年）
天野忠幸「戦国期の宗教秩序の変容と三好氏」（『織豊期研究』一二、二〇一〇年）
天野忠幸「戦国期における三好氏の堺支配をめぐって」（『堺市博物館報』三〇、二〇一一年）
天野忠幸「松永久秀と滝山城」（『歴史と神戸』二八九、二〇一一年）
天野忠幸「松永久秀を取り巻く人々と堺の文化」（『堺市博物館研究報告』三一、二〇一二年）
天野忠幸「松永久秀家臣団の形成」（天野忠幸・片山正彦・古野貢・渡邊大門編『戦国・織豊期の西国社会』日本史史料研究会、二〇一二年）
天野忠幸「三好長治・存保・神五郎兄弟小考」（『鳴門史学』二六、二〇一三年）
天野忠幸「三好長逸の息子『弓介』について」（『戦国史研究』六六、二〇一三年）
天野忠幸「長尚流三好氏の動向」（『戦国遺文三好氏編月報』一、二〇一三年）

天野忠幸編『戦国遺文　三好氏編』第一巻（東京堂出版、二〇一三年）、以下続巻で全三巻
生野勇「戦国武将目利者　三好釣閑斎の研究」（『刀剣美術』一九八九年四月号）
池上裕子『織田信長』（吉川弘文館、二〇一二年）
池和田有紀「戦国期の南都神楽——その費用と運営」（『書陵部紀要』五四、二〇〇三年）
泉澄一『堺　中世自由都市』（教育社、一九八一年）
市村高男『戦争の日本史10　東国の戦国合戦』（吉川弘文館、二〇〇八年）
伊藤幸司『中世日本の外交と禅宗』（吉川弘文館、二〇〇二年）
今谷明『戦国期の室町幕府』（角川書店、一九七五年。二〇〇六年に講談社学術文庫で再版）
今谷明『言継卿記——公家社会と町衆文化の接点』（そしえて、一九八〇年。二〇〇二年に講談社学術文庫『戦国時代の貴族——「言継卿記」が描く京都』として再版）
今谷明「松永久秀の虚像と実像」（『別冊歴史読本』新人物往来社、一九八二年一〇月号。一九九三年に同『天皇と天下人』に収録）
今谷明『室町幕府解体過程の研究』（岩波書店、一九八五年）
今谷明『戦国三好一族』（新人物往来社、一九八五年。二〇〇七年に洋泉社新書より再版）
今谷明『京都・一五四七年——描かれた中世都市』（平凡社、一九八八年。二〇〇三年に平凡社ライブラリーとして再版）
岡田謙一「足利義維の御内書について」（『古文書研究』七三、二〇一二年）
岡田謙一「細川晴国小考」（天野忠幸・片山正彦・古野貢・渡辺大門編『戦国・織豊期の西国社会』日本史史料研究会、二〇一二年）
奥田勲「三好長慶——その連歌史的素描」（秋山虔編『中世文学研究』東京大学出版会、一九七二年）

片桐昭彦「戦国・織豊期の摂津国平野における年寄と豪商」（峰岸純夫『日本中世史の再発見』吉川弘文館、二〇〇三年）
河内将芳『中世京都の民衆と社会』（思文閣出版、二〇〇〇年）
河内将芳『日蓮宗と戦国京都』（淡交社、二〇一三年）
神田裕理『戦国・織豊期の朝廷と公家社会』（校倉書房、二〇一一年）
鍛代敏雄『戦国期の石清水と本願寺　都市と交通の視座』（法蔵館、二〇〇八年）
木下聡「『後鑑』所載「伊勢貞助記」について」（『戦国史研究』五七、二〇〇九年）
木下聡『中世武家官位の研究』（吉川弘文館、二〇一一年）
久留島典子『日本の歴史13　一揆と戦国大名』（講談社、二〇〇一年。二〇〇九年に講談社学術文庫として再版）
小谷利明『畿内戦国期守護と地域社会』（清文堂出版、二〇〇三年）
小谷利明「畠山稙長の動向」（矢田俊文編『戦国期の権力と文書』高志書院、二〇〇四年）
小谷利明「畿内戦国期守護と室町幕府」（『日本史研究』五一〇、二〇〇五年）
斎藤薫「足利義栄の将軍宣下をめぐって」（『國史學』一〇四、一九七八年）
斎藤義光「翻刻と解説　武将連歌の系譜――三好長慶・安宅冬康・細川藤孝を中心として」（『解釈』四八六・四八七、一九八八・一九八九年）
佐藤博信『中世東国の支配構造』（思文閣出版、一九八九年）
佐藤博信『中世東国足利・北条氏の研究』（岩田書院、二〇〇六年）
佐藤博信『中世東国政治史論』（塙書房、二〇〇六年）
重見高博「勝瑞城館の調査」（『日本歴史』六二一、二〇〇〇年）
重見高博「阿波の守護所」（内堀信雄・鈴木正貴・仁木宏・三宅唯美編『守護所と戦国城下町』高志書院、二〇

〇六年）
清水有子「畿内の初期宣教に関する一考察――三好長慶の承認・保護をめぐって」（『キリシタン文化研究会会報』一四〇、二〇一二年）
下川雅弘「上洛直後における細川氏綱の役割」（『戦国史研究』五一、二〇〇六年）
下川雅弘「三好長慶の上洛と東寺からの礼銭」（『戦国史研究』五六、二〇〇八年）
末柄豊「細川氏の同族連合体制の解体と畿内領国化」（石井進編『中世の法と政治』吉川弘文館、一九九二年）
須藤茂樹・三好昭一郎『阿波勝瑞館物語』上・中・下巻（徳島県教育印刷、二〇〇〇～二〇〇二年）
高橋成計「松永長頼の動向にみる三好氏の軍事行動（二）――内藤宗勝と称した時期を中心に」（『丹波』七、二〇〇五年）
高橋敏子「東寺寺僧と公文所との相論にみる三好権力」（東寺文書研究会編『東寺文書にみる中世社会』東京堂出版、一九九九年）
竹貫元勝「大徳寺塔頭について――三好長慶・千利休と聚光院」（田中良昭博士古稀記念論集『禅学研究の諸相』大東出版社、二〇〇三年）
竹本千鶴『織豊期の茶会と政治』（思文閣出版、二〇〇六年）
田中信司「松永久秀と京都政局」（『青山史学』二六、二〇〇八年）
田中信司「御供衆としての松永久秀」（『日本歴史』七二九、二〇〇九年）
辻田豊「松山新介と信長の高野攻め」（『文化橋本』一七）
都守基一「永禄の規約をめぐる中世日蓮教団の動向」（『興風』一八、二〇〇六年）
鶴崎裕雄「瀧山千句と三好長慶」（『中世文学』三四、一九八九年）
鶴崎裕雄「新出連歌資料『（仮題）天文三好千句三つ物』」（『國文学』八三・八四合併号、二〇〇二年）

鶴崎裕雄・黒田彰子・宮脇真彦・島津忠夫編『千句連歌集八　飯盛千句、大原野千句、高野千句』(古典文庫、一九八八年)
中井均「飯盛山城」(『歴史読本』二〇一二年九月号、新人物往来社)
長江正一『三好長慶』(吉川弘文館、一九六八年)
中川貴皓「松永久秀被官に関する一考察――山口秀勝を中心に」(『奈良史学』三〇、二〇一三年)
中西裕樹「戦国期における地域の城館と守護公権――摂津国、河内国の事例から」(村田修三編『新視点　中世城郭研究論集』新人物往来社、二〇〇二年)
中西裕樹「松永久秀の出自と高槻」(『しろあとだより』五、高槻市立しろあと歴史館、二〇一二年)
仁木宏『空間・公・共同体』(青木書店、一九九七年)
仁木宏『戦国時代、村と町のかたち』(山川出版社、二〇〇四年)
仁木宏『京都の都市共同体と権力』(思文閣出版、二〇一〇年)
野田泰三「西岡国人土豪と三好氏――三好長慶政権成立の前提」(東寺文書研究会編『東寺文書にみる中世社会』東京堂出版、一九九九年)
畑和良「天文・弘治内乱と赤松晴政――「小南文書」と戦国期赤松氏の動向」(『歴史と神戸』二四六、二〇〇四年)
馬部隆弘「永禄九年の畿内和平と信長の上洛」(『史敏』四、二〇〇七年)
馬部隆弘「信長上洛前夜の畿内情勢――九条稙通と三好一族の関係を中心に」(『日本歴史』七三六、二〇〇九年)
馬部隆弘「細川国慶の出自と同族関係」(『史敏』九、二〇一一年)
馬部隆弘「細川晴国・氏綱の出自と関係――「長府細川系図」の史料批判を兼ねて」(天野忠幸・片山正彦・古

野貢・渡辺大門編『戦国・織豊期の西国社会』（日本史史料研究会、二〇一二年）
馬部隆弘「桂川合戦前夜の細川晴元方による京都包囲網」（『戦国史研究』六五、二〇一三年）
馬部隆弘「細川晴国陣営の再編と崩壊――発給文書の年次比定を踏まえて」（『古文書研究』七六、二〇一三年）
廣木一人『連歌の心と会席』（風間書房、二〇〇六年）
藤井学「松永久秀の数奇・風雅」（『茶道雑誌』六二―五、一九九八年）
藤井学『本能寺と信長』（思文閣出版、二〇〇三年）
藤本誉博「室町後期・戦国期における堺の都市構造――会合衆の再検討」（『ヒストリア』二二〇、二〇一〇年）
藤本誉博「中世都市尼崎の空間構造」（『地域史研究』一一一、二〇一一年）
福島克彦「大和多聞城と松永・織豊権力」（『城郭研究室年報』一一、二〇〇二年）
福島克彦「松永久秀と多聞山城」（城郭談話会編『筒井城総合調査報告書』二〇〇四年）
福島克彦『戦争の日本史11　畿内・近国の戦国合戦』（吉川弘文館、二〇〇九年）
古野貢『中世後期細川氏の権力構造』（吉川弘文館、二〇〇八年）
堀新「信長公記とその時代」（堀新編『信長公記を読む』吉川弘文館、二〇〇九年）
堀新「織田信長の桐紋拝領と『信長公記』」（金子拓編『『信長記』と信長・秀吉の時代』（勉誠出版、二〇一二年）
松永英也「松永久秀家臣竹内秀勝について」（『戦国史研究』五一、二〇〇六年）
松永英也「永禄五年の徳政令にみる松永久秀の大和国支配」（『戦国史研究』五四、二〇〇七年）
水野智之『室町時代公武関係の研究』（吉川弘文館、二〇〇五年）
森田恭二『戦国期歴代細川氏の研究』（和泉書院、一九九四年）
村井祐樹「松永弾正再考」（『遥かなる中世』二一、二〇〇六年）

矢内一磨「堺妙國寺蔵『己行記』について――史料研究を中心に」(『堺市博物館報』二六、二〇〇七年)
矢内一磨「史料紹介　堺妙國寺蔵日珖自筆『行功部分記』」(『堺市博物館報』二七、二〇〇七年)
矢内一磨「堺妙國寺蔵『己行記』紙背文書の翻刻と紹介」(『堺市博物館報』三〇、二〇一一年)
山下知之「阿波国守護細川氏の動向と守護権力」(『四国中世史研究』六、二〇〇一年)
山田邦明「戦国の活力――東瀬戸内の視点から」(四国中世史研究会・戦国史研究会編『四国と戦国世界』岩田書院、二〇一三年)
山田康弘「将軍義輝殺害事件に関する一考察」(『戦国史研究』四三、二〇〇二年)
弓倉弘年『中世後期畿内近国守護の研究』(清文堂出版、二〇〇六年)
横内裕人「永禄二年の東大寺」(『日本歴史』六八二、二〇〇五年)
余語敏男「寿慶・長慶・宗訊の三吟」(『名古屋女子大学紀要』四三、一九九七年)
吉田豊「堺中世の会合と自由」(『堺市博物館報』一七、一九九八年)
吉田豊「堺幕府はどこにあったのか――中世都市の空間構造」(『堺市博物館研究報告』三一、二〇一二年)
米原正義『戦国武将と茶の湯』(淡交社、一九八六年)
米原正義「三好長慶とその周辺の文芸」(小川信先生の古稀記念論集を刊行する会編『日本中世政治社会の研究』続群書類従完成会、一九九一年)
若松和三郎『篠原長房』(原田印刷出版、一九八九年。二〇一三年に戎光祥出版から『戦国三好氏と篠原長房』として再版)
若松和三郎『中世阿波細川氏考』(原田印刷出版、二〇〇〇年。二〇一三年に戎光祥出版から『阿波細川氏の研究』として再版)

論集

天野忠幸編『論集戦国大名と国衆10　阿波三好氏』（岩田書院、二〇一二年）
今谷明・天野忠幸編『三好長慶』（宮帯出版社、二〇一三年）

図録など

『勝瑞時代　三好長慶天下を制す』（徳島市立徳島城博物館、二〇〇一年）
『国宝大徳寺聚光院の襖絵』（東京国立博物館、二〇〇三年）
『丹波動乱――内藤宗勝とその時代』（南丹市日吉町郷土資料館、二〇〇五年）
『三好長慶の時代――「織田信長　芥川入城」の以前以後』（高槻市立しろあと歴史館、二〇〇七年）
『天正の落日と曙光　守護町勝瑞から城下町徳島へ』（徳島市立徳島城博物館、二〇〇七年）
『日蓮と法華の名宝』（京都国立博物館、二〇〇九年）
『南蛮との出会い――高山右近と大友宗麟の時代』（高槻市立しろあと歴史館、二〇一二年）
『大阪春秋』一四九号「特集　飯盛山城と戦国おおさか」（新風書房、二〇一三年）

おわりに

長慶は猛々しい戦国武将としてイメージされることはないが、絶え間のない戦争の中で生涯を送った。少年時代に父を主君に謀殺され、長くその父の仇の下で雌伏の時代を過ごし、ようやく挙兵すると将軍と対決することになった。

十六世紀中期、多くの大名にとって、足利将軍家の存在やその下につくられた秩序は、いわば常識であり利用しても否定するものではなかった。そうした中で、長慶は阿波半国から日本の中心部である近畿・四国を中心に十か国余りを勢力圏に治める大名に成長するに留まらず、足利将軍家を軍事的にも思想的にも克服しようとする政策をとっていく。

長慶もまた最初から「倒幕」を考えていた訳ではない。三好政長の排除、細川晴元との対決、足利義輝の追放という段階を経て、五年間に及ぶ足利将軍家を擁立しない首都支配や永禄改元を成し遂げたことで、長慶の中に倒幕が芽生えたのではないだろうか。そして、義輝との軍事的な対立が収まった永禄年間にこそ、南朝楠氏の復権、三好氏自身の家格の上昇、後醍醐天皇から足利尊氏に授与された桐紋の拝領、禅宗五山ではなく大徳寺の主導による葬礼など、足利将軍家の正統性や室町幕府の秩序に対する挑戦が始まるのである。

織田信長は足利義昭を擁して上洛した際に、義昭より打診があった斯波氏家督の継承を断る一方で、桐紋は拝領し織田氏自身の家格を上昇させた。また、十七ヶ条の異見書を作成し義昭を批判する際には、悪しき将軍の事例として、義教だけでなく、信長は長慶が殺害したと認識していた義輝も挙げている。また、義昭を京都より追放した後には天正改元をおこない、松永久秀から楠正虎を引き抜き自らの右筆に登用した。信長の葬礼は長慶と同じく大徳寺の笑嶺宗訢が取り仕切った。信長は長慶がおこなったことを先例として継承し、足利将軍家に対処していった。信長による変革が当時の社会に受け入れられていったのは、長慶によって、その素地が既につくられていたからであった。

長慶や義継による足利将軍家の絶対性を否定する動きを受け、一時は畿内・東海・北陸で義昭による足利将軍家の再興や、北条氏による足利義氏の将軍化の動きが広がったが、やがて信長は義昭・義尋親子の擁立を放棄し、上杉謙信や北条氏康も武田信玄に対抗する同盟を優先し、古河公方家にこだわらなくなっていく。ところが、西国では毛利輝元が義昭を擁立し、義昭は信長死後の天正十六年（一五八八）まで現職の将軍であった。

長慶も信長も足利将軍家による統合を否定はしたが、将軍に代わる新たな統合の形を示すことはできなかった。それを提示したのは、武家関白となった豊臣秀吉であった。その間、諸大名は足利将軍家の再興か新たな統一か選択を迫られていく。その大きな契機をつくったのが長慶であった。

長慶は荘園領主の膝下である畿内社会において、裁許などを通じて荘園領主を排除し、村落や都市の共同体を自らの支配対象に位置付けた。広域的な一斉検地による強力な土地支配などはおこなわなかったが、村の生存にかかわる問題を処理し保障したからこそ、江戸時代には村の神として祀られ、その裁許状は明治時代においても証拠文書と認識された。

また、長慶の視線は、東瀬戸内に留まらず、その先にヨーロッパ人の来航や日明勘合貿易の崩壊など激変する東アジア世界を見据えていたからこそ、独自に海外交易ルートを持つ法華宗日隆門流や臨済宗大徳寺北派を保護していった。

戦場における華々しい活躍のエピソードこそないが、社会の変化に対応し、人々の常識や意識の変革を促した三好長慶からは、静かな改革者としての姿が垣間見えよう。そうした長慶がつくりあげた権力体は、室町幕府とは一線を画す「三好政権」と評価できよう。

しかし、三好政権は足利幕府に完全に替わることができず瓦解した。長慶の死の四年後、松永久秀と結んだ織田信長が上洛を果たした。ただ、三好政権のみが短命政権だった訳ではない。織田政権もまた義昭を滅ぼす前に信長・信忠親子が殺害され、その三年後に豊臣秀吉が台頭し関白に就任する。豊臣政権もまた、秀吉の死から五年後には関ヶ原の戦いに勝利した徳川家康が将軍になりとって替わられる。いずれも政権の主催者の死から、数年後の出来事である。共通するのは政権の主催者が死去した時に、三好政権は義興、織田政権は信忠、豊臣政権は秀次と、本来周到に準備されていた後継者を失っていたことである。突如、政権を継承することになった若年の当主は、先代が一代で急拡大した組織を維持することはできなかった。

三好長慶については、既に一九六〇年代に長江正一によって「三好長慶」が、一九八〇年代に今谷明によって「戦国三好一族」が執筆されており、その内容は当時においては高いレベルにあった。しかし、三好氏は年未詳文書が多くて使用しにくく、「言継卿記」など公家の日記がある京都に叙述が偏り、江戸時代に作成された軍記物に依拠して記述せざるを得ない限界もあった。

その後、室町幕府、細川氏、畠山氏、六角氏、赤松氏の研究が進展し、また自治体史や寺社による所蔵文書の史料集が刊行され、東京大学史料編纂所をはじめとする大学や博物館などの研究機関による史料の公開が進んだことにより、三好氏の研究環境は改善されてきた。また、三好長慶と関係の深い徳島県や堺市、高槻市、四條畷市、大東市などでも、長慶の知名度は上がってきた。

そこで本書では、軍記物など二次史料は極力使わずに、戦国時代当時の書状や日記類など一次史料から執筆することを心掛けた。そのことにより、江戸時代に形成された長慶や久秀らのイメージの多くが修正され、三好一族の多くの実名すらも改められることになった。また、京都だけではなく、長慶が過ごした戦国時代の畿内社会の変容や、戦国時代当時の人々の常識や秩序などにも留意し、それらとの関係の中で長慶の再評価をおこなった。近年、織田信長を過剰に英雄視することに疑問の声が挙がっているのは、従来の信長像が信長だけを取り出して評価し、他者との比較を欠いたためである。三好長慶など前代との繋がりや、積み重ねを無視してはならないであろう。

三好長慶や松永久秀については、従来のイメージを払拭する研究が始まったばかりである。多くの方の御教示や御叱責を賜りたい。

最後になかなか就職先が決まらない中、辛抱強く見守ってくれている母恭子(やすこ)、妹幸恵に感謝したい。
また、本書が三好長慶没後四百五十周年の本年に無事刊行されたのは、ミネルヴァ書房編集部の涌井格氏の尽力による。その他、仁木宏氏をはじめ学恩を受けた諸氏に御礼を申し上げたい。

二〇一四年一月

天野忠幸

三好長慶略年譜

和暦	西暦	齢	関係事項	一般事項
大永 二	一五二二	1	2・13三好元長の嫡男として誕生する。	この年、千利休が生まれる。
七	一五二七	6	2・2元長が祖父三好之長の菩提のため阿波見性寺（徳島県板野郡藍住町）に寄進する。3・22元長が足利義維・細川晴元を奉じて堺に到着する。11・19元長が山城西院（京都市右京区）で朝倉教景を破る。	
享禄 元	一五二八	7	1・15元長が柳本賢治と戦う。1・28元長が細川高国と和睦を図るが失敗する。2・6細川晴元が元長の謁見を拒否する。4・11元長が淡路の安宅氏の反乱に対する論功行賞をおこなう。7・14元長が洛中の地子を徴収する。11・16細川高国が失脚し伊賀に逃れる。12・3元長が被官の塩田胤光と加地為利を山城の郡代とする。	
二	一五二九	8	1・1元長が柳本賢治を山城大山崎（京都府乙訓郡大山崎町）で破る。8・10元長が阿波に帰る。	

四	一五三一	10	2・21元長が阿波より堺（堺市堺区）に出陣する。6・4元長が摂津天王寺（大阪市天王寺区）で細川高国を破る。6・8元長が三好一秀に細川高国を摂津大物（尼崎市）で自害させる。	
天文元	一五三二	11	1・22元長が三好一秀を遣わし柳本神二郎を討つ。1・27元長が薙髪し開運と号し晴元に陳謝する。6・20元長が一向一揆に攻められ顕本寺（堺市堺区）で自害する。8・9実休と共に阿波見性寺に寄進する。	6・15天文の一向一揆がおこる。8・24法華一揆が山科本願寺を焼く。証如は大坂へ逃れる。
二	一五三三	12	6・20細川晴元と本願寺証如の和睦を斡旋する。7・29細川晴元より被官の市原源次郎が兵糧を賦課するのを停止される。9・23瓦林氏を破り摂津越水城（西宮市）を攻略する。	2・10細川晴元が一向一揆に敗れ淡路に逃れる。
三	一五三四	13	10・22細川晴元より被官の市原吉兵衛尉の平野社（京都市北区）に対する押領を停止される。	
五	一五三六	15	11・19細川晴元を招宴する。	7・27延暦寺と六角定頼が京都の法華宗寺院を焼き討ちにする。
六	一五三七	16	9・17淡路に赴く。	
八	一五三九	18	1・14上洛し細川晴元を招宴する。6・2大館常興が長慶所望の河内十七か所（寝屋川市・門真市・守	10・28備中で細川持隆・三好実休が尼子氏と戦う。

			口市）の代官職の裁許を義晴に上申する。6・14母が死去する。6・23母の死去により本願寺証如から香奠が送られる。閏6・1細川晴元を討とうとする。閏6・8足利義晴が六角定頼を長慶と細川晴元の調停にあたらせる。閏6・13足利義晴が木沢長政を調停にあたらせる。閏6・20足利義晴が六角定頼に調停にあたらせる。7・14細川晴元・三好政長と山城西京（京都市西京区）で戦う。7・21摂津越水城を攻略する。7・28六角定頼の調停により撤兵する。8・12摂津越水城に入城する。9・13六角定頼が長慶より摂津芥川山城（高槻市）を接収する。10・1上洛する。11・11上洛する。	
九	一五四〇	19	12・15波多野秀忠の娘と結婚する。12・27摂津兵庫津（神戸市兵庫区）の豪商棰井氏を保護する。	
十	一五四一	20	7・19三好政長と共に摂津の上田某を攻める。9・6三好政長・波多野秀忠と共に摂津一庫城（川西市）の塩川氏を攻める。10・2越水城に帰る。	6・14武田信玄が父信虎を追放する。
十一	一五四二	21	3・17遊佐長教と共に河内太平寺（柏原市）で木沢長政を討つ。10・27三好長慶と松永久秀が大和より撤兵する。この年、三好義興が生まれる。	8・13斎藤道三が土岐頼芸を追放する。

十二	一五四三	22	7・25細川氏綱が和泉槙尾山（和泉市）で挙兵する。8・16細川氏綱を和泉で破る。	
十三	一五四四	23	2・2細川晴元と共に三好宗三の摂津榎並城（大阪市東淀川区）へ赴く。6・18本願寺証如より父元長の十三回忌の香奠を送られる。8・11細川晴元より被官の和田親五郎を鋸殺される。	
十四	一五四五	24	1・20近衛家の歌会に初めて参加する。5・24細川晴元・三好宗三と共に山城宇治田原（京都府綴喜郡宇治田原町）で細川氏綱と戦う。5・26山城三室戸太法寺（宇治市）に陣取る。5・28三好宗三と共に山城宇治（宇治市）より京都に帰る。7・27三好宗三と共に丹波の関城を攻略する。	
十五	一五四六	25	3・3禁裏の闘鶏・音曲・歌会に参加する。8・16堺に出陣する。8・20堺の会合衆の斡旋で細川氏綱・畠山政国・遊佐長教と和睦し撤兵する。9・4三好宗三が摂津天王寺の大塚城を救援に向かうが落城する。10・22実休が上洛する。	4・20北条氏康が上杉憲政・上杉朝定・足利晴氏を河越で破る。10・5京都で土一揆がおこる。10・30幕府が徳政令を出す。12・20足利義輝が将軍に就任する。
十六	一五四七	26	2・20実休と共に摂津原田城（豊中市）を攻略する。3・22実休と共に摂津三宅城（摂津市）を攻略する。	6・1武田信玄が「甲州法度之次第」を定める。

			4・1山城東山（京都市東山区）で足利義輝と戦う。7・9足利義輝に勝軍地蔵山城（京都市左京区）の破却を申し入れる。7・21細川氏綱・遊佐長教・畠山政国を摂津舎利寺（大阪市生野区）で破る。7月河内十七か所より摂津住吉（大阪市住吉区）に出陣する。8・11実休・安宅冬康と共に河内高屋城（羽曳野市）を攻める。10・16細川晴元が細川国慶を討つ。	
十七	一五四八	27	4・24畠山氏と和睦して河内若林（松原市）より撤兵する。8・11十河一存が三好宗三の摂津榎並城を攻める。8・12細川晴元の側近に三好宗三親子の誅罰を要求する。10・28十河一存・遊佐長教・細川氏綱と共に細川晴元・三好宗三と戦う。11・5越水城に帰る。12・10遊佐長教と同盟を結ぶ。12・19遊佐長教と共に上洛する。	12・30上杉謙信が兄晴景を追放する。
十八	一五四九	28	1・11摂津伊丹城（伊丹市）を攻める。2・12摂津伊丹城を攻める。2・18遊佐長教と堺で会談し摂津越水城に帰る。2・26安宅冬康の来援により摂津尼崎（尼崎市）に出陣する。3・1摂津柴島城（大阪市東淀川区）を攻略する。5・2摂津芥川の西河原	7・22ザビエルが鹿児島に来る。

			で細川晴元と戦う。5・3三好長逸が香西元成と摂津芥川山城で戦う。5・9遊佐長教と共に木沢氏を河内北庄で破る。5・10遊佐長教の娘と結婚する。6・17安宅冬康・十河一存が摂津江口（大阪市東淀川区）を攻める。6・24摂津江口で三好宗三を討つ。7・9細川氏綱と共に上洛する。8・24摂津伊丹城を攻める。10・14山城大山崎で醍醐寺門主と対談する。12・12細川氏綱が命じた徳政令を摂津欠郡（現在の大阪市域）で施行する。	
十九	一五五〇	29	1・11摂津富松城に入る。2・22山科言継が今村慶満の率分関違乱を長慶に訴える。3・7足利義晴・足利義輝が近江穴太（大津市）に逃れる。3・28伊丹親興と本興寺（尼崎市）で和睦する。7・10上京洛中洛外惣御中に掟書を出す。7・15山城山崎に出陣し京都近郊を打廻る。10・20細川晴元・六角定頼と京都五条で戦う。11・19山城中尾城（京都市左京区）を攻める。11月近江の滋賀郡に攻め入る。11・21足利義輝を近江堅田（大津市）に追放する。	2・13大友宗麟が家督を継ぐ。5・4足利義晴が死去する。7月毛利元就が井上一族を殺害し家臣から連署起請文を徴する。
二十	一五五一	30	1・30伊勢貞孝と結ぶ。2・7山城石原城（京都市南区）に出陣する。内藤宗勝が近江志賀（大津市）	9・1大内義隆が陶晴賢に背かれ自害する。

二十一	一五五二	31	を攻める。2・10山城下鳥羽（京都市伏見区）に陣取り、遊佐長教からの援軍安見宗房を迎える。2・16山城吉祥院（京都市南区）に出陣する。2・20近江中郡・北郡の京極高広が長慶に応じる。2・24伊勢貞孝と共に近江志賀を攻める。2・28細川晴元と六角定頼を山城鹿ヶ谷（京都市左京区）で戦う。3・2山本氏を山城岩倉（京都市左京区）に攻める。3・3洛中に地子銭を課す。3・4伊勢貞孝を訪問する。3・14伊勢貞孝邸で進士賢光に襲われる。5・5義父の遊佐長教が暗殺される。6・10天文三好千句を催す。7・14松永久秀・長頼兄弟が、相国寺（京都市上京区）で細川晴元を破る。 1・28足利義輝と和睦して細川信良を人質に取る。2・26御供衆に就任する。3・12細川晴元は若狭に逃れる。4・4参内し勅筆古今和歌集を賜わった御礼に太刀を献上する。4・25丹波八上城（篠山市）を攻める。5・23芥川孫十郎の離反により丹波八上城から撤兵する。5・29六角義賢が長慶の摂津越水城帰城を祝す。6・5摂津越水城に細川信良を迎える。10・3山城西岡（長岡京市・向日市など）を焼	3・3織田信長が家督を継ぐ。

			く。10・28丹波河瀬城を攻める。11・12丹波より撤兵する。12・1摂津芥川山城より上洛する。12・25三好義興が元服、本願寺証如が賀す。	
二十二	一五五三	32	1・28上洛し伊勢貞孝と庶政を議決する。閏1・8義輝の側近が長慶を除こうとし長慶は淀に退く。閏1・15足利義輝と和睦する。2・12東寺（京都市南区）に陣取る。2・20京都西北で細川晴元を破る。2・26細川晴元を山城鳴滝・高尾（京都市右京区）で破る。清水寺（京都市東山区）で足利義輝と会談し反長慶派の奉公衆より人質を取る。2・27山城高雄（京都市右京区）に出陣する。3・8足利義輝が長慶との和睦を破り山城霊山城（京都市東山区）に龍城する。3月従四位下に就任する。4・2山科言継が書写した玉葉和歌集を送られる。6・17実休が細川持隆を討つ。7・3摂津芥川山城の芥川孫十郎を攻める。8・1霊山城を攻略する。8・5足利義輝は龍華越（大津市）に逃れる。8・13足利義輝に従った者の所領を没収する。8・25摂津芥川山城を接収し居城とする。8・30足利義輝が近江朽木（高島市）に逃れる。9・18内藤国貞が戦死する。12・	11・13上杉謙信が堺に至り本願寺証如と交流する。

二十三	一五五四	33	15山科言継に玉葉集の礼状を届ける。3・20細川氏綱と共に丹波内藤氏の家督を沙汰する。4・12丹波桑田郡に出陣する。6・18山城乙訓郡（長岡京市）の今井用水相論を裁許する。6・28丹波桑田郡に出陣する。7・7摂津芥川山城に帰る。8・9大和に出陣する。9・1三好長逸が有馬氏と共に播磨三木城（三木市）に出陣する。10・12実休・安宅冬康・十河一存と淡路洲本（洲本市）で会談のため摂津芥川山城を出発する。10・28摂津芥川山城に帰る。10月実休が播磨太山寺（神戸市西区）に禁制を発給する。11・2安宅冬康が播磨明石城（明石市）を攻める。11・4安宅冬康が播磨鶴林寺（加古川市）に禁制を発給する。	3月武田信玄・今川義元・北条氏康が同盟する。
弘治元	一五五五	34	1・13播磨太山寺に陣し明石氏を服属させる。2・27摂津へ帰る。7・30六角義賢に細川晴元を許容しないよう申し入れる。9・27三好長逸が丹波八上城を攻める。	10・1毛利元就が厳島で陶晴賢を破る。
弘治二	一五五六	35	1・1摂津芥川山城で火災が発生する。2月清原枝賢が摂津芥川山城で中庸を講ずる。3・3摂津尼崎の本興寺に貴布祢屋敷を門前寺内として寄進する。	4・30斎藤義龍が斎藤道三を討つ。

三	一五五七	36	4月内藤宗勝が宇治橋を造替する。6・15三好元長の二十五回忌法要を堺の顕本寺でおこなう。7・3堺より摂津尼崎に移る。7・10松永久秀の摂津滝山城（神戸市中央区）に御成して連歌（瀧山千句）や猿楽能の饗応を受ける。7月南宗寺（堺市堺区）の建設を開始する。10・24禁苑等修理の費用を洛中に課し修理を開始する。11・13出雲の鰐淵寺（出雲市）と清水寺（安来市）の座次相論について長慶より奏上された後奈良天皇が裁許する。12・27東寺公文所の相論を裁許する。 5・3尼崎で安宅冬康や宗養らと歌会を催す。7・13三好氏の摂津平野郷（大阪市平野区）の代官本庄加賀守が郷民に忌避される。8・18山城静原岩倉（京都市左京区）の山本城の普請人夫を五十余郷に命じる。10・10毛利元就・隆元の周防・長門平定を祝し五畿内の無事を伝える。11・6宗養・安宅冬康・紹巴・飯尾為清・玄哉らと芥川で歌会を催す。12・6泉涌寺（京都市東山区）が後奈良天皇の中陰をめぐる相論の裁許を求める。12月丹波木津（篠山市）に出陣し播磨清水寺（加東市）に禁制を発給す	4・3毛利元就が大内義長を討つ。

永禄　元	一五五八	37	る。12月後奈良天皇の中陰をめぐる相論を裁許する。2・2・3摂津芥川山城で細川信良を元服させる。2・28改元。5・3足利義輝・細川晴元が近江坂本（大津市）に出陣する。5・7久世（京都市南区）・梅小路（同下京区）・泉正寺（同中京区）に出陣する。5・9清原枝賢が永禄改元に関する返状を届ける。5・19三好長逸・松永久秀が京都で打廻る。6・2三好長逸が山城勝軍地蔵山で足利義輝を破る。6・8三好長逸・松永久秀が足利義輝と山城如意岳（京都市左京区）で戦う。6・9三好長逸・松山重治が白川口（京都市左京区）で足利義輝と戦う。閏6・9松永久秀が朝廷より鶴を賜わる。7・14洛中の地子銭を徴収する。7・24長逸が山城山科（京都市山科区）で足利義輝を破る。8・30尼崎へ下向する。9・3三好義興・実休・安宅冬康・十河一存と摂津尼崎で会談する。9・20足利義輝が北条氏康に三好長慶との和睦が交渉中であることを伝える。9月清水寺の伽藍に鉄砲を放つことを禁じる。11・6摂津尼崎より摂津芥川山城に帰る。11・26上洛する。11・27六角義賢の仲介で足利義輝と和睦する。11・

			30畠山高政が堺に出奔する。12・3白川で足利義輝を迎える。12・18摂津芥川山城に帰る、実休は阿波に帰国する。	
二	一五五九	38	1・15九条稙通より九条兼孝の参賀を任せられる。2・2相国寺に宿す。2・3義興と共に義輝に出仕する。2・12六角義賢が嶋原諸侍中に、六角義弼が柘植庄同名中に長慶が伊賀国に野心を抱いている旨を伝える。3・2鞍馬寺で花見の歌会を催す。3・11相国寺に義輝らを招宴する。4・12宮中で能を陪観する。5・1賀茂社（京都市北区）に御供する。5・4相国寺万松院に御供する。5・12芥川山城に帰る。5・19摂津芥川（高槻市）の水論を裁許する。5・20畠山高政が安見宗房の謀反について長慶と相談したことを大和の十市氏に伝える。6・24毛利元就が実休の備前児島郡への進出を憂う。6・26河内十七か所に出陣し安見宗房と戦う、松永久秀・松山重治らは大和に出陣する。6月法隆寺（奈良県生駒郡斑鳩町）に、7月東大寺（奈良市）に禁制を発給する。8・1河内高屋城を攻略し畠山高政を迎える。8・4摂津天王寺に帰る。8・5摂津鳥養（摂津	2・2織田信長が上洛する。2月北条氏康が「小田原衆所領役帳」を定める。5・24上杉謙信が足利義輝に謁見する。8月ガスパル・ヴィレラが上京する。

			市）に帰る。9・19六角義賢と共に北近江の京極高佳を支援する、実休が伊予の村上武吉の馳走に謝す。11・30松永久秀が楠正虎に正成以来の朝敵を勅免されたことを伝える。12・20実休が伊予の村上通康に讃岐天霧城（香川県仲多度郡多度津町）攻めの馳走を謝す。	
三	一五六〇	39	1・16摂津芥川山城より上洛する。1・17足利義輝より相伴衆に列せられる。1・21正親町天皇より修理大夫に任ぜられる。三好義興は筑前守に任官する。1・25正親町天皇の即位費用百貫文を幕府に進上する。1・27正親町天皇の即位式に祗候し警固役を勤め御剣が下賜される。1月ガスパル・ヴィレラを幕府に斡旋し布教の許可を与える。2・10摂津芥川山城に帰り和泉に出兵する。4・8実休・安宅冬康・十河一存と淡路洲本で会談する。5・1摂津芥川山城に帰る。6・14内藤宗勝が若狭に進出する。6・16畠山高政と義絶する。6・29河内守口・十七か所に出兵する。7・3河内玉櫛（東大阪市）で畠山高政を破る。7・19実休は河内藤井寺（藤井寺市）へ出兵する。7・20内藤宗勝が丹後田辺（舞鶴市）に	5・19織田信長が桶狭間山で今川義元を討つ。6・5長宗我部元親が家督を継ぐ。

四	一五六一	40	出陣する。7・22河内大窪（八尾市）で安見宗房を破る。7・24松永久秀が井戸良弘・筒井順慶を大和辰市（奈良市）で破る。8・6河内国石川郡で畠山高政を破る。8・16上洛する。9・4河内に在陣する。9月内藤宗勝が丹後金剛心院（宮津市）に禁制を発給する。10・2足利義輝・比叡山・六角承禎（義賢）に近江坂本の細川晴元を追放するよう求める。10・15根来衆を破る。10・24河内飯盛山城（四條畷市・大東市）を攻略する。10・27実休が河内高屋城を攻略する。11・3大徳寺大仙院（京都市北区）に河内平定を伝える。11・13河内飯盛山城を居城とする。11・19河内飯盛山城に新羅社を勧請するため吉田兼右に相談する。12・13河内・大和の平定を山名氏の重臣太田垣朝延に伝える。 2・23三好義興が足利義輝より饗応される。3・26上洛する。3・28足利義輝より桐御紋が許可される。3・30京都立売の三好義興邸宅に御成した足利義輝を饗応する。閏3・28斎藤基速が死去する。4・23十河一存が死去する。5・6十河孫六郎・松浦萬満を後見することを十河一存の妻九条氏に伝える、細	3月上杉謙信が北条氏康を小田原城に囲む。9月武田信玄が上杉謙信と川中島で戦う。

			川晴元を摂津普門寺（高槻市）に入れる。5・27飯盛千句を催す。6・19内藤宗勝、若狭の粟屋氏と逸見氏を内応させるが朝倉氏と武田氏に敗れる。7・28六角義賢が山城勝軍地蔵山に出兵する、畠山高政が和泉岸和田（岸和田市）に出兵する。	
五	一五六二	41	3・5実休が和泉久米田で畠山高政・根来寺衆に敗れ討死する。3・6三好義興・松永久秀が京都より山崎に退却する、足利義輝は石清水八幡宮（八幡市）に移る。5・20河内教興寺（八尾市）で畠山高政を破り湯河直光を討ち取る。6・2六角義賢と和睦し義賢は京都を退去する。6・7美濃の斎藤龍興が三好義興と同盟を結ぶ。6・26松永久秀と共に朝廷より太刀を賜る。8・12松永久秀が多聞山城（奈良市）の棟上をおこなう。8月松永久秀が大和と山城南部に徳政令を出す。9・12三好義興・松永久秀が伊勢貞孝・伊勢貞良を丹波杉坂（京都市北区）で討つ。12・19飯盛山城で道明寺法楽百韻を興行する。	1月織田信長が清洲で徳川家康と結ぶ。
六	一五六三	42	1・4足利義輝が方違のため長慶邸に御成する。1・27松永久秀が多武峰（談山神社）の衆徒と戦う。3・1細川晴元が死去する。6・22松永久秀が京都	1月毛利元就が石見銀山を朝廷に献上する。秋頃三河で一向一揆がおこる。

			の妙満寺に東金酒井氏が平賀（松戸市）の本土寺から奪った末寺・門徒を返還するよう命じる。8・11三好義興の平癒のために吉田兼右に祈禱を依頼する。8・25三好義興が死去する。11・15三好義興の葬礼をおこなう。12・19長慶、朝廷より摂津四天王寺別当渡領の保護を命じられる。12・20細川氏綱が死去する。閏12・14松永久秀が松永久通に家督を譲る。閏12・22貴布祢山（京都市左京区）の相論が飯盛山城の長慶に披露される。	
七	一五六四	43	1・22三好義継が上洛し遍照院（上京区）に寄宿する。1・23三好義継が足利義輝に新年を賀す。2月嵯峨千部経中（京都市右京区）に禁制を発給する。3・16松永久秀は朝廷に改元を請うが却下される。5・9安宅冬康を河内飯盛山城で殺害する。6・22三好義継が上洛する。7・4河内飯盛山城で死去する。8・20京都の法華宗諸本山が三好氏の仲介により永禄の規約を結ぶ。	
八	一五六五		4・30三好義継が河内飯盛山城より上洛し山城西院に到着する。5・19三好義継・三好長逸・松永久通が足利義輝を討つ。8・2内藤宗勝が討死する。	7・28足利義昭が近江に逃れる。

			11・15三好長逸らが三好義継を擁立し松永久秀と断交する。	
九	一五六六		6・11篠原長房が摂津兵庫津に到着する。6・24三好義継が河内真観寺（八尾市）で長慶の葬礼をおこなう、大徳寺に聚光院の建設を開始する。7・4南宗寺で三回忌をおこなう。	8・29足利義昭が若狭の武田義統を頼る。
元亀　二	一五七一		7・4南宗寺で長慶の七回忌がおこなわれる。	9月織田信長が延暦寺を焼く。

ら　行

わ　行

や　行

ま　行

は　行

な　行

た　行

さ　行

か　行

人名索引

あ 行

《著者紹介》

天野忠幸（あまの・ただゆき）

1976年　兵庫県神戸市生まれ。

2007年　大阪市立大学大学院文学研究科後期博士課程修了。博士（文学）。
日本学術振興会特別研究員 PD，関西大学・大阪市立大学非常勤講師などを経て，

現　在　天理大学人文学部歴史文化学科教授。

著　書　『戦国期三好政権の研究』清文堂出版，2010年。
『本興寺文書　第一巻』共同監修，清文堂出版，2013年。
『松永久秀と下剋上　室町の身分秩序を覆す』平凡社，2018年。
『列島の戦国史4　室町幕府分裂と畿内近国の胎動』吉川弘文館，2020年。
『三好一族　―戦国最初の「天下人」』中公新書，2021年。
『戦国時代の地域史①　摂津・河内・和泉の戦国史』共編著，法律文化社，2024年，ほか。

ミネルヴァ日本評伝選

三好長慶（みよしながよし）

――諸人之を仰ぐこと北斗泰山――

2014年4月10日　初版第1刷発行
2025年8月10日　初版第3刷発行

〈検印省略〉

定価はカバーに
表示しています

著　者　天野忠幸
発行者　杉田啓三
印刷者　江戸孝典

発行所　株式会社　ミネルヴァ書房

607-8494 京都市山科区日ノ岡堤谷町1
電話代表（075）581-5191
振替口座 01020-0-8076

共同印刷工業・新生製本

ISBN978-4-623-07072-5

Printed in Japan

刊行のことば

歴史を動かすものは人間であり、興趣に富んだ人間の動きを通じて、世の移り変わりを考えるのは、歴史に接する醍醐味である。

しかし過去の歴史学を顧みるとき、人間不在という批判さえ見られたように、歴史における人間のすがたが、必ずしも十分に描かれてきたとはいえない。二十一世紀を迎えた今、歴史の中の人物像を蘇生させようとの要請はいよいよ強く、またそのための条件もしだいに熟してきている。

この「ミネルヴァ日本評伝選」は、正確な史実に基づいて書かれるのはいうまでもないが、単に経歴の羅列にとどまらず、歴史を動かしてきたすぐれた個性をいきいきとよみがえらせたいと考える。そのためには、対象とした人物とじっくりと対話し、ときにはきびしく対決していくことも必要になるだろう。

今日の歴史学が直面している困難の一つに、研究の過度の細分化、瑣末化が挙げられる。それは緻密さを求めるが故に陥った弊害といえるが、その結果として、歴史の大きな見通しが失われ、歴史学を通しての社会への働きかけの途が閉ざされ、人々の歴史への関心を弱める危険性がある。今こそ歴史が何のためにあるのかという、基本的な課題に応える必要があろう。評伝という興味ある方法を通じて、解決の手がかりを見出せないだろうかというのも、この企画の一つのねらいである。

狭義の歴史学の研究者だけでなく、多くの分野ですぐれた業績をあげている著者たちを迎えて、従来見られなかった規模の大きな人物史の叢書として、「ミネルヴァ日本評伝選」の刊行を開始したい。

平成十五年（二〇〇三）九月

ミネルヴァ書房

ミネルヴァ日本評伝選

企画推薦
梅原　猛
ドナルド・キーン
佐伯彰一
角田文衞

監修委員
上横手雅敬
芳賀　徹

編集委員
石川九楊
伊藤之雄
猪木武徳
今谷　明
今橋映子
熊倉功夫
佐伯順子
坂本多加雄
武田佐知子
竹西寛子
西口順子
兵藤裕己
御厨　貴

上代

* 俾弥呼　古田武彦
* 日本武尊　西宮秀紀
* 仁徳天皇　若井敏明
雄略天皇　吉村武彦
継体天皇　若井敏明
* 蘇我氏四代　遠山美都男
* 推古天皇　義江明子
聖徳太子　仁藤敦史
斉明天皇　武田佐知子
* 小野妹子・毛人・毛野　大橋信弥
* 額田王　梶川信行
弘文天皇　遠山美都男
持統天皇　丸山裕美子
阿倍比羅夫　熊田亮介
* 藤原四子　木本好信
役小角　脊古真哉
* 柿本人麿　古橋信孝
* 元明天皇・元正天皇　渡部育子
光明皇后　寺崎保広
* 孝謙・称徳天皇　勝浦令子
藤原不比等　荒木敏夫
橘諸兄・奈良麻呂　遠山美都男
吉備真備　今津勝紀
* 藤原仲麻呂　木本好信
* 藤原種継　木本好信
* 行基　吉田靖雄

平安

* 桓武天皇　井上満郎
嵯峨天皇　西別府元日
宇多天皇　古藤真平
醍醐天皇　石上英一
村上天皇　京樂真帆子
花山天皇　上島享
* 三条天皇　倉本一宏
藤原薬子　中野渡俊治
* 藤原良房・基経　瀧浪貞子
* 紀貫之　神田龍身
* 安倍晴明　斎藤英喜
* 藤原道長　朧谷寿
* 藤原伊周・隆家　倉本一宏
藤原定子　山本淳子
* 藤原彰子　朧谷寿
藤原頼通　末松剛
藤原師通　中島和歌子
紫式部　高木和子
清少納言　三田村雅子
和泉式部　ツベタナ・クリステワ
大江匡房　小峯和明
* 阿弖流為　樋口知志
* 源満仲・頼光　元木泰雄
平将門　西山良平
平清盛　川合康
* 藤原純友　寺内浩
源義家　大津雄一
最澄　吉田一彦
空海　武内孝善
円珍　岡野浩二
* 空也　石井義長
奝然　上川通夫
* 源信　小原仁
慶滋保胤　吉原浩人
安倍貞任　野中哲照
* 後白河天皇　美川圭
* 式子内親王　奥野陽子
建礼門院　生形貴重
* 藤原頼長・師長　樋口健太郎
* 藤原秀衡　入間田宣夫
平維盛　根井浄
木曾義仲　樋口州男
守覚法親王　阿部泰郎
藤原隆信・信実　山本陽子

鎌倉

* 源頼朝　川合康
* 源義経　近藤好和
源実朝　神田龍身
* 九条兼実　加納重文
九条道家　上横手雅敬
* 北条時政　野口実
* 熊谷直実　佐伯真一
* 北条政子　関幸彦
* 北条義時　岡田清一
曾我十郎・五郎　杉橋隆夫
* 北条時頼　山本隆志
北条時宗　近藤成一
平頼綱　細川重男
竹崎季長　堀本一繁
西行　西澤美仁
鴨長明　浅見和彦
藤原定家　赤瀬信吾
* 京極為兼　今谷明
* 兼好　島内裕子
重源　横内裕人
* 運慶　根立研介
快慶　井上一稔
法然　今堀太逸
* 栄西　中尾良信
明恵　西山厚
* 親鸞　末木文美士
恵信尼・覚信尼　西口順子
覚如　今井雅晴
* 道元　船岡誠
叡尊　細川涼一
* 忍性　松尾剛次
* 日蓮　佐藤弘夫
一遍　蒲池勢至
夢窓疎石　原田正俊
* 宗峰妙超　竹貫元勝

南北朝・室町

後醍醐天皇　上横手雅敬
* 護良親王　新井孝重
* 懐良親王　森茂暁
* 赤松氏五代　渡邊大門
* 北畠親房　岡野友彦
楠正成　兵藤裕己
* 楠木正行・正儀　生駒孝臣

*新田義貞　山本隆志
*光厳天皇　深津睦夫
足利尊氏　市沢　哲
*足利直義　亀田俊和
佐々木道誉　下坂　守
細川頼之　亀田俊和
円観・文観　田中貴子
足利義詮　早島大祐
*足利義持　吉田賢司
足利義教　秦野裕介
足利持氏　植田真平
*足利義政　木下昌規
三条西実隆　前田雅之
*日野富子　田端泰子
*大内義弘　平瀬直樹
伏見宮貞成親王　松薗　斉
*山名宗全　山本隆志
細川勝元・政元　古野　貢
畠山義就　呉座勇一
足利成氏　阿部能久
*世阿弥　西野春雄
雪舟等楊　河合正朝
*宗祇　鶴崎裕雄
一条兼良　田村　航
*満済　森　茂暁
一休宗純　原田正俊
蓮如　岡村喜史

戦国・織豊

北条早雲　家永遵嗣
*北条氏綱　黒田基樹
*北条氏政　黒田基樹
大内政弘　山田貴司
*大内義隆　藤井　崇
*斎藤氏四代　木下　聡
*毛利元就　岸田裕之
*毛利輝元　光成準治
*小早川隆景・秀秋　光成準治
*六角定頼　村井祐樹
*今川義元　小和田哲男
*武田信玄　笹本正治
*武田勝頼　笹本正治
*真田氏三代　笹本正治
*三好長慶　天野忠幸
松永久秀　天野忠幸
*宇喜多直家・秀家　渡邊大門
*上杉謙信　矢田俊文
*大友義鎮　鹿毛敏夫
*龍造寺隆信　中村知裕
島津義久・義弘　福島金治
村上武吉・元吉　藤田達生
細川幽斎　鈴木　元
*長宗我部元親・盛親　平井上総
*最上氏三代　松尾剛次
浅井長政　長谷川裕子
蠣崎・松前氏五代　新藤　透
吉田兼倶　西山　克
山科言継　松薗　斉
正親町天皇・後陽成天皇　神田裕理
*雪村周継　赤澤英二
*足利義輝・義昭　山田康弘
織田長益　八尾嘉男
織田信雄　柴　裕之
*明智光秀・秀満　小和田哲男
豊臣秀吉　藤井讓治
豊臣秀次　矢部健太郎
*北政所おね　田端泰子
*淀殿　福田千鶴
筒井氏三代　片山正彦
蜂須賀正勝・家政　三宅正浩
前田利家　東四柳史明
*山内一豊・忠義　長屋隆幸
*黒田如水　小和田哲男
*蒲生氏郷　藤田達生
大谷吉継　石畑匡基
石田三成　堀越祐一
*細川ガラシャ　田端泰子
伊達政宗　遠藤ゆり子
*支倉常長　田中英道
フランシスコ・ザビエル　浅見雅一
千利休　熊倉功夫
*長谷川等伯　宮島新一
*顕如　神田千里
教如　安藤　弥

江戸

*徳川家康　笠谷和比古
板倉勝重　谷　徹也
本多忠勝　柴　裕之
本多正純　小川　雄
柳生宗矩　福田千鶴
*徳川家光　野村　玄
柳沢吉保　福留真紀
*後水尾天皇　久保貴子
*光格天皇　藤田　覚
*春日局　福田千鶴
宮本武蔵　渡邊大門
上杉鷹山　小関悠一郎
*池田光政　倉地克直
保科正之　八木清治
シャクシャイン　岩崎奈緒子
天草四郎　菊池庸介
*田沼意次　藤田　覚
細川重賢　安高啓明
松平治郷　小林准士
*二宮尊徳　小林惟司
末次平蔵　岡美穂子
*高田屋嘉兵衛　生田美智子
沢庵宗彭　芳澤　元
*林羅山　鈴木健一
吉野太夫　渡辺憲司
*熊沢蕃山　川口　浩
*山崎闇斎　澤井啓一
山鹿素行　前田　勉
*北村季吟　島内景二
*伊藤仁斎　澤井啓一
貝原益軒　辻本雅史
関孝和　佐藤賢一
*ケンペル　B・M・ボダルト＝ベイリー
新井白石　大川　真
荻生徂徠　高山大毅
*雨森芳洲　上田正昭
*石田梅岩　高野秀晴
賀茂真淵　盛田帝子
白隠慧鶴　芳澤勝弘
前野良沢　松田　清
平賀源内　石上　敏
*本居宣長　田尻祐一郎
杉田玄白　吉田　忠
木村蒹葭堂　有坂道子
*大田南畝　沓掛良彦
伊能忠敬　星埜由尚
菅江真澄　赤坂憲雄
*鶴屋南北　諏訪春雄
*山東京伝　佐藤至子
*滝沢馬琴　高田　衛
平田篤胤　山下久夫
国友一貫斎　太田浩司
シーボルト　宮坂正英
本阿弥光悦　岡　佳子
*狩野探幽・山雪　山下善也
尾形光琳　仲町啓子
尾形乾山　河野元昭
*二代目市川團十郎　田口章子
伊藤若冲　狩野博幸
*浦上玉堂　高橋博巳
*佐竹曙山　成瀬不二雄
葛飾北斎　岸　文和
酒井抱一　玉蟲敏子
孝明天皇　青山忠正
*和宮　辻ミチ子
徳川慶喜　大庭邦彦
島津斉彬　原口　泉
鍋島直正　伊藤昭弘

＊横井小楠　沖田行司
＊古賀謹一郎　小野寺龍太
＊永井尚志　高村直助
＊岩瀬忠震　小野寺龍太
＊栗本鋤雲　小野寺龍太
＊大村益次郎　竹本知行
岩倉具視　斎藤紅葉
河井継之助　小川和也
松平春嶽　大石学
＊西郷隆盛　家近良樹
＊由利公正　角鹿尚計
＊橋本左内　角鹿尚計
＊塚本明毅　塚本学
松平容保　白石烈
＊山岡鉄舟・高橋泥舟　岩下哲典
三条実美　奈良勝司
毛利敬親　三宅紹宣
＊月性　海原徹
＊吉田松陰　海原徹
＊高杉晋作　海原徹
＊久坂玄瑞　一坂太郎
ペリー　遠藤泰生
ハリス　福岡万里子
オールコック　佐野真由子
アーネスト・サトウ　奈良岡聰智

近代

＊明治天皇　伊藤之雄
＊大正天皇　F・R・ディキンソン
＊昭憲皇太后・貞明皇后　小田部雄次
大久保利通　三谷太一郎
木戸孝允　落合弘樹
＊松方正義　室山義正
榎本武揚　醍醐龍馬
北垣国道　小林丈広
板垣退助　小川原正道
長与専斎　笠原英彦
大隈重信　五百旗頭薫
黒田清隆　久保田哲
伊藤博文　坂本一登
＊井上毅　大石眞
＊井上勝　老川慶喜
三浦梧楼　大澤博明
＊桂太郎　小林道彦
東郷平八郎　金澤裕之
＊渡邉洪基　瀧井一博
＊乃木希典　佐々木英昭
星亨　小林道彦
林董　奈良岡聰智
＊児玉源太郎　小林道彦
＊高宗・閔妃　木村幹
山本権兵衛　室山義正
＊金子堅太郎　松村正義
＊高橋是清　鈴木俊夫
セオドア・ローズヴェルト　簑原俊洋
＊犬養毅　小林惟司
＊加藤高明　櫻井良樹
牧野伸顕　小宮一夫
田中義一　黒沢文貴
内田康哉　高橋勝浩
平沼騏一郎　堀田慎一郎
＊鈴木貫太郎　小堀桂一郎
宇垣一成　北岡伸一
＊宮崎滔天　榎本泰子
＊浜口雄幸　川田稔
幣原喜重郎　西田敏宏
関一　玉井金五
水野広徳　片山慶隆
＊広田弘毅　井上寿一
＊安重根　上垣外憲一
＊グルー　廣部泉
＊永田鉄山　森靖夫
東條英機　牛村圭
山本五十六　木村聡
今村均　前田雅之
蔣介石　劉岸偉
近衛文麿　庄司潤一郎
＊岩崎弥太郎　武田晴人
伊藤忠兵衛　末永國紀
＊五代友厚　田付茉莉子
大倉喜八郎　村上勝彦
＊安田善次郎　由井常彦
＊渋沢栄一　武田晴人
中野武営　佐賀香織
山辺丈夫　宮本又郎
＊大川平三郎　四方田雅史
武藤山治　阿部武司・桑原哲也
池田成彬　松浦正孝
西原亀三　森川正則
小林一三　橋爪紳也
大倉恒吉　石川健次郎
大原孫三郎　猪木武徳
＊河竹黙阿弥　今尾哲也
イザベラ・バード　加納孝代
＊林忠正　木々康子
＊森鷗外　小堀桂一郎
＊二葉亭四迷　ヨコタ村上孝之
＊正岡子規　井上泰至
＊夏目漱石　佐々木英昭
＊徳冨蘆花　半藤英明
巌谷小波　千葉信胤
樋口一葉　佐伯順子
＊島崎藤村　十川信介
上田敏　小林茂
＊有島武郎　亀井俊介
志賀直哉　小林幸夫
北原白秋　平石典子
菊池寛　山本芳明
＊芥川龍之介　高橋龍夫
＊宮沢賢治　千葉一幹
＊高浜虚子　坪内稔典
与謝野晶子　佐伯順子
＊種田山頭火　村上護
＊斎藤茂吉　品田悦一
＊高村光太郎　湯原かの子
萩原朔太郎　坪井秀人
＊原阿佐緒　秋山佐和子
＊狩野芳崖・高橋由一　古田亮
川村清雄　落合則子
＊小堀鞆音　小堀桂一郎
竹内栖鳳　北澤憲昭
中村不折　石川九楊
＊橋本関雪　西原大輔
土田麦僊　天野一夫
岸田劉生　北澤憲昭
濱田庄司　濱田琢司
＊山田耕筰　後藤暢子
松旭斎天勝　川添裕
佐田介石　谷川穣
＊ニコライ　中村健之介
＊出口なお・王仁三郎　川村邦光
＊新島襄　太田雄三
新島八重　佐伯順子
木下広次　冨岡勝
山川健次郎　小宮京・中澤俊輔
嘉納治五郎　クリストファー・スピルマン
＊柏木義円　片野真佐子
津田梅子　田中智子
＊澤柳政太郎　新田義之
＊河口慧海　高山龍三
＊山室軍平　室田保夫
大谷光瑞　白須淨眞
＊久米邦武　高田誠二
フェノロサ　伊藤豊
井上哲次郎　井ノ口哲也
三宅雪嶺　長妻三佐雄
＊岡倉天心　木下長宏
志賀重昂　中野目徹
徳富蘇峰　杉原志啓
＊竹越与三郎　西田毅
＊廣池千九郎　橋本富太郎
岩村透　今橋映子

＊西田幾多郎　大橋良介
＊金沢庄三郎　石川遼子
＊柳田国男　鶴見太郎
厨川白村　張競
＊村岡典嗣　水野雄司
大川周明　山内昌之
西田直二郎　林淳
＊折口信夫　斎藤英喜
九鬼周造　古川雄嗣
シュタイン　瀧井一博
＊西周　清水多吉
＊福澤諭吉　平山洋
加藤弘之　田中由香里
成島柳北　山田俊治
＊福地桜痴　山田俊治
＊村山龍平　早房長治
＊島田三郎　武藤秀太郎
田口卯吉　鈴木栄樹
＊陸羯南　松田宏一郎
有賀長雄　森田吉彦
＊黒岩涙香　奥武則
幸徳秋水　馬渕浩二
長谷川如是閑　織田健志
＊上杉慎吉　今野元
＊吉野作造　田澤晴子
＊山川均　米原謙
＊岩波茂雄　十重田裕一
＊北一輝　岡本幸治
＊穂積重遠　大村敦志
中野正剛　吉田則昭
＊荒畑寒村　川村邦光
＊満川亀太郎　福家崇洋
＊エドモンド・モレル　林田治男

＊北里柴三郎　福田眞人
高峰譲吉　木村昌人
田辺朔郎　秋元せき
＊南方熊楠　飯倉照平
＊辰野金吾　河上眞理・清水重敦
＊七代目小川治兵衛　尼崎博正
本多静六　岡本貴久子
＊ブルーノ・タウト　北村昌史
＊ウィリアム・メレル・ヴォーリズ　山形政昭・吉田与志也

現代

昭和天皇　御厨貴
高松宮宣仁親王　後藤致人
＊李方子　小田部雄次
芦田均　矢嶋光
吉田茂　中西寛
マッカーサー　柴山太
鳩山一郎　楠綾子
＊石橋湛山　増田弘
重光葵　武田知己
＊市川房枝　村井良太
＊池田勇人　藤井信幸
高野実　篠田徹
和田博雄　庄司俊作
ライシャワー　廣部泉
朴正煕　木村幹
＊全斗煥　木村幹

＊田中角栄　新川敏光
宮沢喜一　村上友章
竹下登　真渕勝
＊松永安左エ門　橘川武郎
鮎川義介　井口治夫
＊出光佐三　橘川武郎
＊松下幸之助　米倉誠一郎
渋沢敬三　井上潤
＊本田宗一郎　伊丹敬之
＊井深大　武田徹
＊佐治敬三　小玉武
幸田家の人々　金井景子
＊正宗白鳥　大嶋仁
倉田百三　山本直人
＊大佛次郎　福島行一
＊井伏鱒二　滝口明祥
＊川端康成　大久保喬樹
＊薩摩治郎八　小林茂
坂口安吾　千葉一幹
太宰治　安藤宏
松本清張　杉原志啓
司馬遼太郎　山本幸正
＊安部公房　鳥羽耕史
＊三島由紀夫　島内景二
井上ひさし　成田龍一
R・H・ブライス　菅原克也
柳宗悦　熊倉功夫
バーナード・リーチ　鈴木禎宏
＊熊谷守一　古川秀昭
川端龍子　岡部昌幸

藤田嗣治　林洋子
＊井上有一　海上雅臣
＊手塚治虫　竹内オサム
古賀政男　藍川由美
＊吉田正　金子勇
武満徹　船山隆
小津安二郎　宮本明子・松浦完二
＊八代目坂東三津五郎　田口章子
＊力道山　岡村正史
＊西田天香　宮田昌明
安倍能成　中根隆行
＊天野貞祐　貝塚茂樹
和辻哲郎　田中久文
＊矢代幸雄　稲賀繁美
石田幹之助　岡本さえ
＊平泉澄　若井敏明
＊早川孝太郎　須藤功
安岡正篤　片山杜秀
＊青山二郎　田野勲
＊島田謹二　小林信行
田中美知太郎　川久保剛
西脇順三郎　加藤孝男
前嶋信次　杉田英明
＊唐木順三　澤村修治
＊亀井勝一郎　山本直人
＊宮本常一　須藤功
知里真志保　モコットゥナシ
竹内好　田澤晴子
＊保田與重郎　谷崎昭男
＊石母田正　磯前順一
＊福田恆存　川久保剛

花森安治　葛西弘隆
井筒俊彦　安藤礼二
＊吉田満　貝塚茂樹
＊佐々木惣一　伊藤孝夫
高田保馬　金子勇
小泉信三　都倉武之
＊瀧川幸辰　伊藤孝夫
式場隆三郎　服部正
大宅壮一　有馬学
＊清水幾太郎　庄司武史
＊山本健吉　井上泰至
丸山眞男　河野有理
橋川文三　須藤健一
鶴見俊輔　冨山一郎
＊フランク・ロイド・ライト　大久保美春
＊中谷宇吉郎　杉山滋郎
今西錦司　山極寿一

＊は既刊
二〇二五年八月現在